LernZeichen

Dresdner Beiträge zu Bildung und Erziehung

herausgegeben von
Prof. Dr. Holger Brandes
Prof. Ivonne Zill-Sahm

Band 3

Lilo Dorschky
Christian Kurzke
Johanna Schneider (Hrsg.)

LernZeichen

Lernen und Schriftspracherwerb als
Herausforderung für Kindertagesstätte,
Schule und Jugendhilfe

Budrich UniPress Ltd.
Opladen • Berlin • Toronto 2012

Bibliografische Information der Deutschen Nationalbibliothek
Die Deutsche Nationalbibliothek verzeichnet diese Publikation in der Deutschen
Nationalbibliografie; detaillierte bibliografische Daten sind im Internet über
http://dnb.d-nb.de abrufbar.

Gedruckt auf säurefreiem und alterungsbeständigem Papier.

ISBN   **978-3-940755-75-9**
eBook   978-3-86388-186-3

Umschlaggestaltung: disegno visuelle kommunikation, Wuppertal – www.disenjo.de
Satz: Gunther Gebhard, text plus form, Dresden
Druck: paper&tinta, Warschau
Printed in Europe

Inhalt

II ‚Neue' Lernorte und -kontexte für die Schriftsprachförderung: konzeptionelle Überlegungen

III Zur Gestaltung und Vernetzung ‚neuer' Lernorte und -kontexte: Praxiserfahrungen

Einleitung

Lilo Dorschky, Johanna Schneider & Christian Kurzke

> Damit der Schüler gut lernt, muss er gern lernen, damit er gern lernt,
> muss das, was der Schüler lernt, ihm verständlich und interessant sein,
> müssen seine Geisteskräfte in der günstigsten Verfassung sein.
>
> Leo Tolstoi

Thema dieses Bandes ist Lernen und insbesondere der Erwerb von Schriftsprache. Denn Lesen und Schreiben sind bedeutende Voraussetzungen für die Verständigung und für Handlungsmöglichkeiten im Alltag und im Erwerbsleben. Hinreichend lesen und schreiben zu können, ist jedoch nicht selbstverständlich, sondern setzt komplexe Lernprozesse voraus. Eine nicht unerhebliche Zahl Kinder und Jugendliche wird bei diesen Lernprozessen irgendwann abgehängt. Vor diesem Hintergrund stellt sich die Frage, wann die Grundlagen für den Schriftspracherwerb gelegt und auf welche Weise diese Kompetenzen erworben werden. Außerdem, was Lernen möglicherweise behindert und welche Bedingungen es benötigt, um erfolgreich zu verlaufen. Damit sind hier verschiedene Bezüge angesprochen:

(1) Lesen und Schreiben sind in modernen Gesellschaften zentrale Kulturtechniken. Alle diejenigen, die trotz absolvierter Schulpflicht nicht über ein Mindestmaß an entsprechenden Fertigkeiten verfügen, werden als funktionale Analphabeten bezeichnet. Bis zur Mitte der siebziger Jahre des letzten Jahrhunderts galt es als weitgehend unwahrscheinlich, dass es in Deutschland noch funktionale Analphabeten geben könnte. Man war überzeugt, dass mit der Durchsetzung der allgemeinen Schulpflicht das Problem des Analphabetismus in Deutschland grundsätzlich gelöst sei. Angesichts komplexer gewordener Schriftsprachanforderungen wird allerdings davon ausgegangen, dass Analphabetismus weiterhin – oder wieder – ein Problem darstellt. So gelingt es – folgt man entsprechenden Studien – bis zu 14,5 % der Bevölkerung nicht in ausreichendem Maße, einfache Texte zu lesen und zu verfassen.[1]

---

1 Vgl. Grotlüschen, Anke/Riekmann, Wiebke (2011): leo. – Level-One Studie: Literalität von Erwachsenen auf den unteren Kompetenzniveaus. Presseheft. Hamburg. http://

(2) Als zentraler Lernort zum Schriftspracherwerb ist (jedenfalls seit der flächendeckenden Einführung der Schulpflicht in Deutschland) die Institution Schule anzusehen – und das ABC steht gleichsam für Schule („ABC-Schützen"). Damit stellt sich zum einen die Frage nach den Gründen, warum es trotz schulischem Unterricht nicht gelingt, Funktionalen Analphabetismus zu vermeiden, und zum anderen, was getan werden kann, damit schulische Schriftsprachvermittlung im Ergebnis erfolgreicher verläuft. *Ein* Aspekt dabei ist es zu versuchen, den Unterrichtsrahmen so zu gestalten, dass SchülerInnen ihre eigenen Lerninteressen und Zugänge zur Schriftsprache entwickeln können (vgl. das Zitat von Tolstoi).

(3) Lesen- und Schreibenlernen steht jedoch in einem weiteren Kontext, der nicht nur durch Schule und schulisches Lernen bestimmt ist. So hängt das Schriftsprachlernen von Kindern beispielsweise auch von der literalen Praxis in Familien ab (Erzählen, Vorlesen etc.) sowie davon, wie hier erste Schreibversuche von Kindern ermutigt oder auch ignoriert werden. Kinder wachsen also unter den Bedingungen ungleicher Lernvoraussetzungen auf. Vor diesem Hintergrund hat das Schriftsprachlernen nicht nur einen unmittelbaren Bezug zur Schule, sondern kann auch mit der Kinder- und Jugendhilfe in Verbindung gebracht werden. Diese Perspektive ist relativ neu, und sie wirft die Frage auf, was Kinder- und Jugendhilfe im Hinblick auf die Förderung von Lesen und Schreiben leisten kann und soll.

Die folgenden Beiträge widmen sich auf der Basis aktueller bildungspolitischer Debatten, eigener Forschungserkenntnisse bzw. von Praxiserfahrungen aus sehr unterschiedlichen Perspektiven den hier angeschnittenen Fragen.

Ursprünglicher Entstehungshintergrund dieser Publikation war die Tagung „LernZeichen. Schriftspracherwerb als Herausforderung für Kita, Schule und Kinder- und Jugendhilfe" der Evangelischen Akademie Meißen, die im November 2010 stattfand und sich an Fachkräfte aus Schule und Jugendhilfe richtete. Die Idee zu dieser Tagung stammte von Christian Kurzke, Evangelische Akademie Meißen. Umgesetzt wurde sie von der Akademie in Kooperation mit dem Forschungsinstitut der Evangelischen Hochschule Dresden (apfe) sowie mit verschiedenen Forschungsprojekten des Instituts. Mehrere Beiträge des Bandes basieren auf Vorträgen im Rah-

---

www.alphabetisierung.de/fileadmin/files/Dateien/Downloads_Texte/leo-Presseheftweb.pdf (abgerufen am 2.7.2012) sowie für Sachsen: Eulenberger, Jörg et al. (2006): PASS alpha. Alphabetisierung funktionaler Analphabeten in Sachsen. Abschlussbericht. Dresden: http://www.apfe-institut.de/files/pass_alpha_abschlussbericht_06-11-24.pdf (abgerufen am 2.7.2012).

men der Fachtagung; sie wurden für diese Publikation entsprechend ausgearbeitet und erweitert. Andere Beiträge wurden speziell für diesen Band verfasst.

Zu den Beiträgen

Der Band gliedert sich in drei Teile.

Die Beiträge im *ersten Teil* beschäftigen sich mit grundsätzlichen Fragen des Lernens und insbesondere des Schriftspracherwerbs von Kindern und Jugendlichen in verschiedenen Lernkontexten.

Holger Brandes referiert Ergebnisse quantitativ angelegter Studien zum Zusammenhang zwischen sozialen Risikofaktoren von Familien und den Bildungschancen der Kinder. Diese Ergebnisse deuten darauf hin, dass ökonomische Benachteiligung nicht direkt – und somit auch keineswegs zwangsläufig – zu Bildungsarmut führt. Damit stelle sich die Frage, durch welche familiären Prozessfaktoren diese Risiken zum Tragen kämen oder auch abgeschwächt würden. Wie Studien zum Schriftspracherwerb von Kindern aus den USA, den Niederlanden und Deutschland zeigen, stellt vor allem die literale und die damit verbundene soziale Praxis in Familien einen solchen Prozessfaktor dar, der die Lesekompetenz von Kindern beeinflusst.

Der Beitrag von *Jörg Ramseger* beschreibt den Schriftspracherwerb von Kindern als einen Entwicklungsprozess, der nicht erst mit der systematischen Unterweisung von Kindern in der Grundschule beginnt. Vielmehr stelle sich der Weg in die Schrift als ein kontinuierlicher Erfahrungsprozess mit der Schriftsprachkultur und als eine sich ständig ausdifferenzierende Lese- und Schreibpraxis dar – beginnend mit dem gemeinsamen Ansehen von Bilderbüchern und den ersten Kritzelversuchen eines Kindes. Diesem Prozesscharakter entsprechend seien in Kindergärten solche informellen Bildungsprozesse anzuregen und zu unterstützen, während es Aufgabe der Grundschule sei, an die bereits vorhandenen Kompetenzen eines jeden Kindes anzuknüpfen und sie als Ausgangspunkt für die schulische Schriftsprachvermittlung zu nehmen.

Mechthild Dehn setzt sich mit dem schulischen Schriftspracherwerb aus der Perspektive kognitiver Lernprozesse auseinander. Ähnlich wie Ramseger vertritt auch Dehn die Position, dass es sich bei dem Prozess des Lesen- und Schreibenlernens um eine (Re-)Konstruktion des Lerngegenstandes handle. Anhand von Beispielen aus dem schulischen Anfangsunterricht, aber auch aus der nachholenden Alphabetisierung Erwachsener beschreibt die Autorin, was diese Perspektive bedeutet, um Zugänge zur Schrift (ggf. auch neu) zu eröffnen und Prozesse des Schrifterwerbs zu begleiten sowie mit Lernschwierigkeiten umzugehen. Ein besonderes Augenmerk richtet die Autorin darauf, wie für den Lernenden bedeutsame „Schlüsselsituationen" identifiziert und als mögliche „Türöffner" zur Schrift genutzt werden können.

In seinem Beitrag Hidden Cognitions beschäftigt sich *Stephan Hein* mit den Verhältnissen von Schule und populärer Kultur. Im Besonderen geht er dabei der Frage nach, auf welchen Ebenen das von PädagogInnen seit Langem aufgeworfene Problem einer produktiven Beziehung zwischen Schule als Instruktionsrahmen und sowohl schulischer als auch nichtschulischer Alltagskultur zu dimensionieren ist. Der Rückgriff auf alltagskulturelle Wissens- und Erfahrungsbestände – so die Argumentation – ist dabei weniger eine Frage pädagogischer Fremdselektion (z. B. als Lernstoff oder als pädagogisches Sonderprogramm), sondern eine Frage der Selbstselektion durch die SchülerInnen, deren Möglichkeiten jedoch durch eine Transparenz der schulischen Lerngegenstände entscheidend mitbestimmt wird.

Roland Schleiffers Überlegungen zu lernvermeidendem Verhalten von – speziell lernbehinderten – SchülerInnen basieren auf einem psychoanalytischen Ansatz sowie der Bindungstheorie. Aus dieser Perspektive könne die Funktion von Lernvermeidung darin gesehen werden, die mit einer hohen Bindungsunsicherheit zusammenhängenden Probleme zu lösen. Denn angesichts einer dauernden Aktivierung ihres Bindungssystems bleibe diesen Kindern zu wenig psychische Energie, um ihr Explorationssystem zu mobilisieren. So seien sie im Lernen behindert, vor allem dann, wenn ihnen zusätzlich nur eine geringe intellektuelle Grundausstattung zur Verfügung stehe. Die Aufgabe von Lehrkräften bestehe in diesem Zusammenhang daher nicht nur in der Wissensvermittlung, sondern auch darin, diesen SchülerInnen bindungskorrigierende Erfahrungen zu ermöglichen.

An die Befunde von Brandes und Schleiffer kann *Harald Wagner* aus der Perspektive der Lebensverlaufsforschung und der biografischen Forschung zur Situation von erwachsenen Menschen, die nicht richtig lesen und schreiben können, anschließen. Auf der Basis biografischer Fallrekonstruktionen zeigt er auf, wie deren Biografien geprägt sind durch das Fehlen sicherer Bezugspersonen. Diese Einsicht sei gleichsam der Schlüssel zum Verstehen des Nichtlernens; ebenso wie Schleiffer verweist Wagner auf die Bedeutung zuverlässiger Beziehungen als Lernvoraussetzung.

Im *zweiten Teil* des Bandes werden konzeptionelle Überlegungen zu neuen Lernorten und -kontexten für die Schriftsprachförderung vorgestellt und diskutiert.

Eingeleitet wird dieser Teil mit einem Beitrag von *Lilo Dorschky*. Ausgangspunkt ist dabei die Beobachtung, dass unter dem Begriff ‚neuer Lernort‘ sehr Unterschiedliches verstanden wird, was wiederum zu Unklarheiten und konzeptionellen Widersprüchen für die Praxis der Alphabetisierung führt. Mit dem Ziel, hier zu einer Klärung beizutragen, stellt Dorschky verschiedene Lernortverständnisse vor und geht der Frage nach, wie in Alphabetisierungsdiskursen die Suche nach neuen Lernorten begründet wird. Dabei kommt die Autorin zu dem Ergebnis, dass Schriftsprachförderung in neuen Lernorten nur dann angemessen ist, wenn sie dem spezifischen informellen oder non-formalen Charakter des jeweiligen Kontextes Rechnung trägt. Am Beispiel der außerschulischen Kinder- und Jugendarbeit werden diese Überlegungen zu einer kontextangemessenen Förderung von Lesen und Schreiben konkretisiert.

Ausgangspunkt des von *Christina Noack, Galina Stölting* und *Aline Wendschek* vorgestellten Family-Literacy-Ansatzes ist die Bedeutung der kulturellen Praxis in Familien für die Ausbildung kindlicher Literalität (vgl. dazu auch den Beitrag von Brandes). Vor diesem Hintergrund setzen sich die Autorinnen mit verschiedenen, aus dem angelsächsischen Raum stammenden Modellen und Programmen zur Family Literacy auseinander. In dem hier vertretenen Ansatz stellt die Arbeit mit den Eltern, diejenige mit (Vorschul-)Kindern sowie die (generationenübergreifende) mit Familien drei Säulen der Family-Literacy-Arbeit dar. Entsprechende Programme könnten in verschiedenen Kontexten wie Familienzentren oder Einrichtungen von Religionsgemeinschaften durchgeführt werden – und dafür liegen entsprechende Erfahrungen auch bereits vor.

Der Beitrag von *Lilo Dorschky* und *Stephan Hein* bezieht sich auf das Berufsvorbereitungsjahr (BVJ) als eine spezifische Form des beruflichen Übergangssystems und basiert auf Ergebnissen explorativer Fallstudien, die die AutorInnen zum Lehr-/Lernkontext des BVJ durchgeführt haben. Aus ihrer soziologischen Perspektive kommen Dorschky und Hein dabei zu der Einschätzung, dass Alphabetisierungsmaßnahmen im BVJ als ‚neuem Lernort‘ kaum erfolgreich sein können, wenn SchülerInnen das BVJ nicht grundsätzlich als neue Lernchance und Ermöglichungskontext erleben können.

Johanna Schneider denkt für einen Ansatz in der nachholenden Alphabetisierung von den Anforderungen her, die sich aus der Situation erwachsener funktionaler Analphabeten insbesondere hinsichtlich der Motivation und Sinngebung in Lernprozessen ergeben. Zentral sei für den Lernprozess das „Herstellen einer spezifischen Kommunikationsstruktur", in der Teilnehmende, Lehrende und Lernende sowie Lernende unter sich Teil einer symbolisch vermittelten Lebenswelt werden. Mit der Gesellschaftstheorie von Jürgen Habermas begründet sie darauf aufbauend den Ansatz einer sozialintegrativen Alphabetisierung.

Abschließend werden im *dritten Teil* ausgewählte Praxisprojekte zur Gestaltung und Vernetzung von Lernorten und -kontexten vorgestellt.

Silke Schumann bezieht sich in ihrem Beitrag auf den Bereich der nachholenden (Erwachsenen-)Alphabetisierung und beschreibt ein Kooperationsprojekt von Volkshochschule und Stadtbibliothek. Dieses Projekt zielt darauf ab, die Stadtbibliothek systematisch als temporären Lernkontext in die Volkshochschulkurse mit einzubeziehen und auf diese Weise den KursteilnehmerInnen einen Zugang zu verschiedenen Medien zu eröffnen. Damit verbunden ist zugleich die Möglichkeit, dass die TeilnehmerInnen das Lesenlernen in diesem Kontext unmittelbar als nützlich erfahren und in ihren Alltag übertragen können.

Marion Kynast stellt in ihrem Beitrag die Arbeit einer Jugendwerkstatt – ein Qualifizierungsprojekt der arbeitsweltbezogenen Jugendsozialarbeit – vor. Dabei schildert sie, mit welchen Anforderungen die Pädagoginnen bei Schriftsprachproblemen von Teilnehmerinnen konfrontiert sind und wie sie in diesem Handlungsfeld damit umgehen können. Außerdem beschreibt Kynast ein Projekt, das mit einigen Teilnehmerinnen, darunter auch jungen Frauen mit erheblichen Schriftsprachdefiziten, durchgeführt wurde. Es stand nicht unter der Überschrift ‚Schriftsprachlernen‘, sondern zielte darauf ab, Erlebtes aufzuschreiben und auf diese Weise mitteilbar zu machen. Im Ergebnis entstand ein selbst gestaltetes Buch.

Während sich die Beiträge von Schumann und Kynast speziell auf Projekte zum Lesen und Schreiben in verschiedenen Lernorten beziehen, setzen sich *Annette Hohn* und *Jens Hoffsommer* mit der Gestaltung von institutionellen Übergängen zwischen unterschiedlichen Lernorten auseinander. Gegenstand ihres Beitrags ist der Übergang von der Kindertagesstätte in die Grundschule, den die AutorInnen als bildungsbiografisch bedeutsam, jedoch – nicht zuletzt aufgrund der verschiedenen Lernmodi in den beiden Kontexten (vgl. dazu auch den Beitrag von Ramseger) – als tendenziell krisenhaft beschreiben. Es sei daher eine bildungspolitische Aufgabe, den Übergang von der einen in die andere Bildungsinstitution bewusst zu gestalten. Wie dies geschehen kann, wird am Beispiel zweier Projekte zur Vernetzung von Kindergarten und Grundschule gezeigt.

Einige der Beiträge sind in Projekten des Förderschwerpunkts „Forschungs- und Entwicklungsvorhaben im Bereich Alphabetisierung und Grundbildung

für Erwachsene" des Bundesministeriums für Bildung und Forschung entstanden: die Beiträge von Hein und Dorschky im Verbundprojekt PROFESS
mit dem Dresdner Teilprojekt „Qualifikationsbedarfe in Handlungsfeldern
Sozialer Arbeit, Grundsicherung, Elementarpädagogik, beruflicher Bildung"
(2008–2011) sowie die Beiträge von Wagner, Schneider und Schumann im
Kontext des Verbundprojekts EQUALS und hier insbesondere im Rahmen
des Dresdner Teilprojekts „Forschung zur Heterogenität der Zielgruppe und
zu den Gelingensbedingungen von Alphabetisierungsarbeit in Netzwerken"
(2007–2010). Damit wurde diese Publikation erst durch die Unterstützung
durch das Bundesministerium für Bildung und Forschung möglich. Dafür
sei an dieser Stelle ausdrücklich gedankt. Weiter gilt unser Dank den KollegInnen in den Verbundprojektteams für den fachlichen Austausch und
viele Anregungen sowie Sylvi Sehm-Schurig, die uns bei der Erstellung einzelner Manuskriptteile sehr unterstützt hat.

I Lernen und Schriftspracherwerb: Empirische und theoretische Zugänge

Lesekompetenz und soziale Herkunft
Ein Blick auf den Forschungsstand

Holger Brandes

1 Soziale Risikofaktoren und Bildungsarmut

Die Bildungsforschung liefert überzeugende empirische Belege dafür, dass Kinder abhängig von ihrer sozialen Herkunft mit ungleichen Voraussetzungen in das Bildungssystem eintreten und sich diese ungleichen Eingangsvoraussetzungen in hohem Maße auf Bildungskarrieren und spätere Berufschancen auswirken. Dabei erzeugt das deutsche Bildungssystem einen besonders starken Effekt sozialer Selektion im Sinne der „sozialen Vererbung" von Bildungsabschlüssen und damit einer Ungleichheit der Bildungschancen, die zugleich eine Hauptursache für das in den PISA-Studien deutlich gewordene Zurückbleiben deutscher SchülerInnen hinter internationale Bildungsstandards ist.

Was sich bezogen auf Deutschland als strukturelle Ungleichheit von Bildungschancen ausdrückt, findet sich in unterschiedlicher Schärfe durchaus auch in anderen Industrieländern mit hoch entwickelten Bildungssystemen. Die soziologische Bildungsforschung insbesondere in den USA, aber auch in Deutschland geht diesem Problem schon seit Längerem nach und versucht, die ursächlichen Faktoren und Zusammenhänge für diese offenbar nur schwer zu vermindernde soziale Selektion im Bildungswesen zu identifizieren.

Die meisten dieser Studien argumentieren auf der Basis statistischer Zusammenhänge zwischen verschiedenen sozialen Risikofaktoren und den von Kindern und Jugendlichen realisierten Schullaufbahnen oder Bildungsabschlüssen. Auch wenn die Operationalisierung dieser Risikofaktoren in den verschiedenen Studien unterschiedlich erfolgt, was die Vergleichbarkeit von Ergebnissen einschränkt, kann vor dem Hintergrund des gegenwärtigen Forschungsstandes insgesamt doch davon ausgegangen werden, dass drei Faktoren auszumachen sind, die sich zumindest statistisch auf die Bildungschancen von Kindern und Jugendlichen auswirken.

Diese Risikofaktoren sind:

- niedriger sozioökonomischer Status bzw. prekäre Einkommenssituationen (Armut) von Familien
- ein Migrationshintergrund von Familien bzw. Zugehörigkeit zu ethnischen Minderheiten
- niedriges Bildungsniveau bzw. niedriger formaler Bildungsabschluss der Eltern der Kinder

Bezogen auf *niedrigen sozioökonomischen Status und prekäre Einkommenslage (Armut) von Familien* wird für die USA belegt, dass dieser Risikofaktor in einem deutlichen statistischen Zusammenhang zu niedrigen Bildungsparametern bei den Kindern dieser Familien steht. Besonders gilt dies bei andauernder und nicht nur vorübergehender prekärer Lebenslage (Korenman/ Miller/Sjaastad 1995). Duncan und Brooks-Gunn (2000) berechnen, dass für Kinder aus armen Familien das Risiko, Klassenstufen zu wiederholen oder die Schule frühzeitig zu beenden, etwa zweimal so hoch ist wie für Kinder aus nichtarmen Familien und dass das Risiko von Lernbehinderungen für sie um 1,4 erhöht ist.

Auch wenn andere Familienmerkmale in ihrem Einfluss berücksichtigt werden, wirken sich familiäre Armut, niedriger sozialer Status und ein sozial prekäres Wohnumfeld deutlich im Sinne niedriger Testwerte von Kindern sowohl bezüglich kognitiver Fähigkeiten und Schulleistungen als auch sozialemotionaler Kompetenzen aus. Je näher die Familien an der Armutsgrenze sind, desto deutlicher scheint dabei der Effekt des Familieneinkommens durchzuschlagen (McLoyd 1998: 190 ff.).

Starke Hinweise bestehen auch darauf, dass diese Zusammenhänge schon in den ersten Lebensjahren der Kinder wirksam sind. Duncan, Brooks-Gunn und Klebanow (1994) können belegen, dass sich niedriges Familieneinkommen und Armutsstatus als relevante Vorhersageindikatoren schon für die IQ-Werte fünfjähriger Kinder erweisen. Bei Testergebnissen mit dem WPSSI-Intelligenztest im Vorschulalter schneiden Kinder, die in den ersten fünf Lebensjahren in als arm eingestuften Familien aufwachsen, signifikant schlechter ab als nichtarme Kinder.

Vor diesem Hintergrund hält Jutta Allmendinger (1999) es zumindest bezogen auf die USA für schlüssig nachgewiesen, *dass sich finanzielle Armut in defizitäre Bildung der Kinder übersetzt* und dass sich hierbei der Altersbereich zwischen dem 4. und 6. Lebensjahr der Kinder als besonders sensibel erweist.

Für Deutschland können Lauterbach, Lange und Wüest-Rudin (1999) das Wirken ähnlicher Zusammenhänge nachweisen, wenn sie belegen, dass arme Kinder deutlich seltener den Übergang zu höheren Schulen schaffen.

Bei einer Armutsdefinition von 50 % des Mittelwerts (Median) aller Haus-
haltsäquivalentseinkommen besuchen nur 16 % dieser Kinder das Gymnasium, während es bezogen auf den Gesamtdurchschnitt der Zehn- bis
Zwölfjährigen 29 % sind. Aus Familien, die in „prekärem Wohlstand" leben
(zwischen 50 und 65 % des Medians aller Haushaltsäquivalenzeinkommen),
sind es sogar nur 14 %.

Darüber hinaus zeigen die PISA-Studien, dass deutsche SchülerInnen
vor allem im unteren Leistungsbereich vergleichsweise niedrige Ergebnisse erzielen. Fast 10 % liegen unterhalb der niedrigsten Lesestufe, weitere 13 %
erreichen von fünf Kompetenzstufen lediglich die erste – das bedeutet: Fast
ein Viertel der 15-jährigen Schüler in Deutschland „kann nur mit Mühe lesen
oder versteht Texte nur auf einem elementaren Niveau" (Nickel 2007: 32).
Der Großteil dieser Jugendlichen entstammt der Sozialschicht, die durch
Familien ungelernter Arbeiter bestimmt wird. Dabei müssen die 10 % unter
dem niedrigsten Niveau, deren Lesefertigkeiten einer praktischen Bewältigung in lebensnahen Situationen nicht standhalten, „als Gruppe funktionaler
Analphabeten gelten" (Nickel 2007: 33).

Bei diesen quantitativen Relationen ist es nicht erstaunlich, dass auch
in der deutschen Armutsforschung der Zusammenhang zwischen ökonomischer Armut und fehlenden bzw. niedrigen Bildungsabschlüssen immer stär-
ker in den Blickpunkt gerät und besonders in den letzten Jahren im Begriff
der *Bildungsarmut* fokussiert wird (vgl. Palentien 2005/Edelstein 2006).
Büchner und Wahl formulieren die damit verbundene Grundannahme
wie folgt:

„Zu den Folgen des Aufwachsens unter Armutsbedingungen gehört auch die Bedrohung durch Bildungsarmut im Sinne von sich verfestigenden Kompetenzlücken
bereits im Kindes- und Jugendalter, die mit dem Risiko einer nachhaltigen sozialen Benachteiligung verbunden sind, weil im Lebensalltag wichtige Grundvoraussetzungen für eine verständige kulturelle Teilhabe- und Anschlussfähigkeit fehlen"
(Büchner/Wahl 2005: 357).

Eine ähnliche Sachlage finden wir bezüglich des Zusammenhangs zwischen
dem Risikofaktor *Migrationshintergrund* und dem Besuch weiterführender
Schulen. In Deutschland stellt der Bildungsbericht 2006 fest, dass unabhängig vom jeweiligen Sozialstatus SchülerInnen ausländischer Herkunft „seltener auf dem Gymnasium und häufiger in den niedriger qualifizierenden
Schularten" sind bzw. dass sie „doppelt so häufig wie deutsche die allge-
meinbildende Schule [verlassen], ohne zumindest den Hauptschulabschluss

zu erreichen" (Konsortium Bildungsberichterstattung 2006: 11). Bezogen auf jüngere Kinder zeigt eine Studie von Dubowy et al. (2008), dass Kinder mit Migrationshintergrund bereits beim Eintritt in den Kindergarten in einem weiten Kompetenzspektrum niedrigere Werte erreichen als gleichaltrige deutsche Kinder. Baumert und Schümer (2001) belegen zudem, dass sowohl Kinder und Jugendliche aus kürzlich zugewanderten Migrantengruppen als auch Kinder und Jugendliche aus der zweiten und dritten Generation von Migrantenfamilien in der Regel im bundesdeutschen Bildungssystem benachteiligt sind.

Bezogen auf den Zusammenhang der Bildungsabschlüsse von Kindern und Eltern sowie dem *Risikofaktor eines geringen Bildungsniveaus der Eltern* stellt der Bildungsbericht 2008 für Deutschland fest, dass ein signifikanter statistischer Zusammenhang besteht.

„Besonders deutlich zeigt sich, dass Kinder aus bildungsfernen Elternhäusern einem hohen Risiko ausgesetzt sind, keinen beruflichen Abschluss zu erwerben. So hat im Jahr 2005 rund ein Fünftel der 30- bis 40-Jährigen, deren Eltern nicht über einen Abschluss des Sekundarbereichs II verfügen, diesen Abschluss selbst nicht erreicht (…). Dagegen erwarben fast alle (96 %) Kinder von Eltern mit Abschluss des Sekundarbereichs II auch mindestens diesen Abschluss. Während über die Hälfte der Kinder von Eltern mit Abschluss im Tertiärbereich selbst ebenfalls über diesen Abschluss verfügt, war dies nur für rund ein Viertel der Kinder von Eltern ohne Abschluss des Sekundärbereichs II der Fall" (Autorengruppe Bildungsberichterstattung 2008: 41).

Für jeden dieser drei Faktoren lässt sich ein statistischer Effekt auf die Bildungsperspektiven der Kinder, festgemacht an Schulabschlüssen, z.T. aber auch an getesteten Kompetenzniveaus, nachweisen. Dabei steht außer Frage, dass diese Faktoren nur begrenzt isoliert wirken, sondern miteinander in *Wechselwirkung* stehen und sich in ihrer Wirkung verstärken. So besteht ein Zusammenhang zwischen prekärer familiärer Einkommenssituation und niedrigen Bildungsabschlüssen der Eltern, während auf der anderen Seite gesicherte Einkommenssituationen mit höheren Bildungsabschlüssen korrelieren (Lauterbach/Lange/Wüest-Rudin 1999: 365). Ähnlich zeigt sich ein Zusammenhang zwischen Migrationshintergrund und Bildungsniveau sowie Einkommenssituation der Eltern, der für die USA seit Längerem bekannt ist (vgl. McLoyd 1998) und auch für Deutschland in den Bildungsberichten von 2006 und 2008 deutlich dokumentiert wird.

Wir haben es ausgehend von diesen Forschungsbefunden also mit mindestens drei miteinander korrespondierenden Risikofaktoren – niedriger sozioökonomischer Status, Migrationshintergrund und niedrige Bildungsabschlüsse der Eltern – zu tun, die sich nachweislich in den Laufbahnentscheidungen im Bildungssystem niederschlagen und sich auch schon bezogen auf die kognitiven und sozialen Kompetenzen noch sehr junger Kinder auszuwirken scheinen.

So überzeugend diese Ergebnisse auf den ersten Blick in ihrer generellen Aussage auch sind, so zeigt sich bei differenzierterer Betrachtung doch, dass es die bildungssoziologische Forschung zum Zusammenhang von sozioökonomischem Hintergrund und dem Bildungspotenzial von Kindern mit einem sehr komplexen und keineswegs schon hinreichend ausgeleuchteten Bedingungskontext zu tun hat und dass die einschlägigen Studien z. T. auch noch erhebliche Mängel und Unbestimmtheiten aufweisen (Duncan & Brooks-Gunn 2000).

So kommen beispielsweise Anger, Plünnecke, Seyda und Werner (2006) in einem Gutachten für das Institut der deutschen Wirtschaft (Köln) auf Grundlage einer Analyse des PISA-Datensatzes von 2003 zu dem Ergebnis, dass Armut, wenn man sie an Arbeitslosigkeit und Alleinerziehungsstatus festmacht (was durch statistische Zusammenhänge durchaus begründbar ist), keinen wesentlichen Einfluss auf die Testergebnisse der Jugendlichen hatte, während dagegen ein fehlender Sekundarschulabschluss von Vater oder Mutter, die Anzahl der im Haushalt vorhandenen Bücher oder die Tatsache, ob in der Familie die Testsprache (Deutsch) gesprochen wird, großen Einfluss hat:

„Ein niedriger Bildungsstand der Eltern, ein Migrationshintergrund, der damit verbunden ist, dass zu Hause nicht die Testsprache gesprochen wird, und die Bildungsferne der Eltern stehen in Deutschland in einem starken negativen Zusammenhang zu der Lernleistung der Schüler und können damit einen erheblichen Beitrag zur Entstehung von Bildungsarmut leisten. Kein signifikanter Einfluss scheint jedoch von dem Einkommen der Eltern auszugehen, das in dieser Untersuchung anhand von Arbeitslosigkeit und dem Fehlen des zweiten Erziehungsberechtigten operationalisiert wurde. Der Bildungsstand der Eltern und deren Einstellung zur Bildung scheinen sich somit eher auf den Bildungsstand der Kinder auszuwirken als das zur Verfügung stehende Einkommen. Um die Bildungsarmut zu reduzieren, wäre es somit sinnvoll, Maßnahmen zu ergreifen, mit denen die schlechteren Startchancen von Kindern aus bildungsfernen Elternhäusern ausgeglichen werden können" (Anger et al. 2006: 72).

Nun mag man diesem Institut eine interessengeleitete Forschung im Sinne der Industrie und deshalb eine Bagatellisierung sozioökonomischer Ungleichheiten unterstellen. Schwerlich geht dies aber gegenüber der Studie von Arbeiterwohlfahrt (AWO) und dem Institut für Sozialarbeit und Sozialpädagogik (ISS), die familiäre Armut mit kindspezifischen *Lebenslagen* (Wohlergehen, Benachteiligung oder multiple Deprivation in Bezug auf Grundversorgung, Gesundheit, kulturelle und soziale Lage) in Verbindung zu setzen versucht. Zwar zeigt sich auch hier, dass „Kinder aus armen Familien signifikant höhere Defizite aufweisen und somit bereits sehr früh in ihren Zukunftschancen eingeschränkt sind" (Skoluda/Holz 2003: 113). Gleichzeitig deckt diese Studie aber auf,

„dass familiäre Armut nicht automatisch zu multiplen Deprivationserscheinungen bei den betroffenen Kindern führt und umgekehrt Nicht-Armut nicht zwangsläufig der Garant für ein Aufwachsen des Kindes im Wohlergehen ist. Die Bandbreite kindlichen Lebens ist viel größer. Schließlich schaffen es rund 24 % der armen Eltern, Benachteiligungen von ihren Kindern fern zu halten, und umgekehrt erfahren rund 14 % der Kinder in nicht-armen Familien multiple Deprivation" (ebd.).

Abgesehen davon, dass diese unterschiedlichen Einschätzungen die Fallstricke empirischer Bildungsforschung, nämlich die Abhängigkeit der Ergebnisse von den berücksichtigten Faktoren und ihrer jeweiligen Operationalisierung sichtbar machen, sprechen diese Befunde deutlich dafür, statistische Zusammenhänge zwischen sozialer Lage und Bildungsleistungen *nicht unhinterfragt als einen kausalen Eins-zu-Eins-Zusammenhang zwischen sozioökonomischem Familienhintergrund und Bildungsbenachteiligung von Kindern und im Sinne der einfachen Formel von „Armut gleich Bildungsarmut" zu interpretieren.*

Vielmehr spricht viel für die Annahme, dass wir es mit einem komplexeren Zusammenhang von strukturellen Risikofaktoren mit *Lebenslagen* zu tun haben, die sich wiederum nicht generell, sondern eher spezifisch und vermittelt auf Entwicklungsmöglichkeiten und Leistungspotenziale von Kindern auswirken. Denn unzweifelhaft wirkt sich geringes Einkommen ebenso wenig unmittelbar auf Intelligenzquotienten aus, wie Bildungsabschlüsse „vererbt" werden oder Migration und ethnische Zugehörigkeit sich direkt in Kompetenzpotenzialen niederschlagen.

Die hierin liegende Herausforderung wird in den letzten Jahren von der Bildungsforschung insofern angenommen, als zunehmend Untersuchungen publiziert werden, die den *Vermittlungswegen* zwischen sozialstrukturellen Risikofaktoren und den kognitiven Potentialen und Schulleistungen von Kindern nachgehen. Auch Büchner und Wahl (2005) thematisieren die Notwendigkeit eines geschärften Blicks auf die Mechanismen der Vermittlung und Übersetzung sozialstruktureller Risikofaktoren auf Bildungspotenziale und -perspektiven, wenn sie betonen:

„Um allerdings Bildungsarmut gezielt bekämpfen zu können, brauchen wir mehr als die Feststellung, dass bestimmte Armutsindikatoren vorliegen, auch wenn eine entsprechende Sozialberichterstattung zu Lebenslagen von Kindern unverzichtbar ist … Insbesondere brauchen wir möglichst detaillierte und präzise Einblicke in die Mechanismen der Bildungsarmut" und über „milieuspezifische Muster der Transmission und Transformation von Bildung und Kultur in der familiären Mehrgenerationenfolge" (Büchner/Wahl 2005: 357 f.). Aus dieser Perspektive wird die Familie zur „Schlüsselvariable für den Bildungserwerb, den Bildungsbiographieverlauf und den Bildungserfolg eines Kindes" (Büchner/Wahl 2005: 360).

Diese Autoren gehen dem über den Weg qualitativer Einfallanalysen nach, die deutlich machen sollen, wie lebenslagenspezifisch habitualisierte Strategien des Wissenserwerbs über Generationen in einer Familie weitergegeben werden und welche Brüche sich hierbei zeigen. Dies ist sicher eine forschungsstrategisch legitime Perspektive. Ich will hier aber den eher quantitativ-statistischen Ansatz weiter verfolgen und mich dabei auf neuere Studien stützen, die die genannten Transmissionsmechanismen konzentriert hinsichtlich des Zusammenhangs zwischen soziostrukturellen Familienmerkmalen, familiärer Leseumwelt und -förderung und Lese- und Schreibkompetenzen von Kindern in den Blick nehmen. Aus dieser Forschung sollen im Folgenden relevante Ergebnisse dargestellt und es soll zugleich versucht werden, einige vielleicht schon als gesichert gedachte Überzeugungen in Frage zu stellen.

2 Ein komplexes Modell zum Zusammenhang von soziostrukturellen Familienmerkmalen, familiärem Lernumfeld (Lernmilieu) und Literacy

Wenn hier der Begriff der „Literacy" benutzt wird, wird damit dem Forschungsstand entsprechend an die angloamerikanische Diskussion angeknüpft. Der Begriff Literacy steht dort in erster Linie für Lese- und Schriftfähigkeit, wird z. T. aber auch auf andere Kompetenzen im Sinne einer

Metapher übertragen (mathematic-literacy). Hier wird er im engeren Sinne als Lese- und Schriftfähigkeit verstanden, ohne seine generelle Bedeutung damit zu negieren, insofern „der Reading- und Writing Literacy (...) eine Schlüsselrolle für alle weiteren Formen von Literacy zu(kommt) (...). So hat der Erwerb der Schrift vielfältige Folgen für kognitive wie sprachliche und metasprachliche Prozesse" (Nickel 2007: 31).

Obwohl der überwiegende Teil der einschlägigen Forschung zu den Voraussetzungen für Literacy-Skills aus der USA stammt, wird zur Strukturierung des Überblicks an einer erst kürzlich veröffentlichten Studie des Berliner MPI für Bildungsforschung (McElvany/Becker/Lüdtke 2009) angesetzt, die der Bedeutung familiärer Merkmale für Lesekompetenz, Wortschatz, Lesemotivation und Leseverhalten nachgeht und dabei ein komplexes Zusammenhangsmodell zugrunde legt. Dabei wurden 772 Grundschüler am Ende des 3. und Ende des 6. Schuljahres in ihrer Lesekompetenz im Zusammenhang mit familiären Strukturmerkmalen und familiären Prozessmerkmalen erfasst.

Die MPI-Studie unterschiedet drei Gruppen von Einflussfaktoren: Es wird davon ausgegangen, dass die Lesekompetenz der Kinder beeinflusst wird von *individuellen Einflussfaktoren*, also Verhaltensmerkmalen der Kinder, als da sind: intrinsische Lesemotivation (um seiner selbst willen zu lesen), das Leseverhalten im Sinne von Häufigkeit des Lesens sowie der Wortschatz (der natürlich nicht unabhängig ist vom Leseverhalten).

Im Fokus der Untersuchung steht der Einfluss der Familie auf den Erwerb der Lesekompetenz, wobei als *familiäre Strukturbedingungen* in die Untersuchung einbezogen werden: die sozioökonomische Lage der Familie (Einkommen und Besitz), das Bildungsniveau der Eltern (Schulabschluss mit Fachhochschulreife als Kriterium) sowie der Migrationsstatus (festgemacht an der Familiensprache). Darüber hinaus werden sogenannte *familiäre Prozessfaktoren* erfasst: kulturelle Ressourcen (Buchbesitz der Eltern und des Kindes als Indikator), kulturelle Praxis (Gespräche oder Aktivitäten bezogen auf Lesen und Bücher) und die elterliche Einstellung zum Lesen (die von den Kindern wahrgenommene Wertschätzung des Lesens durch die Eltern).

Zwischen den über Fragebögen erfassten bzw. getesteten Variablen zeigen sich im Ergebnis der MPI-Studie folgende statistische Zusammenhänge (Korrelationen):

Die kulturellen Ressourcen (festgemacht am Buchbesitz) korrelieren mit allen drei Strukturkategorien, zeigten sich also abhängig sowohl vom sozioökonomischen Status der Familie, vom Bildungsniveau, als auch vom Migrationsstatus (McElvany/Becker/Lüdtke 2009: 126). Dagegen zeigt sich die kulturelle Praxis in der Familie nur vom elterlichen Bildungsniveau deutlich beeinflusst. Neben dem sozioökonomischen Status beeinflusst dieser Faktor auch die Wertschätzung des Lesens aufseiten der Eltern:

„Der sozioökonomische Status der Familien war prädiktiv für die vorhandenen Bücher und tendenziell auch für die lesebezogenen Einstellungen der Eltern, wie die Kinder sie erleben. Ebenso zeigte sich, dass Eltern mit hohem sozioökonomischem Status weniger eigene Inkompetenz im Hinblick auf die Förderung ihrer Kinder berichteten. Der Schulabschluss der Eltern als Indikator für die elterliche Bildung sagte statistisch signifikant den Bücherbesitz, die lesespezifischen Gespräche und Aktivitäten sowie die von den Kindern wahrgenommene Wertschätzung des Lesens durch die Eltern vorher. Deutsch als Familiensprache war prädiktiv für eine höhere Bücherzahl und seltener berichtete Inkompetenz bezüglich elterlicher Förderung des Lesens der Kinder. Gleichzeitig zeigt sich jedoch ein leicht negativer Zusammenhang mit lesebezogenen Gesprächen und Aktivitäten" (McElvany/ Becker/Lüdtke 2009: 126 f.).

Bezogen auf Zusammenhänge zwischen familiären Prozessmerkmalen (Lesegewohnheiten) und den Individualmerkmalen der Kinder zeigt sich, dass Bücher als kulturelle Ressource den Wortschatz und die Lesekompetenz der Kinder signifikant beeinflussen und (etwas geringer) auch mit dem Leseverhalten der Kinder in Zusammenhang stehen. Die lesebezogenen Gespräche und Aktivitäten als Teil der familiären kulturellen Praxis erweisen sich als guter Vorhersagefaktor sowohl für die Lesemotivation als auch für das Leseverhalten der Kinder. Kein Zusammenhang lässt sich dagegen zwischen der Einstellung der Eltern zum Lesen und individuellen Schülermerkmalen belegen.

Zusammenfassend kann man mit Blick auf die Ergebnisse dieser aktuellen deutschen Studie sagen, dass die familiären Strukturmerkmale (sozioökonomische Lage, Bildungsniveau der Eltern und Migration/Familiensprache) fast ausschließlich *indirekt*, nämlich über das familiäre Lesemilieu (die Prozessmerkmale Bücherbesitz, Leseverhalten der Eltern und kulturelle wie lesebezogene Aktivitäten) auf die für die Lesekompetenz des Kindes wichtigen Variablen wirken. Dabei besitzt der Faktor Bildungsniveau der Eltern den deutlich größten Einfluss und Vorhersagewert (wenngleich auch immer nur im mittleren Korrelationsbereich).

Darüber hinaus besteht ein leichter direkter statistischer Zusammenhang zwischen sozioökonomischem Status und Lesekompetenz der Kinder, der im Sinne eines intergenerationellen Statuserhalts, der sich über das elterliche

Entscheidungsverhalten (z.B. auf welche Schule ein Kind geschickt wird) vermittelt, interpretiert wird (McElvany/Becker/Lüdtke 2009: 130).

3   Beiträge aus dem internationalen bildungssoziologischen Forschungskontext

Im Folgenden soll der Frage nachgegangen werden, inwieweit das vom MPI zugrunde gelegte Modell und die Ergebnisse dieser Studie eine verlässliche Basis abgeben für die Beschreibung der Zusammenhänge zwischen sozialen Statusvariablen, kulturellen und lesebezogenen familiären Aktivitäten (familiäres Lesemilieu) und den letztendlichen Leseleistungen der Kinder.

Überprüft wird dies durch den Vergleich mit den Ergebnissen verschiedener ähnlich ausgerichteter Forschungsstudien, die in den letzten Jahren insbesondere in den USA publiziert wurden.

Christian, Morrison und Bryant haben schon 1998 in einem Überblick über Studien aus den 1980er und 1990er Jahren gezeigt, dass spezifisches Elternverhalten gegenüber Kindern im Vorschulalter wie gemeinsames Lesen oder Vorlesen, der Besuch von Bibliotheken und andere bildungsorientierte Aktivitäten sowie die Überwachung der häuslichen Schularbeiten der Kinder einen starken Einfluss auf die kognitive Entwicklung der Kinder hat. In ihrer eigenen Untersuchung von 538 fünfjährigen Kindern (etwa 50 % aus weißen und 50 % aus afroamerikanischen Familien) belegen die Autoren einen deutlichen statistischen Zusammenhang zwischen dem, was sie als „family literacy" bezeichnen, und vier von fünf erfassten Kompetenzbereichen der Kinder (Lesekompetenz, sprachliche Kompetenz, generelle Informiertheit und Worterkennungsfähigkeit – lediglich mathematische Kompetenz wird nicht beeinflusst).

Bemerkenswert ist, dass es hierbei eine Gruppe von Müttern mit geringem Bildungsgrad gibt, die hohe Werte bzgl. der familiären Literacy-Umgebung erreichen. Die Kinder dieser Mütter übertreffen in ihren Testleistungen solche, deren Mütter zwar einen höheren Bildungsgrad aufweisen, aber weniger engagiert sind in Literacy-fördernden Aktivitäten mit ihren Kindern. Hieraus ziehen die Autoren den Schluss:

„The strong association between family literacy environment and early academic abilities suggests that relatively simple behaviors such as monitoring television viewing or taking a child to the library can substantially influence growth in academic skills, regardless of parents' educational or financial circumstances" (Christian/Morrison/Bryant 1998: 516).

Diese Befunde bestätigen insofern die Ergebnisse der MPI-Studie, als auch hier der direkte Einfluss des sozioökonomischen Faktors eher gering ausfällt, während besonders gemeinsame kulturelle und Leseaktivitäten innerhalb der Familien stark ins Gewicht fallen. Bemerkenswert ist dabei besonders die Gruppe von Müttern, die trotz niedrigem Bildungsgrad eine hoch kompetenzfördernde Umgebung für ihre Kinder herzustellen vermag.

Aus jüngerer Zeit ist zudem eine Studie von Bracken & Fischel (2008) aussagekräftig, die bezogen auf Familien mit niedrigem Familieneinkommen und hohem Migrantenanteil den Zusammenhang von Leseverhalten in der Familie und frühen Literacy-Kompetenzen der Kinder untersucht. In dieser Studie, an der 233 Kinder im Alter von vier Jahren teilnahmen, erweist sich ebenfalls die *Eltern-Kind-Leseinteraktion* (festgemacht an Frequenz und Dauer gemeinsamen Lesens, am Besuch von Büchereien, Buchbesitz in der Familie und am Alter des Kindes, in dem mit gemeinsamem Lesen begonnen wurde) als stärkster Indikator für die Leistung der Kinder in frühen Literacy-Skills (gemessen über verschiedene Instrumente zum Vokabular, zur Buchstaben- und Wortidentifikation, zum Leseinteresse des Kindes und zum Spaß am Lesen). Auch hier bestätigt sich also die Bedeutung der Variable der kulturellen familiären Praxis für Leseverhalten, Lesemotivation und Lesekompetenz der Kinder. Bezogen auf sozioökonomischen Status bzw. Migrationshintergrund erlaubt die Untersuchung von Bracken und Fischel keine Vergleiche, da alle untersuchten Kinder aus dem Head-Start-Programm und somit aus sozial schwachen Familien (vor allem mit hispanischen bzw. afroamerikanischen Wurzeln) stammen. Trotzdem ergibt sich auch hierauf bezogen insofern ein höchst relevantes Ergebnis, als sich nämlich in dieser unter Aspekten der sozialen Herkunft relativ homogenen Stichprobe eine erhebliche Variation im Leseverhalten der Familien zeigt, die statistisch lediglich mit dem Bildungsniveau der Eltern in Zusammenhang steht:

„… is there tremendous variation in the reading behavior of families of low socioeconomic status, but also important literacy activities are taking place in these homes" (Bracken/Fischel 2008: 62).

Eine von Farver, Xu, Eppe und Lonigan (2006) publizierte Studie basiert auf einer ähnlichen soziostrukturell homogenen Stichprobe wie bei Bracken und Fischel, insofern sie drei- bis fünfjährige Kinder aus Familien mit niedrigem sozioökonomischem Status und lateinamerikanischem (hispanischem) Migrationshintergrund untersuchen. Auch diese Autoren können innerhalb ihres Samples einen Zusammenhang zwischen dem *Bildungsabschluss* der Eltern, deren Lesegewohnheiten und dem Wortschatz und den Leseinteressen der Kinder belegen. Besonders deutlich ist der statistische Zusammenhang zwischen der Beteiligung der Eltern an gemeinsamen Leseaktivitäten und dem Leseinteresse des Kindes, seinem Wortschatz und dem ebenfalls erhobenen sozialen Verhalten des Kindes. Dem gegenüber spielen z.b. die Anzahl der Jahre, die diese Familien in den USA leben, sowie die Familiengröße keine Rolle. Ein negativer Zusammenhang besteht zudem zwischen dem hier ebenfalls erhobenen subjektiv empfundenen Erziehungsstress der Mutter und dem Wortschatz und dem sozialen Verhalten der Kinder.

Bezogen auf den europäischen Raum existiert eine vergleichbar komplexe und aussagefähige Untersuchung aus den Niederlanden (Tilburg). Van Steensel (2006) hat den Zusammenhang zwischen Home Literacy Environments (HLE) und der Literacy-Kompetenz von 116 Kindern im Grundschulalter von 4 und 5 Jahren (bei uns Kindergarten, in Holland erste Grundschulphase) untersucht. Dabei kamen diese zu etwa 40 % aus holländischen Familien und zu annähernd 60 % aus Migrantenfamilien. Auch der Untersuchungsansatz van Steensels geht von einem breiten Verständnis des familiären Lesemilieus aus, bei dem sowohl das Leseverhalten der Eltern erfasst wird (Bücher, Magazine, Zeitungen, Broschüren lesen, Einkaufslisten erstellen, Briefe oder Postkarten schreiben, PC-Nutzung) wie auch spezielle lesebezogene Aktivitäten mit den Kindern (gemeinsames Lesen, Geschichten erzählen, Bücherei-Besuch, gemeinsames Sehen anspruchsvoller Fernsehprogramme, gemeinsames Singen, gemeinsame Schreibaktivitäten). Dabei werden in der Auswertung drei Profile unterschieden: *reichhaltiges (rich) HLE, kindbezogenes (child-directed) HLE* mit schwach ausgeprägtem Leseverhalten der Eltern, aber deutlichen Literacy-Aktivitäten mit dem Kind, und schließlich *schwaches (poor) HLE*. Die Kinder wurden mit verschiedenen Instrumenten (Concept Test, CAP und ein Beobachtungsrating) bezüglich ihrer Kompetenzen im sprachlichen Bereich (Sprachkompetenz, Wortschatz, Begriffsdifferenzierung, Buchstaben- und Worterkennung, Buchstabieren etc.) getestet. Die statistische Analyse zeigt, dass Kinder aus Familien mit reichhaltigem HLE insgesamt die höchsten Werte in allen Messungen erreichen, während Kinder aus Familien mit schwachem HLE die niedrigsten Werte erzielen (mit Ausnahme der Sprachkompetenz). Kaum Zusammenhänge zeigen sich zwischen HLE-Profilen und dem Buchstabieren sowie der Worterkennung; dies scheinen dem Autor zufolge „technische" Fertigkeiten zu sein, die eher von formaler Instruktion in der Schule abhängen als von Erfahrungen zuhause mit Wort und Schrift (van Steensel 2006: 375, 378).

Insgesamt sprechen auch van Steensels Untersuchungsergebnisse gegen Eins-zu-Eins-Relationen zwischen soziokulturellen Faktoren, familiärem Lesemilieu und Literacy-Kompetenzen der Kinder. *Die Annahme, dass Familien mit niedrigem sozioökonomischem Status oder Migrationshintergrund in der Unterstützung der Sprach- und Schriftkompetenz ihrer Kinder generell versagen, wird auch in dieser Untersuchung widerlegt.*

So zeigt sich in van Steensels Untersuchung, dass die Eltern in Migrantenfamilien, selbst wenn sie selbst nur geringes Leseverhalten zeigen, hinsichtlich der schulbezogenen Leseaktivitäten ihrer Kinder häufig engagiert sind (holländische Kinder werden frühzeitig im Kindergarten hierauf orientiert). Dabei sagen die Eltern z.T. selbst, dass solche Aktivitäten für sie neu seien, sie würden sich aber in gemeinsamem Lesen und Singen engagieren oder Bibliotheken besuchen, weil ihnen bewusst sei, dass dies wichtige Praktiken in der holländischen Gesellschaft seien.

„Parents felt the need to ,adjust' their own cultural praxis, because of the great value school attaches to shared reading." (van Steensel 2006: 378)

Ein eventuell relevantes Teilergebnis bzgl. des Zusammenhangs zwischen familiärem Lesemilieu (HLE) und Lesekompetenz betrifft die Profile, die van Steensel zugrunde legt: HLE beeinflusst sowohl Wortschatz (vocabulary) als auch die generelle Lesefähigkeit (general reading comprehension), aber in unterschiedlicher Weise. Für den Wortschatz scheint die entscheidende Frage zu sein, inwieweit Eltern oder ältere Geschwister selber leseaktiv sind, während für die generelle Lesefähigkeit bedeutsam ist, inwieweit die Kinder in gemeinsame, auf Sprache und Schrift bezogene Aktivitäten innerhalb der Familie integriert sind – hier sind high HLE und child-directed HLE gleichwertig (van Steensel 2006: 378). Dies kann damit zusammenhängen, dass Personen, die selbst viel lesen, auch über einen reichhaltigeren Wortschatz verfügen, den sie im Alltag an ihre Kinder weitergeben. Dieser Befund weicht von der MPI-Studie ab, die keinen Zusammenhang der Leseinteressen der Eltern mit den Literacy-Variablen der Kinder belegen konnte.

4   Zusammenfassung

Zusammenfassend kann man sagen, dass die hier referierten neueren Studien aus Deutschland, den USA und Holland trotz aller Unterschiede in den Stichproben und bezüglich der Operationalisierung einzelner Variablen in ihren Ergebnissen erstaunlich deutlich übereinstimmen.

Alle referierten Untersuchungen weisen darauf hin, dass soziale Indikatoren wie sozioökonomischer Status, niedriger Bildungsabschluss der Eltern oder Migrationshintergrund – wenn man sie wie hier im Rahmen eines komplexeren Zusammenhangmodells betrachtet – nicht in einem direkten Zusammenhang zu den Entwicklungs- und Leistungspotenzialen der Kinder stehen, sondern gewissermaßen durch das „Nadelöhr" der konkreten familiären Lernumgebung *und der Eltern-Kind-Interaktionen* müssen. Und hierauf bezogen belegen diese Untersuchungen (Christian/Morrison/Bryant 1998, Bracken/Fischel 2008, Farver/Xu/Eppe/Lonigan 2006, van Steensel 2006) auch unter Familien mit niedrigem sozioökonomischem Status und Migrationshintergrund ganz erhebliche Unterschiede im familiären Lernumfeld bzw. in lesebezogenen Aktivitäten. Auch sehr einkommensschwache, arme Familien können ihren Kindern eine lernanregende Umgebung schaffen (Skoluda/Holz 2003).

Pointiert formuliert heißt das zuerst einmal: Die häufig in der deutschen Diskussion zu findende Gleichung von „Armut gleich Bildungsarmut" geht so einfach nicht auf.

Der noch am besten gesicherte Zusammenhang zwischen soziostrukturellem Risikofaktor, familiärer Lernumgebung und kindlichem Leistungsvermögen ist der *zwischen dem Bildungsniveau der Eltern, dem familiären Lesemilieu und den Lese- und Schriftleistungen der Kinder* (McElvany/Becker/Lüdtke 2009). Aber selbst bezogen auf diesen Zusammenhang zeigt sich in verschiedenen Untersuchungen, dass es relevante Gruppen gibt, die auch aus einem solchen Teufelskreis der „Vererbung von Bildungsniveaus" insofern ausbrechen, als sie trotz niedriger eigener Bildung und eventuell zusätzlich niedrigem sozioökonomischem Status oder Migrationshintergrund vermögen, eine positive Lernumwelt für ihre Kinder zu schaffen, die sich auch in deren Literacy-Potenzialen ausdrückt.

5   Literatur

Allmendinger, Jutta (1999): Bildungsarmut: Zur Verschränkung von Bildungs- und Sozialpolitik. In: Soziale Welt 50, S. 35–50.

Anger, Christina/Plünnecke, Axel/Seyda, Susanne/Werner, Dirk (2006): Bildungsarmut und Humankapitalschwäche in Deutschland. Gutachten des Instituts der deutschen Wirtschaft. Köln: Institut der deutschen Wirtschaft.

Autorengruppe Bildungsberichterstattung (2008): Bildung in Deutschland 2008. Ein indikatorengestützter Bericht mit der Analyse zu Übergängen im Anschluss an den Sekundarbereich I. Bielefeld: W. Bertelsmann Verlag.

Baumert, Jürgen/Schümer, Gundel (2001): Familiäre Lebensverhältnisse, Bildungsbeteiligung und Kompetenzerwerb. In: Deutsches PISA-Konsortium (Hg.): PISA 2000. Basiskompetenzen von Schülerinnen und Schülern im internationalen Vergleich. Opladen: Leske & Budrich, S. 323–407.

Bracken, Stacey Storch/Fischel, Janet E. (2008): Family Reading Behavior and Early Literacy Skills in Preschool Children From Low-Income Backgrounds. In: Early Education and Development 19, 1, S. 45–67.

Büchner, Peter/Wahl, Katrin (2005): Die Familie als informeller Bildungsort. Über die Bedeutung familialer Bildungsleistungen im Kontext der Entstehung und Vermeidung von Bildungsarmut. In: Zeitschrift für Erziehungswissenschaft 8, 3, S. 356–373.

Christian, Kate/Morrison, Frederick J./Bryant, Fred B. (1998): Predicting Kindergarten Academic Skills: Interactions Among Child Care, Materal Education, and Family Literacy Environments. In: Early Childhood Research Quarterly 13, 3, S. 501–521.

Dubowy, Minja/Ebert, Susanne/von Maurice, Jutta/Weinert, Sabine (2008): Sprachlich-kognitive Kompetenzen beim Eintritt in den Kindergarten. Ein Vergleich von Kindern mit und ohne Migrationshintergrund. In: Zeitschrift für Entwicklungspsychologie und Pädagogische Psychologie 40, 3, S. 124–134.

Duncan, Greg J./Brooks-Gunn, Jeanne (2000): Family Poverty, Welfare Reform, and Child Development. In: Child Development 71, 1, S. 188–196.

Duncan, Greg J./Brooks-Gunn, Jeanne/Klebanov, Pamela Kato (1994): Economic Deprivation and Early Childhood Development. In: Child Development 65, 2, S. 296–318.

Edelstein, Wolfgang (2006): Bildung und Armut. Der Beitrag des Bildungssystems zur Vererbung und zur Bekämpfung von Armut. In: ZSE 26, 2, S. 120–170.

Farver, Jo Ann M./Xu, Yiyuan/Eppe, Stefanie/Lonigan, Christopher (2006): Home environments and young Latino children's school readiness. In: Early Childhood Research Quarterly 21, S. 196–212.

Konsortium Bildungsberichterstattung (2006): Bildung in Deutschland 2008. Ein indikatorengestutzter Bericht mit der Analyse zu Bildung und Migration. Bielefeld: W. Bertelsmann Verlag.

Korenman, Sanders/Miller, Jane E./Sjaastad, John E. (1995): Long-term Poverty and Child Development in the United States: Results from the NLSY. In: Children and Youth Services Review 17, 1-2, S. 127–155.

Lauterbach, Wolfgang/Lange, Andreas/Wüest-Rudin, David (1999): Familien in prekären Einkommenslagen. Konsequenzen für die Bildungschancen von Kindern in den 80er und 90er Jahren? In: Zeitschrift für Erziehungswissenschaft 2, 3, S. 361–383.

McElvany, Nele/Becker, Michael/Lüdtke, Oliver (2009): Die Bedeutung familiärer Merkmale für Lesekompetenz, Wortschatz, Lesemotivation und Leseverhalten. In: Zeitschrift für Entwicklungspsychologie und Pädagogische Psychologie 41, 3, S. 121–131.

McLoyd, Vonnie C. (1998): Socioeconomic Disadvantage and Child Development. In: American Psychologist 53, 2, S. 185–204.

Nickel, Sven (2007): Familienorientierte Grundbildung im Sozialraum als Schlüsselstrategie zur breiten Teilhabe an Literalität. In: Grotlüschen, Anke/Linde, Andrea (Hg.): Literalität. Grundbildung oder Lesekompetenz? Münster: Waxmann, S. 31–41.

Palentien, Christian (2005): Aufwachsen in Armut – Aufwachsen in Bildungsarmut. In: Zeitschrift für Pädagogik 51, 2, S. 154–169.

Skoluda, Susanne/Holz, Gerda (2003): Armut im frühen Kindesalter – Lebenssituation und Ressourcen der Kinder. In: Frühförderung interdisziplinär 22, S. 111–120.

van Steensel, Roel (2006): Relations between socio-cultural factors, the home literacy environment and children's literacy development in the first years of primary education. In: Journal of Research in Reading 29, 4, S. 367–382.

Gibt es eigentlich „Vorläuferfähigkeiten"?
Wie moderne Kindergärten grundschulpädagogische Gewissheiten infrage stellen[1]

Jörg Ramseger

1 Einleitung

Nach der Einführung der neuen Bildungsprogramme in den vergangenen Jahren haben viele Kindergärten ihr Bildungskonzept völlig neu gestaltet. Kindergärten sind nicht mehr Schon- und Aufbewahrräume für kleine Kinder wie in der Vergangenheit, sie verfolgen inzwischen vielmehr einen eigenen Bildungsauftrag. Das betrifft auch ehemalige Kernbereiche der Grundschularbeit: die Unterstützung der Kinder auf dem Weg zur Schrift oder auf dem Weg in die Mathematik. Manche GrundschulpädagogInnen empfehlen, dass sich der Kindergarten weiterhin auf die Förderung sogenannter „Vorläuferfähigkeiten" beschränken solle, weil der „eigentliche" Lese- und Schreibunterricht nach wie vor der Grundschule zukomme. Warum eigentlich? Macht das wissenschaftliche Konzept der Vorläuferfähigkeiten noch Sinn, wenn die Kinder doch schon im Kindergarten lesen und schreiben lernen wollen? Moderne Kindergärten stellen durch ihre Praxis nicht nur den traditionellen Anfangsunterricht in der Grundschule, sondern auch die dazugehörige wissenschaftliche Theoriebildung infrage.

Zur Verdeutlichung des hier angesprochenen Problems stelle ich den weiteren Ausführungen die Beobachtung einer Beispielsituation voran.

Klara malt ein großes „T" auf ein Zeichenblatt und sagt „Tana" dazu. Klara geht an die Wandtafel und malt mit Kreide deutlich lesbar „LINA" darauf. Dann geht sie an die Malwand, nimmt einen Pinsel und schreibt er-

---

1 Dieser Beitrag ist erstmals 2007 erschienen in: Deutsche Kinder- und Jugendstiftung/ Internationale Akademie für innovative Pädagogik, Psychologie und Ökonomie an der Freien Universität Berlin (INA) (Hg.): Bildungsqualität von Anfang an. Berichte und Erfahrungen aus dem Programm „ponte. Kindergärten und Grundschulen auf neuen Wegen". Berlin: DKJS und INA, S. 18–29; verfügbar unter http://www.dkjs.de/uploads/ tx_spdkjspublications/ponte_Bildungsqualitaet_von_Anfang_an.pdf (18.4.2011). Die vorliegende Fassung wurde für diesen Band geringfügig redaktionell verändert.

neut mit roter Farbe in riesengroßen Lettern sehr gut lesbar „LINA". Klara
fragt ihre Mutter: „Wie schreibt man ‚Osterfeier'?" „Mit einem ‚O'!" „Und
was kommt danach?" „Ein ‚ssss' – und dann ein ‚t'!" Klara nimmt einen Satz
selbsthaftender Schaumstoffbuchstaben und bildet diverse Wörter an der
Magnettafel. Einige machen in den Augen der Erwachsenen Sinn, andere
nicht. Dann greift sie wieder zur Kreide und schreibt „OMA" an die Tafel:
Erst ein „O", dann ein „M" und dann ein „A" – alle drei Buchstaben übereinander.
Wer den Entstehungsprozess genau beobachtet hat, kann das Wort
„OMA" durchaus noch entziffern. Für Dritte ist dieses Wort – im Gegensatz
zu „LINA" – durch die Überlagerung der Buchstaben unleserlich geworden.
Wenig später kommt Jason hinzu. Er greift sich die Schaumstoffbuchstaben
und legt ebenfalls Wörter an der Magnettafel. Die Buchstabenfolgen ergeben
aus Sicht der Erwachsenen keinen Sinn. Jason sagt auch nichts dazu. Vielleicht
imitiert er Klara nur, die gezielt Wörter schreibt, ohne dass er selbst
schon irgendeine Vorstellung von Schrift hat. Lea liegt am Fußboden und
malt Kritzelbilder. Der informelle Beginn des Schreibenlernens.

Klara, Jason und Lea sind gerade drei Jahre alt. Klara hat ihre ersten Schreibversuche
mit zwei Jahren und neun Monaten begonnen. Sie bildet jetzt schon
in der mündlichen Rede komplexe, mehrfach verschachtelte Sätze und ist gerade
dabei zu erkennen, was ein Reim ist. Sie ist Linkshänderin und schreibt
mal von links nach rechts und mal andersherum. Niemand korrigiert sie. Die
Erzieherinnen warten ab, bis Klara durch das Vorbild anderer Kinder und die
Arbeit am Computer von sich aus begreift, dass die bei uns übliche Schreibrichtung
von links nach rechts läuft. Es ist zu erwarten, dass sie mit fünf Jahren
lesen und schreiben können wird, vielleicht auch schon eher.

Klara hat doppeltes Glück: Sie hat Eltern, die ihr Interesse an Schrift und
Literatur frühzeitig geweckt haben und ihre eigenständigen Bemühungen
um die Aneignung der Schriftsprache im frühesten Kindesalter klug unterstützen.
Und sie geht, seit sie 14 Monate alt ist, in einen Reform-orientierten
Kindergarten, in dem die individuelle Lernentwicklung jedes einzelnen
Kindes sehr systematisch dokumentiert und gefördert wird und Kinder auf
dem Weg zur Schrift schon im Krabbelalter vielfältige spielerische Anregungen
erhalten. Die Kindertagesstätte „Rappelkiste" im brandenburgischen
Wünsdorf hat sich drei Jahre lang im „10-Stufen-Projekt Bildung" nach dem
INFANS-Konzept (vgl. www.infans.net) zu einer sogenannten Konsultations-Kita
entwickelt, in der eine besonders hochwertige Kindergartenpädagogik
angeboten wird. Fachleute auch aus anderen Bundesländern nehmen

die Gelegenheit wahr, sich hier bei Hospitationen Anregungen für die Weiterentwicklung ihrer Kindergärten zu holen.

Klaras Mutter erzählt mir, wie sie ihrem Kind schon im ersten Lebensjahr, also noch bevor Klara richtig sprechen konnte, Bilderbücher vorgelesen und Märchen erzählt hat. Anlass war, dass die Tochter ein „schlechter Esser" war und die Mutter versucht hat, ihr Kind mit Geschichten zum Essen zu bewegen. Irgendwie waren die Geschichten dem Kind aber wichtiger. Als Beitrag zur Lerndokumentation des Kindergartens hat die Mutter die ersten Kontakte des Kindes mit der Welt der Schrift selber aufgeschrieben. Klaras

Klaras Weg in die Welt der Schrift – dokumentiert von ihrer Mutter

Wir haben schon vor der Vollendung des ersten Lebensjahres mit dem Anschauen von Büchern begonnen. Nach dem ersten Geburtstag wuchs Klaras Interesse. Besonders gern schauten wir uns „Suchbücher" an, die auf einer Seite viele verschiedene Begebenheiten zeigen, aber auch Bücher zum Erlernen erster Worte mit Abbildungen von Alltagsgegenständen und -situationen. Das direkte Vorlesen sowie meine Erklärungen versuchte ich ihrem Entwicklungsstand anzupassen. Was könnte sie schon verstehen? Mit etwa eineinhalb bis zwei Jahren begannen wir mit dem Vorlesen von Reimen, die sie durch die Häufigkeit bald auswendig konnte – in ihrer Sprache und oft nur für mich verständlich.

Klara hat phasenweise ihre jeweiligen Lieblingsbücher. Sie nutzt das gemeinsame Bücher-Anschauen auch als Trost und Entspannung sowie zum Kuscheln bzw. als Kontaktaufnahme bei Besuch.

Wir beziehen oft den Inhalt der Bücher in das Spiel oder den Alltag mit ein bzw. umgekehrt („Das sieht aus wie im Buch …"). Ich lasse sie die Reime bzw. deren Enden oder wörtliche Rede selbst sprechen.

Klara liebt die Wiederholungen: Im Urlaub musste ihre Tante ihr immer wieder Rotkäppchen erzählen, manchmal dreimal hintereinander. Aus Spaß erzählte sie das Märchen auch in abgewandelter Form (Gelbkäppchen frisst den Wolf auf). Auf meine Bitte, dass Klara mir auch einmal Rotkäppchen erzählen sollte, erzählte sie mir diese abgewandelte Form und lachte dabei.

Sie malt und beschreibt ihre Bilder und weiß auch nach Tagen noch, was sie gemalt hat.

Eltern, die in einem intensiven Austausch mit den Erzieherinnen stehen, beobachten mit großer Freude Klaras Lerneifer, der auf die anderen Mitglieder ihrer Kindergartengruppe schon abgefärbt hat. Dabei üben Klaras Eltern keinerlei Druck auf das Kind aus. „Man muss die Kinder ja gar nicht drängen. Es kommt alles von ihr selber. Ich mache nichts, was Klara nicht selber will", erläutert die Mutter.

Nicht unwichtig ist auch das Handeln des Vaters. Die Erzieherin berichtet, dass Klaras Vater ebenfalls viel Anteil nimmt an der Entwicklung seiner Tochter und sich beispielsweise beim Abholen des Kindes vom Kindergarten viel Zeit nimmt, um die von der Tochter geschaffenen Werke zu betrachten und sich erklären zu lassen.

2   Klaras Entwicklung – ein Beitrag zur Schulfähigkeitsdebatte

In der Grundschulpädagogik ist umstritten, ob es sinnvoll ist, an dem Begriff der „Schulfähigkeit" festzuhalten, nachdem der in der Bevölkerung weiterhin verbreitete Begriff der „Schulreife" schon vor 30 Jahren von der Wissenschaft für unsinnig befunden worden war.[2] Mitte der Neunzigerjahre habe ich mit einigen anderen Autoren im Rahmen der Zukunftsstudie des Grundschulverbandes die Position vertreten, dass auf eine selektive Schuleingangsdiagnostik verzichtet werden sollte, nachdem die bis dahin übliche Rückstellungspraxis vermeintlich nicht schulfähiger Kinder von der erziehungswissenschaftlichen Forschung als nicht hilfreich erkannt worden war: Die von der Einschulung zurückgestellten Kinder hatten sich trotz des Besuches einer Vorschulklasse in der weiteren Schullaufbahn nicht besser entwickelt. Die Schulfähigkeit, so hatten wir damals empfohlen, müsse von der Grundschule mit den Kindern selbst erarbeitet werden (Faust-Siehl et al. 1996: 140).

Begreift man Schulfähigkeit in einem umfassenden, nämlich öko-systemischen Sinn, wird allerdings deutlich, dass ihre „Erarbeitung" nicht erst in der Grundschule beginnen kann, sondern von Elternhaus, Kindergarten und Grundschule gemeinsam geleistet werden muss. Das Streben nach der Schulfähigkeit des Kindes wird dabei ergänzt durch die Forderung nach einer Kindgerechtheit der Schule und zielt damit auch auf die Qualität des Anfangsunterrichts. Denn natürlich muss sich der Anfangsunterricht verän-

---

2   Vgl. für die aktuelle Diskussion exemplarisch: Oelkers u. a. 1999: 48–50. Zur Kritik am Begriff der „Schulreife" siehe Mandl 1978.

dern, wenn es keine Selektion am Schulanfang mehr gibt und die Illusion der Homogenität der Schulanfänger von der amtlichen Schulpolitik nicht länger aufrechterhalten wird.

Inzwischen hat die erziehungswissenschaftliche Forschung relativ treffsichere Diagnoseverfahren für schulerfolgsrelevante Kenntnisse und Fähigkeiten von Kindergartenkindern entwickelt, die in dem theoretischen Konstrukt der „phonologischen Bewusstheit" zusammengefasst werden und deren systematische Förderung schon im Kindergarten sinnvoll zu sein verspricht (vgl. Kammermeyer 2000b; ferner Einsiedler et al. 2002: 194–209). Phnologische Bewusstheit beschreibt die Fähigkeit von Kindern, Strukturen der Lautsprache zu erkennen und in ihrer Bedeutung für die Decodierung von Sätzen und Worten zu verstehen und nutzen zu können. Strittig ist allerdings, ob es sinnvoll ist, solche Fähigkeiten in isolierten Übungen anhand von Trainingsmappen für alle Kinder anzusetzen, oder ob solche Übungen nicht eher – wie am Beispiel Klaras ausgeführt – im Kontext der eigenaktiven Lernbemühungen der Kinder auf dem Weg zur Schrift sowie in Projekten unterstützend zum Einsatz kommen sollten.

Eine solche öko-systemische Sicht auf den Schulanfang ist allerdings noch nicht an jeder Grundschule Realität. Zur Förderung der Schulfähigkeit des Kindes im Kindergartenalter empfehlen daher Kammermeyer, Einsiedler, Martschinke und viele andere Forscher das systematische vorschulische Training sogenannter „Vorläuferfähigkeiten" zum Schriftspracherwerb: die Fähigkeit, Wörter in Silben zu gliedern, Reime zu erkennen, Anlaute und Laute in anderen Positionen im Wort erkennen und herauszuhören und ähnliche Formen der Sprachbetrachtung mehr. Gisela Kammermeyer schreibt beispielsweise:

„Wir wissen heute, dass Lesen, Schreiben und Rechnen Entwicklungsprozesse sind, die weit vor der Einschulung beginnen. Sehr bedeutsam für Schulfähigkeit sind die Vorerfahrungen der Kinder, die sie in der Vorschulzeit im Zusammenhang mit Buchstaben und Lauten sowie mit Mengen und Zahlen gemacht haben. Ziel von Schuleingangsdiagnostik ist nicht Selektion, sondern die genaue Erfassung von Vorerfahrungen, damit diese lernzielnahen Vorläuferfähigkeiten im Kindergarten wie auch im Anfangsunterricht gefördert werden können." (Kammermeyer 2004: 9)

Sie fährt fort:

„Es geht nicht darum, dass die Erzieherin den Kindern im Kindergarten im Hinblick auf Schulfähigkeit Buchstaben und Zahlen beibringt. Das ist nach wie vor

Aufgabe der Schule. Wichtige Aufgabe der Erzieherin ist es jedoch, das Interesse der Kinder an Buchstaben und Lauten, an Mengen und Zahlen zu wecken, zu entwickeln und aufrechtzuerhalten, damit sie wertvolle Vorläuferfähigkeiten in ihrem Alltag anwenden können. Erzieherinnen sind im Zusammenhang mit schulnahen Inhalten oft unsicher.

Sie befürchten, der Schule etwas vorwegzunehmen. Sie meinen, die Kinder könnten sich in der Schule langweilen, wenn sie ihnen Anregungen zu Buchstaben und Lauten, zu Mengen und Zahlen geben. Gerade Kinder, denen Anregungen im Elternhaus fehlen, benötigen gezielte Hilfestellungen. Im Kindergarten ist also übergeordnetes Ziel, das Interesse an Buchstaben und Lauten, an Mengen und Zahlen zu fördern. Im Anfangsunterricht muss dann an diese Vorläuferfähigkeiten angeknüpft werden." (ebd. 10)[3]

Schauen wir mit dieser Mahnung im Kopf erneut Klara und ihre Freunde in der Wünsdorfer Rappelkiste an, tauchen doch Zweifel in Bezug auf die Nützlichkeit des Begriffs „Vorläuferfähigkeiten" auf. Klara ist gerade dabei, sich mit der Hilfe ihrer Mutter und ihrer Erzieherinnen selber das Lesen und Schreiben beizubringen. Sie findet ein dafür gezielt gestaltetes Lernumfeld vor. Sie erhält keinen systematischen Unterricht, auch kein systematisches Training irgendwelcher vom Lebenskontext abgelöster Fertigkeiten, wohl aber viel Zuwendung, Beachtung und Ermutigung bei ihren eigenen tastenden Versuchen auf dem Weg in die Schriftkultur. Was ist daran „vorläufig"?

Meine These lautet: Es gibt in der Lebenspraxis lernender Kinder weder „Vor-Erfahrungen" noch Vorläuferfähigkeiten. Es gibt nur Erfahrungen, die allerdings, im Sinne der Lerntheorie John Deweys, in permanenter Wechselwirkung miteinander stehen und vom lernenden Subjekt fortwährend differenziert werden. Vorläuferfähigkeiten existieren nur als theoretisches

---

3   Kammermeyers Auffassung deckt sich mit den Vorgaben der vorletzten Lehrplangeneration. So heißt es beispielsweise im „Vorläufigen Rahmenplan für Unterricht und Erziehung in der Berliner Schule – Vorklasse" aus dem Jahr 1993/94: In der Vorklasse sollen die Kinder „ihre spontanen und außerschulischen Entdeckungen und Erfahrungen ergänzen und vertiefen durch Angebote wie regelmäßiges Vorlesen vielfältiger Texte, Benutzen einer klasseneigenen Leseecke, Sprechen über Lieblingsbücher, Gestalten von Bilderbüchern, Kinder diktieren der Vorklassenleiterin ihre Texte, Ausdenken und Deuten von Bildsymbolen, Beschriften von Sammlungen (Klassenmuseum), Erkennen und Nachgestalten des eigenen Namens. Dabei erwerben Vorklassenkinder wesentliche Voraussetzungen für den elementaren Schriftspracherwerb. *Der Lese- und Schreiblehrgang bleibt jedoch Aufgabe der 1. Klasse.*" (S. 14; Hervorhebung von J.R.) Das neue „Berliner Bildungsprogramm für die Bildung, Erziehung und Betreuung von Kindern in Tageseinrichtungen bis zu ihrem Schuleintritt" aus dem Jahr 2004 sieht eine solche Beschränkung nicht mehr vor. Hier dürfen die Kinder auch schon vor der Einschulung lesen und schreiben lernen.

Konstrukt im Kopf von Grundschulforschern, die die historisch gewachsene Trennung der Institutionen Kindergarten und Grundschule als weiterhin gegeben unterstellen. Diese Unterstellung mag mit der Realität unseres Bildungssystems durchaus harmonieren. Allerdings riskieren diese Forscher, durch die Verwendung des Begriffs der „Vorläufigkeit" die Aufspaltung der kindlichen Lernprozesse in ein vorbereitendes Üben im Kindergarten und eine spätere Phase der Performanz in der Grundschule ungewollt zu verfestigen und das populäre Vorurteil, dass man Lesen und Schreiben erst in der Grundschule lernt, noch zu bekräftigen.

Für Klara ist – aus unserer Sicht – nichts, was sie derzeit tut, „vorläufig". Ihr Weg in die Schrift ist – wie der Weg eines jeden anderen Kindes zu irgendeiner Kompetenz – ein Kontinuum an Erfahrungen, das mit den ersten Erzählungen der Mutter und dem gemeinsamen Anschauen eines Bilderbuchs begann, mit Klaras ersten selbst initiierten Kritzelbildern und Schreibversuchen seine Fortsetzung nahm und aufgrund der glücklichen Lebensumstände dieses Mädchens und der klugen Unterstützung seitens seiner Erzieherinnen und Erzieher schon vor der Einschulung vorhersehbar zu einer frühen Lesekompetenz führen wird.[4]

Unseren Eindrücken zufolge nimmt Klara, wie viele andere Kinder, deren frühkindliche Lernprozesse nicht so sorgsam dokumentiert werden, vom ersten Lebensjahr an ihren eigenen Weg in die Schriftkultur. Das Risiko der Rede von den sogenannten Vorläuferfähigkeiten ist dabei folgendes: Solange die Bildungsbemühungen des Kindergartens immer wieder als „vorläufig" oder auch nur „vorlaufend" diskriminiert werden, könnten die Grundschulen verführt sein, an einem eher traditionellen Verständnis von Grundschularbeit festzuhalten, wonach der „richtige" Erstleseunterricht erst in der Grundschule beginnt. Würde aber Klaras Grundschullehrerin dereinst so handeln, würde sie Klaras Lernweg vermutlich eher behindern als unterstützen. Denn Klara ist – wie alle anderen Kinder – im ersten Schuljahr kein „Lernanfänger", obwohl dieser Begriff bei der Begrüßung von Schulanfängern auf Einschulungsfeiern immer noch gebräuchlich ist. Klara wird vielmehr – wie fast alle Kinder – eine erhebliche Lese- und Schreibkompetenz bereits in die Grundschule mitbringen.

---

4   Zur Theorie eines kontinuierlichen Erfahrungsprozesses beim Lesenlernen siehe auch Dehn 2007: insbes. 39–52. Nach Dehn ist phonologische Bewusstheit nicht bloß eine Voraussetzung für das Lesen- und Schreibenlernen, sondern auch dessen Folge (vgl. ebd.: 44).

Der Anfangsunterricht, so lernen wir am Beispiel des Kindes Klara, muss unseres Erachtens nicht an „Vorläuferfähigkeiten" anknüpfen, um dann erst in der Schule mit der *eigentlichen* Lernarbeit zu beginnen, sondern die von dem jeweiligen Kind individuell bereits geleisteten Lernprozesse wahrnehmen, aufgreifen und vertiefen – und das nicht nur in Bezug auf den Schriftspracherwerb, sondern in Bezug auf jeden anderen Lerngegenstand auch. Es scheint mir schon rein pragmatisch kaum vorstellbar, im Kindergarten, wie Kammermeyer fordert, „das Interesse an Buchstaben und Lauten, an Mengen und Zahlen zu fördern", ohne ihnen Buchstaben und Zahlen beizubringen, was, nach Kammermeyer, „nach wie vor Aufgabe der Schule" sei. Eingebunden in sinnhafte Projekte zur Erkundung der Welt (vgl. Lobenstein 2007: 12–15) eignen sich viele Kinder die Buchstaben und Zahlen selber an – und sie haben auch ein Recht darauf, schon im Kindergarten bei solchen Erkundungsgängen in die Welt der Schrift unterstützt zu werden, selbstverständlich ohne dass daraus ein Pflicht-Curriculum wird.

Von „Vorläuferfähigkeiten" zu sprechen, ist nur sinnvoll, wenn Kinder in Kindergarten und Vorschule daran *gehindert* werden, in Bezug auf die Schrift weiter reichende Lernerfahrungen zu machen, in der Annahme, das „eigentliche" Lernen würde erst in der Schule beginnen. Daher schlage ich vor, den Begriff der „Vorläuferfähigkeiten" in der Pädagogik nicht mehr zu verwenden. Wer nämlich die Wege der Kinder in die Welt der Schrift als Kontinuum einer sich ständig ausdifferenzierenden Lese- und Schreibpraxis begreift – von den ersten Kritzelversuchen bis zur entfalteten Schreibkompetenz des Erwachsenen –, wird kaum vorläufige von endgültigen Phasen unterscheiden können, sondern allenfalls frühe von späten Phasen der Entwicklung.[5] Das setzt aber zugleich einen gemeinsamen Bildungsbegriff von Kindergarten und Grundschule voraus, der zwar längst in die neuen Bildungspläne für den Elementarbereich eingeflossen ist, aber erst in der gemeinsamen „Erarbeitung" durch GrundschullehrerInnen und ErzieherInnen beim langfristig angesetzten und gemeinsam geplanten Übergang der Kinder von der einen in die andere Institution manifest wird.[6]

---

5   Bei der Entwicklung der künstlerischen Kompetenz sprechen wir ja auch nicht von einem „vorläufigen" und einem „endgültigen Picasso", sondern allenfalls von „frühen Werken" und einem Spätwerk des Künstlers.
6   Ganz in diesem Sinne betont auch Kammermeyer, dass die im Kindergarten besonders gestützten Fähigkeiten der Selbstorganisation und Selbstregulation des Lernens bedeutsame Kriterien der Schulfähigkeit darstellen. „Zu fragen ist deshalb, ob es weiterhin Sinn macht, den Schulanfang als Beginn grundlegender Bildung zu betonen und dadurch die falsche Sichtweise des Schulanfangs als einer ‚Stunde Null' aufrecht zu erhalten. Die Tatsache, dass in Deutschland Kinder mit sechs Jahren schulpflichtig

3   Von der Schwierigkeit, sich auf ein gemeinsames Bildungsverständnis zu verständigen

Die eben und die im Folgenden beschriebenen Beobachtungen stammen aus dem 2008 abgeschlossenen Projekt *ponte,* in dem GrundschullehrerInnen und ErzieherInnen im Hinblick auf die Gestaltung des Übergangs Kindergarten – Grundschule zusammenarbeiteten (vgl. Hohn/Hoffsommer in diesem Band sowie www.ponte-info.de). In dem Projekt *ponte* wurde die Erfahrung gesammelt, dass an vielen Orten diese Zusammenarbeit sehr fruchtbar ist und beide Einrichtungen intensiv voneinander lernen. Allerdings schildern viele ErzieherInnen auch, wie schwierig es nach wie vor sei, mit den Grundschulen in Kontakt zu kommen, wie selten ein systematischer Dialog über die einzelnen Kinder zustande kommt, ja, wie beharrlich manche Grundschulen noch immer ignorieren, welch hochwertige Bildungsarbeit schon seit Jahren in vielen Kindergärten geleistet wird. Judith Flender (2005) hat das kürzlich in einer empirischen Untersuchung in Nordrhein-Westfalen systematisch erhoben. Danach kennen 62 Prozent der GrundschullehrerInnen die pädagogische Konzeption der ihrer Schule zugehörenden Kindergärten nicht. Umgekehrt fühlen sich 61 Prozent der ErzieherInnen unzulänglich über die Arbeit der Grundschulen informiert. Nur 40 Prozent der GrundschullehrerInnen besuchten jemals die Kitas.

Es gibt noch immer Grundschulen, die wenig Wert auf regelmäßige Gespräche anlässlich des Übergangs der Kinder legen, in denen die Stärken und Erfahrungen jedes einzelnen Kindes umfassend besprochen werden, damit die Grundschule jedem von ihnen ein individuell angemessenes Lernangebot unterbreiten kann. Manche Grundschullehrerin und mancher Grundschullehrer fürchtet den „Pygmalion-Effekt" und will sich lieber erst mit der Einschulung ein eigenes, unbefangenes Bild von „ihren" bzw. „seinen" Schulanfängern machen, als sich schon vorab von den ErzieherInnen etwas über die Kinder erzählen zu lassen. Einige Grundschulen sehen aber solche individuellen Angebote überhaupt noch nicht vor. Es gibt noch immer GrundschullehrerInnen, die einzelne Buchstaben mit der ganzen Klasse einführen, obwohl doch in der Regel alle Kinder schon viele Buchstaben kennen und manche von ihnen schon alle. Und erschreckend viele ErzieherInnen berichten uns auch immer noch, dass Kinder, die im Kindergarten schon fließend lesen konnten, sich in der Grundschule nicht trauen, ihre Kenntnisse

werden und dass damit grundlegende Bildung beginnt, hat schließlich nur historische Gründe." (Kammermeyer 2000: 48 f.)

bekannt zu geben, weil sie in einem wenig oder gar nicht differenzierenden Anfangsunterricht fürchten, bei den Mitschülern unangenehm aufzufallen. Die Qualität unserer Grundschulen scheint ebenso breit gestreut zu sein wie die der Kindergärten.

Auf der anderen Seite haben manche Erzieherinnen und Erzieher auch noch die Einstellung, die Kinder vor „verschultem Lernen" schützen zu müssen, was immer darunter zu verstehen ist. Diese Pädagoginnen und Pädagogen betonen dann eher eine Erlebnispädagogik als Kontrast zu einem erst der Grundschule zukommenden systematischen Lernen. Auch diese Haltung entspricht nach unseren Erfahrungen nicht den wirklichen Lernbedürfnissen der Kinder, die schon in der frühen Kindheit auch intellektuell herausgefordert werden und durchaus „zielorientiert" – wenn auch nicht „verschult"! – lernen können und wollen (vgl. Lobenstein 2007: 12–15).

Resümierend kann festgehalten werden, dass es viele ganz hervorragende Kooperationen zwischen den Institutionen gibt. Die neuen Möglichkeiten, die aus einer intensivierten Zusammenarbeit von Kindergarten und Grundschule erwachsen, lassen sich erneut am Beispiel Klaras verdeutlichen. Da die zugehörige Grundschule mit Klaras Kindergarten im Projekt „ponte. Kindergärten und Grundschulen auf neuen Wegen" ein Lerntandem bildet, ist anzunehmen, dass die zukünftige Erstklassenlehrerin sich lange vor der Einschulung ein Bild von Klaras, Jasons und Leas individuellen Kompetenzen machen wird. Sie braucht für diese Kinder dann nicht mehr mit einem für alle Kinder gleichen Erstleselehrgang zu beginnen, sondern kann – in Kenntnis der Lernbiografie aller Kinder – für jedes einzelne von ihnen individuell angemessene Lernherausforderungen vorbereiten. So werden diese Kinder das Kontinuum ihrer Lebens- und Lernerfahrungen aus der frühen Kindheit in der Grundschule vom ersten Tag an weiter differenzieren und ausweiten können.

4   Abschließende Anregungen

Aus den Beobachtungen und Erfahrungen von Übergangen zwischen Kita und Schule möchte ich einige Anregungen für Strukturen und Angebote aus der *ponte*-Kita „Rappelkiste" in Wünsdorf für die Begleitung von Kindern auf dem Weg zur Schrift weitergeben:

• Eine Erzieherin wird für kompensatorische Sprachförderung ausgebildet und hilft den übrigen Erzieherinnen in der Kindertagesstätte bei der Ausarbeitung entsprechender Lernmöglichkeiten für Kinder.

- Die Bildungsbemühungen der Kinder werden regelmäßig beobachtet und dokumentiert. Über diese Dokumentationen tauschen sich die Erzieherinnen regelmäßig aus. Für diese Reflexionsgespräche werden sie zwei Arbeitsstunden pro Woche von der Arbeit mit den Kindern freigestellt. Haben die Erzieherinnen nach mehreren solchen Beobachtungen für ein Kind ein „Bildungsthema" erkannt, wird für dieses Kind ein individuelles Curriculum geschrieben und Lernimpulse werden überlegt. Das heißt, die Kinder definieren über ihre Interessen ihr Curriculum selbst.
- Jede Erzieherin führt wöchentlich anhand der Beobachtungen ein bis zwei persönliche Gespräche mit einzelnen Kindern, die sorgfältig dokumentiert werden. Die Dialoge dienen auch dazu, dass die Kinder schon im Kindergartenalter über ihr eigenes Lernen reflektieren (Metakognition).
- Die Lerndokumentationen werden mit den Eltern besprochen. Einzelne Eltern liefern auch eigene Beiträge zu diesen Lerndokumentationen.
- Die Kindertagesstätte ist komplett „beschriftet". Jedes Ding und jedes Möbelstück trägt ein Schild mit seiner Bezeichnung – schon in der Krabbelgruppe.
- Es gibt große Buchstaben auf dem Fußboden als Grundlage für Hüpfspiele: „Ich hüpfe jetzt auf das ‚S' wie ‚Sonne'".
- Es gibt mehrere Schreibecken mit mehreren Dutzend schriftbezogenen Spiel- und Lernmöglichkeiten: viele Bücher, Schreibmaschinen, Computer mit Textprogramm, Buchstaben-Puzzle, große Stempel, Buchstabenfotos, Kinderfotos mit dem Anlaut ihres Namens, eine Anlauttabelle („Reichen-Tabelle"), Minibuchstaben aus Nudelteig (Buchstabensuppe), die unter der Lupe mit einem Zahnstocher sortiert werden können. Auch in allen anderen Bildungsecken finden die Kinder Stifte und Papier, um jederzeit schreiben oder etwas aufzeichnen zu können.
- Es wird sehr viel mit den Kindern gelesen – wenigstens zweimal täglich.
- Die Wörterkiste mit dem „Wort des Tages": Jeden Tag wird eine Bildkarte im Gesprächskreis besprochen: Die Erzieherin schreibt das Wort auf (z.B. „Yu-Gi-Oh") und die Kinder malen ein Bild dazu (in diesem Fall also eine Yu-Gi-Oh-Karte).[7]
- In der „Ämterkiste" tragen sich die Kinder namentlich ein.
- Auf einer „Buchstabensafari" werden bei Ausflügen Zettel mit Buchstaben oder vertraute Wörter in der Umwelt gesucht.

---

7 Yu-Gi-Oh-Karten sind bei den Kindern sehr populäre Sammelkarten zu der erstmals 1996 veröffentlichten Manga-Serie des japanischen Zeichners Kazuki Takahashi.

- Es gibt Bücher mit anderen Schriften, z.B. Hieroglyphen und ein Deutsch-Russisch-Wörterbuch, die die Kinder sehr gerne betrachten.
- Die Kinder erfinden eigene Schriftzeichen.
- Anhand von Bildkarten werden Geschichten im Gesprächskreis konstruiert: Ein Kind beginnt mit einem Anfang, das nächste Kind setzt die Geschichte mit einem weiteren Bild fort usw.
- Es gibt eine Kiste mit Gruppenfotos als Erzählanlass im Gesprächskreis.
- Die Erzieherinnen spielen mit den Kindern gerne das „Lied der Vokale": das „F" tanzt mit dem „i": „Fi-Fi-Fi", das „P" tanzt mit dem „o": „Po-Po-Po".
- Die Kinder erfahren die Erzieherinnen täglich als Rollenvorbilder für schreibende Menschen, weil die Erzieherinnen ihre Dokumentationen über die Kinder in deren Anwesenheit schreiben.
- Die kleinen Kinder lernen sehr viel von den ältern Kindern. Beim Vorlesen übernehmen ältere Kinder die „Stellvertretung" der vorlesenden Erzieherin, wenn diese einmal kurz den Raum verlassen muss, und lesen dann weiter.

Tendenziell erfährt alles, was die Kinder tun, Wertschätzung, Beachtung, Beobachtung und Berücksichtigung. Die Kinder werden als kompetente Lerner gesehen und geachtet. Sie haben große Freiräume. Es gibt aber auch verbindliche Erziehungsziele. Diese werden auf der Handlungsebene gemeinsam mit den Kindern konkretisiert.

5   Literatur

Dehn, Mechthild (2007): Kinder & Lesen und Schreiben. Was Erwachsene wissen sollten. Seelze: Kallmeyer.

Deutsche Kinder- und Jugendstiftung/Internationale Akademie für innovative Pädagogik, Psychologie und Ökonomie an der Freien Universität Berlin (INA) (Hg.) (2007): Bildungsqualität von Anfang an – Berichte und Erfahrungen aus dem Programm „ponte. Kindergärten und Grundschulen auf neuen Wegen". Berlin: DKJS und INA.

Einsiedler, Wolfgang/Frank, Angela/Kirschhock, Eva-Maria/Martschinke, Sabine/Treinies, Gerhard (2002): Der Einfluss verschiedener Unterrichtsmethoden auf die phonologische Bewusstheit sowie auf Lese- und Rechtschreibleistungen im 1. Schuljahr. In: Psychologie in Erziehung und Unterricht 49, S. 194–209.

Faust-Siehl, Gabriele/Garlichs, Ariane/Ramseger, Jörg/Schwarz, Hermann/Warm, Ute (1996): Die Zukunft beginnt in der Grundschule. Empfehlungen zur Neugestaltung der Primarstufe, unter Mitarbeit von Klaus Klemm. Reinbek: Rowohlt; Frankfurt am Main: Arbeitskreis Grundschule e.V., S. 140.

Flender, Judith (2005): Der Übergang vom Kindergarten zur Grundschule aus Sicht der Erzieherinnen. Vortrag auf der 14. Jahrestagung der Kommission „Grundschulforschung und Pädagogik der Primarstufe" in der Deutschen Gesellschaft für Erziehungswissenschaft. Universität Dortmund (unveröff.).

Kammermeyer, Gisela (2000a): Schulanfang als Beginn grundlegender Bildung. In: Grundschule 32, 10, S. 48–49.

Kammermeyer, Gisela (2000b): Schulfähigkeit – Kriterien und diagnostische/prognostische Kompetenz von Lehrerinnen, Lehrern und Erzieherinnen. Bad Heilbrunn: Klinkhardt.

Kammermeyer, Gisela (2004): Fit für die Schule – oder nicht? Was Erzieherinnen über das heutige Verständnis von Schulfähigkeit wissen müssen. In: Kindergarten heute 10, S. 9.

Liebers, Katrin (2001): Flexibilisierung der Schuleingangsphase zur Optimierung des Schulanfangs für alle Kinder – Schulversuch FLEX. In: Döbert, Hans/Ernst, Christian (Hg.): Basiswissen Pädagogik. Aktuelle Schulkonzepte, Band 5: Flexibilisierung von Bildungsgängen. Baltmannsweiler: Schneider Verlag Hohengehren, S. 90–102.

Liebers, Katrin (Hg.) (2004): Abschlussbericht und Begleituntersuchungen zum Schulversuch FLEX 20. Optimierung des Schulanfangs – fachliches und soziales Lernen in einer integrierten Eingangsphase im Land Brandenburg. Ludwigsfelde: Landesinstitut für Schule und Medien (LISUM) Brandenburg (Eigendruck).

Lobenstein, Jaqueline (2007): Die vergessene Schrift. Kindergartenkinder auf dem Weg in die Welt der Schrift. In: Deutsche Kinder- und Jugendstiftung (DKJS) und Internationale Akademie für innovative Pädagogik, Psychologie und Ökonomie an der Freien Universität Berlin (INA) (Hg.) (2007), S. 12–15. Online verfügbar unter: http://www.dkjs.de/uploads/tx_spdkjspublications/ponte_Bildungsqualitaet_von_Anfang_an.pdf (18.4.2011).

Mandl, Heinz (1978): Zehn Kritikpunkte zur traditionellen Schuleingangsdiagnose. In: Mandl, Heinz/Krapp, Andreas (Hg.): Schuleingangsdiagnose. Neue Modelle, Annahmen und Befunde. Göttingen: Hogrefe. S. 32.

Oelkers, Jürgen u.a. (1999): Ist der Schulfähigkeitsbegriff noch zeitgemäß? In: Grundschule 31, 3, S. 48–50.

Internetquelle

www.infans.net: Institut für angewandte Sozialisationsforschung/Frühe Kindheit e.V.

Kognitive Lernprozesse in sozialen und biografischen Lernkontexten: Schriftspracherwerb und Schule

Mechthild Dehn

1 Begrifflichkeit und Perspektive[1]

Schriftspracherwerb als *kognitiven Lernprozess* zu verstehen, ist aktuell und brisant. Einerseits gilt der kognitive Lernbegriff als unstrittig. Die Psychologin Elsbeth Stern formuliert das aus der Sicht der Lehr-Lern-Forschung so:

„In der wissenschaftlichen Auseinandersetzung mit schulischem Lernen steht nicht die Konditionierung im Mittelpunkt, sondern verständnisvolles, sinnstiftendes Lernen auf der Grundlage von Symbolsystemen" (Stern u.a. 2005: 16).

Andererseits gibt es gerade in Bezug auf das Lesen- und Schreibenlernen und bei Schwierigkeiten damit auch eine kontroverse Position, die Vorläuferfertigkeiten und Teilfertigkeiten isoliert trainieren will. Ich konzentriere mich hier auf die Betrachtung von kognitiven Lernprozessen, diskutiere nicht Pro und Contra dieser Kontroverse (vgl. dazu Dehn 2010c).

Ich möchte dafür werben, insbesondere die Erwerbsprozesse als kognitive Prozesse zu verstehen und zu behandeln. Am Schulanfang geht es zuallererst darum, Zugänge zur Schrift zu eröffnen für die Kinder, die sie im Vorschulalter noch nicht finden konnten. An welchen Stellen im Zuge der Automatisierung der Prozesse auch Übung und Training erforderlich ist, soll ebenfalls in den Blick genommen werden.

Die Perspektive, aus der das geschieht, ist die der Deutschdidaktik: also im Hinblick auf Literacy im Vorschulalter (vgl. Dehn 2008); im Hinblick auf Aneignungsformen und auf die Funktion des Schriftspracherwerbs für den schulischen Lernprozess insgesamt, also auch im Hinblick auf die Ausbildung von Bildungssprache (vgl. Dehn 2010b) und im Hinblick auf Selbstver-

---

1 Referat, gehalten auf der Tagung „LernZeichen" (25. bis 27. November 2009, Ev. Akademie Meißen). Die Vortragsform habe ich beibehalten.

ständnis und Zugriffsweisen von Kursteilnehmern der Alphabetisierung (vgl.
Dehn 2004). Der Schwerpunkt hier ist der schulische Anfangsunterricht,
aber für andere Lernorte können die Aussagen unschwer übertragen werden.
Zugänge zur Schrift eröffnen, Prozesse des Schrifterwerbs begleiten, Lernschwierigkeiten begegnen, das ist eine große, großartige und außerordentlich
schwierige pädagogische Aufgabe, vor allem wenn es gilt, Lernverhinderung
zu vermeiden und Lernschwierigkeiten und -blockaden zu begegnen.

Das Thema hat noch eine zweite Akzentuierung: kognitive Lernprozesse *in sozialen und biografischen Kontexten*. Ich beziehe mich noch einmal auf
Elsbeth Stern:

„Lernen umfasst eine Vielzahl von Prozessen, die es Lebewesen ermöglichen, die *in
ihrem jeweiligen Lebensumfeld gestellten Anforderungen* zunehmend besser zu *bewältigen*" (Stern u.a. 2005: 108; Hervorhebung M.D.).

Das heißt, dass gelernt wird, was als im Lebensumfeld nützlich erfahren wird.
Wir wissen, dass positive Lernerfahrungen auch emotional positiv sind. Und
ohne solche innere Bestätigung (oder hirnphysiologisch gesprochen: ohne
Ausschüttung entsprechender Botenstoffe) findet Lernen nicht statt.

Der Blick auf das Lebensumfeld ist eine starke Herausforderung für alle
Pädagogen in Kita, Schule und in der Jugendhilfe: Wenn ich als Lernende
keine Beziehung herstellen kann zwischen dem Lerngegenstand und meinem Lebensumfeld, wird Lernen nicht produktiv und nachhaltig. Weil die
im jeweiligen Lebensumfeld gestellten Anforderungen höchst unterschiedlich sind, gibt es da große Blockaden. Ich nenne die für das Lesen- und
Schreibenlernen wichtigsten Faktoren:

- Armut (auch Hunger), prekäre Lebensverhältnisse, was Arbeit, Gesundheit, Familiensituation betrifft – Lesen und Schreiben erscheinen zunächst nicht zentral, um die *„gestellten Anforderungen"* erfüllen zu können.
- Schriftfernes Lebensumfeld. Die Kinder werden nicht vertraut mit dem
  Gebrauch von Schrift, vor allem nicht mit dem Vorlesen. Elisabeth
  Gessner (2008) berichtet von einer Studie dazu: 37 % der Kinder zwischen
  vier und elf Jahren bekommen zu Hause nie etwas vorgelesen. Und wir
  wissen, dass das Vorlesen eine wichtige Funktion hat für den Schriftspracherwerb. IGLU 2006 hat den Zusammenhang zwischen Leseleistung
  und früher Förderung von Sprach- und Schrifterfahrung belegt (Valtin
  2009b: 35). Und in Lebensumfeldern, die schriftfern sind, kommt das
  Sprechen, das schriftförmige Sprechen, wie es Schule und Unterricht

erfordern, kaum vor, also das Erzählen, Begründen, Erklären, Argumentieren. Die „Bildungssprache" zu beherrschen, ist eine wesentliche Voraussetzung für den Schulerfolg (Gogolin 2008).

Aber: Kita, Schule und auch manche Formen der Jugendhilfe stellen selbst Lebensumfelder dar (mit zeitlich sehr unterschiedlicher Ausdehnung). Das ist die Chance.

Wenn zutrifft, was als Ursache für Schulschwierigkeiten, für funktionalen Analphabetismus angenommen wird:

* schwierige soziale Verhältnisse als von Kindern erlebte Unsicherheit (siehe dazu die Analyse von Clemens in dem Beitrag von R. Schleiffer in diesem Band),
* eingeschränkte Erfahrungen im Umgang mit Schrift,
* in der Folge davon ein mangelndes Zutrauen in die eigenen Fähigkeiten, vor allem, was Anforderungen betrifft, wie sie in der Schule gestellt werden,

dann besteht die Aufgabe und Chance der pädagogischen Institution, des Pädagogen, der Pädagogin, darin, Erfahrungen mit Schrift anzubahnen, die Fähigkeiten der Kinder (und Jugendlichen) herauszufordern und zu bestätigen und sie Sicherheit erleben zu lassen – im jeweiligen sozialen Kontext. Dazu gehört auch, Spannungen zwischen dem Lebensumfeld von Familie und Nachbarschaft und dem der pädagogischen Institution zu erkennen und auszuhalten. Das gilt für Kita, Schule und Jugendhilfe gleichermaßen. Wichtig ist, herauszufinden, was für Lernende existenziell bedeutsam ist: inhaltlich, aber auch funktional, was also den Schriftgebrauch betrifft.

Das Lebensumfeld ist der eine Orientierungspunkt für meine Darstellung, der andere betrifft den Zugriff auf den Lerngegenstand, also die *(Re-) Konstruktion des Lerngegenstands.* Das heißt,

„dass die Kinder nicht passiv lernen, sondern den Lerngegenstand (re)konstruieren, und zwar auf dem Niveau, das ihrem kognitiven Entwicklungsstand und ihrer naiven Theorie vom Lerngegenstand entspricht ... Fehler sind also ‚normal‘." (Valtin 2009a: 4)

2   (Re-)Konstruktion als Aneignung des Lerngegenstandes

Was bedeutet das? Lernprozesse als kognitive Prozesse zu betrachten, ist nicht neu. Ich lade Sie zu einer Zeitreise ein, 34 Jahre zurück.

2.1   Beispiel einer Beobachtungssituation

Wir haben im November 1977 mit Untersuchungen zu Lernprozessen beim Lesen und Schreiben in Klasse 1 begonnen. Das Lesen kann man gut beobachten, weil Schulanfänger nicht leise lesen können – sie geben uns beim Erlesen Einblick in ihre Zugriffsweise, das Beobachten der Zugriffsweise beim Schreiben ist viel schwieriger.

„Während einer solchen Beobachtung saß ich neben Heino, dem Erstklässler, und dem Studenten in einem kleinen Gruppenraum und hörte zu. Heino verwechselte beim Lesen manche Wörter, z. B. die Lehrgangswörter *wo* und *war (Wo war Micha?)*, und hatte Mühe, den Unterschied zu finden, weil er sich beim Lesen stets am Wortanfang orientierte. Beim Schreiben (das große *U*, das kleine *u, im, Oma*) schrieb er ohne Fehler langsam und bedächtig und sprach stets leise mit.

Abbildung 1   Heino; November **1977,** Klasse 1

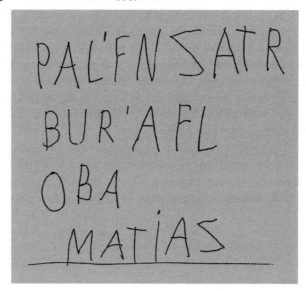

Aber was dabei in seinem Kopf vorging, konnte ich nicht erfahren. Da kam mir die Idee, Heino zu bitten, Wörter zu schreiben, die er zuvor noch nicht gesehen hatte. *Schreib mal ... ‚Ball'.* Das war damals, als Schreibanfänger im Unterricht nur abschrieben, was an der Tafel oder im Buch stand, und aus dem Kopf nur Wörter aufschrieben, wenn sie sie lange genug geübt hatten, eine kühne Aufforderung. Heino wies mein Ansinnen zunächst zurück, aber nach einer kleinen Ermunterung begann er doch. Als er bei zwei Wörtern merkte, dass er mit der Aufgabe zurechtkam, wollte er gar nicht mehr aufhören. Und ich war durchaus um passende Wörter verlegen: *Schreib mal ‚Buch'.* Indem ich das Wort nannte, erschrak ich, weil es ja viel zu schwer war: (ch) war im Unterricht noch gar nicht behandelt. Aber Heino störte sich daran nicht. Er sprach sich auch dieses Wort mehrmals flüsternd vor und schrieb dann sicher einen Buchstaben nach dem anderen. Über das ‚R' war ich ziemlich verblüfft. Zum Schluss wollte er das Blatt unbedingt mit nach Hause nehmen, um es seiner Mutter zu zeigen. ... Gehören Schreibsituationen, in denen das Können auf diese Weise hervorgelockt wird, nach seiner Erfahrung nicht zum Schulunterricht?" (Dehn 2010a: 11 f.)

Heino verteilt die Wörter großzügig auf dem Blatt. Er kennt offenbar viel mehr Buchstaben, als im Unterricht behandelt wurden. Wörter, die in derselben Reihe stehen, trennt er durch kleine Häkchen ab – eine Erfindung, für die es weder in seiner Fibel noch im Unterricht einen Anhalt gibt. Man kann lesen, was er schreibt, auch wenn er manches auslässt, manchmal den falschen Buchstaben wählt oder die Form verdreht. Die Reihenfolge der Buchstaben scheint ihm noch nicht sehr wichtig zu sein. Bei *Fenster* notiert er die Zeichen einfach so, wie ihm die Laute nacheinander auffallen. Bei *Bur* kann man Heinos Lösungsweg besonders gut nachvollziehen, wenn man sich das Wort vorspricht: Mit dem „R" notiert er den Buchstaben, der in der Artikulationsstelle dem „ch" besonders nahe liegt. Was für eine analytische Leistung!" (ebd.: 12) Die Szene zeigt, dass Heino andere Instrumente und Verfahren zur Hand nimmt als die, die er im Unterricht bereits kennengelernt hat: Großbuchstaben, Markierung der Wortlücken, die alphabetische Schreibung noch nicht behandelter Wörter.

Deutlicher kann der Unterschied zwischen einem Lernbegriff, der sich auf Wiederholen, auf Reproduktion beschränkt (wie beim Schreiben von *u, im, Oma*), und einem Lernbegriff, bei dem Aneignung Konstruktion, Re-Konstruktion bedeutet, nämlich Annäherung an den Lerngegenstand, kaum sein. Die Szene zeigt den Unterschied zwischen einem mechanischen und einem kognitiven Begriff von Lernen; zwischen Wiederholung und Imitation einerseits und Erfindung und Konstruktion andererseits. Natürlich

gehört Imitation auch zum Lernen, in diesem Beitrag aber sollen die Besonderheiten des kognitiven Lernens beim Schriftspracherwerb herausgearbeitet werden.

Heino hat solche Erfahrungen mit schulischen Inhalten offenbar so noch
nicht gemacht. Aber auch für mich bedeutete diese Szene eine Umstrukturierung des Forschungswegs: nicht prüfen, was Kinder können, sondern
beobachten, wie sie lernen. Und das gelingt, wenn sie zu Neuem herausgefordert werden, wenn ihnen in Überforderungssituationen Transferleistungen abverlangt werden. Das sind gleichermaßen exzellente Lern- und
Beobachtungssituationen.

1977 war dafür eine günstige Zeit. In West und Ost formte sich die Ko-
gnitionspsychologie aus (z.B. Neisser 1974, Leont'ev 1975, Elkonin 1967). In
Studien zum Spracherwerb und zum Zweitspracherwerb hat sich die Be-
trachtungsweise, Fehler als Indizien für kognitive Lernprozesse zu betrachten, zuerst etabliert, bevor sie für den Schriftspracherwerb übernommen
wurde (z.B. Brügelmann 1983, Dehn 1978).

An der Kontroverse zwischen der Betrachtung des Lernprozesses als
Training von Teilfertigkeiten, die hierarchisch aufeinander aufbauen, und
einem kognitiven Lernprozess als Rekonstruktion des Lerngegenstandes hat
sich wenig geändert. Sie bestimmt die Folgen der Diskussion um die Stan-
dardsicherung: So ist zwar von Kompetenzen die Rede, aber viele Kollegen
in der Schule sehen es als naheliegend an, einfach von Anfang an das zu üben,
was später abgefragt wird und den konstruktiven Prozessen wenig Raum
zu geben (vgl. dazu auch die Diskussion um den Lehrgang IntraActPlus,
Valtin 2009a).

2.2   Merkmale kognitiver Lernprozesse

- In der Lehr-Lern-Forschung besteht Einigkeit darüber, dass Lernen
  Strukturarbeit der Lernenden ist. Zentral dabei sind die *Umstrukturierung*,
  das *Problemlösen*, das *schlussfolgernde Denken*, die *Analogiebildung* und das
  Lernen durch Einsicht (als Aha-Erlebnis). Heino ist gelungen, sein Verständnis von schulischen Schreibaufgaben umzustrukturieren und andere
  Verfahren als die bloße Erinnerung an die richtige Schreibweise anzuwen-
  den. Sein Vorwissen hat er produktiv eingesetzt.
- Insbesondere für das *Lesenlernen* sind *metakognitive Prozesse* wichtig: Planung (wie das Wort heißen könnte), Kontrolle (überprüfen), Bewertung
  (steht das da?).

- Die *Transferleistung* beim Lernen als (Re-)Konstruktion ist *höher* als beim Reiz-Reaktion-Lernen; es werden *weniger Fehler* gemacht. Das ist besonders breit bei naturwissenschaftlichen Lernprozessen untersucht (z. B. Seidel 2003). Es hat sich schon bei der internationalen Studie von TIMSS gezeigt und ist derzeit Grundlage für die Ausbildung von LehrerInnen für naturwissenschaftliche Fächer am Stiftungslehrstuhl von Prenzel an der Universität München.
- *Lernmotivation und kognitive Lernaktivitäten gehören zusammen.* Das bedeutet für den Anfangsunterricht nicht extrinsische Motivation durch Lernspiele oder Belohnungsformen, sondern intrinsische Motivation durch Erfolg beim Lösen einer Aufgabe. Beides hat Einfluss auf das Ausbilden einer Lerndisposition (Seidel 2003) – und für ein entsprechendes Selbstbild.
- *Lernprozesse führen zur Abnahme der Gehirnaktivität und damit zur Entlastung* oder auch zu einer *Verlagerung der Aktivität.* Dieser Befund ist neuerdings neurowissenschaftlich mit bildgebenden Verfahen bestätigt (Stern u. a. 2005: 13) – aber er ist bereits vor mehr als 30 Jahren von Egon Weigl (Weigl 1974) mit seiner Unterscheidung der einzelnen Vorgänge beim Erwerb des Lesens und Schreibens und bei der Automatisierung beschrieben worden. So ist zum Beispiel beim Lesen in der Phase des Erwerbs die Sinnentnahme nur bei lautem Lesen möglich; wenn die Prozesse aber automatisiert sind, bedeutet das laute Lesen eine zusätzliche Belastung und erschwert die Sinnentnahme. Die Entlastung, die durch Automatisierung entsteht, wird neuerdings beim weiterführenden Lesen durch Erhöhung der ‚Leseflüssigkeit‘ (vgl. Rosebrock u. a. 2010, Dehn 2010c) angestrebt. Aber auch schon beim Anfänger spielt die Entlastung des Arbeitsgedächtnisses eine große Rolle (s. dazu den Vergleich der Prozesse beim Erlesen zwischen dem Leseanfänger und dem Kursteilnehmer aus der Alphabetisierung, Abschnitt 4).

Was ist zu tun? „Man konfrontiert die Lernenden mit Aufgaben, die sie noch nicht auf Anhieb bewältigen können, für deren Lösung sie aber bereits Vorwissen mitbringen." (Stern u. a. 2005: 23)

Für den Schriftspracherwerb heißt das zum Beispiel: Die Anfänger schreiben „eigene" Wörter und bedenken die Schreibung in der Lerngruppe. Sie erfahren von Anfang an Lesen als metakognitiven Prozess: Wie könnte das Wort heißen (Entwurf)? – Steht das da (Kontrolle und Bewertung)? – Gegebenenfalls Umstrukturierung: neuer Entwurf – erneute Kontrolle.

3   Lebensumfeld: Lernhemmung – Lernchance

Im Hinblick auf die Bedeutung des Schriftgebrauchs im Lebensumfeld rei-
chen diese kognitiven Anregungen nicht aus. Hier gilt es, von Anfang an
Schriftkultur zu etablieren, zum Beispiel durch Vorlesen, durch Blättern in
Büchern und Sprechen darüber, also durch eine interessante Auswahl von
Gedrucktem – auch in Verbindung mit Hörkassetten und CD-ROMs (vgl.
Hüttis-Graff u.a. 2010; Bertschi-Kaufmann 2003); durch Gelegenheiten,
Briefe, Zeitungsbeiträge, Arbeitsberichte oder dergleichen zu schreiben und
zu bearbeiten oder die eigenen Gedanken und Mitteilungen einem Kundi-
gen zu diktieren (vgl. Merklinger 2009, 2011). Die letztgenannte Möglichkeit
taugt durchaus nicht nur für Vorschulkinder und Schreibanfänger, sondern
als Zwischenschritt auch für Jugendliche, weil die Entlastung vom Hand-
werkszeug die Konzentration auf das Schreibkonzept stützt. Die gut ausge-
stattete Leseecke und das Schreibbüro dürfen also nicht fehlen.

Vor allem aber kommt es darauf an, primäre Schrifterfahrung zu ermöglichen. Mit *Lebensumfeld* sind nicht Äußerlichkeiten gemeint: wo ich wohne,
wer zu meiner Familie gehört, sondern das, was die Lernenden als existenziell erfahren, was ihnen persönlich bedeutsam ist. Das als Anknüpfungs-
punkt zu finden, als Türöffner für den Zugang zu Schrift, ist eine schwere
Aufgabe für den Pädagogen, die Pädagogin, die umso schwieriger wird, je
älter die Betroffenen sind.

3.1   Schlüsselsituation: „Steht da Pascal?"
Jan-Carlos. Dezember Klasse 1

In diesem Teil geht es um das Lebensumfeld eines Jungen in der Schuleingangsphase, der noch im Herbst von Klasse 1 ausdrücklich sagt, dass er nicht
lesen lernen will: „Ich will überhaupt nicht lesen lernen." Die Pädagogin
weiß seit langem, dass er Schwierigkeiten mit dem Lernen hat. Manchmal
sieht er schon am Morgen vor der Schule ganz grau aus. „Heute habe ich ja
die Schnauze voll. Heut' hab ich 'n schlechten Tag." Aber es ist nicht nur die
häusliche Situation. Am Ende der Vorschulklasse (eine Hamburger Besonderheit der Eingangsstufe) sind erhebliche visuelle Wahrnehmungsschwie-
rigkeiten festgestellt worden. In der Lerngruppe verhält er sich immer wieder
aggressiv, ist außerordentlich unruhig. Aber Lesen- und Schreibenlernen
muss er ja trotzdem (vgl. ausführlich Dehn 2007b; Wolf-Weber/Dehn 1993).
Für einen wie ihn ist das Lebensumfeld der Schule, der Schulklasse dafür

hoch bedeutsam. Es kommt darauf an, so etwas wie eine Initiation zu finden. Aber wie?

Dazu zunächst einige Einblicke in seine Zugriffsweisen, sein Lernverhalten zu Beginn von Klasse 1.

Die Lehrerin arbeitet mit einer Eigenfibel, die viel Raum lässt für Ge-
schichten aus der Klasse. Nach den Herbstferien verschafft sie sich einen
Überblick über das Können der Kinder, indem sie Einzelnen – während der
Zeiten für Stillarbeit oder für freie Arbeit – Aufgaben stellt. So fragt sie Jan-
Carlos, ob er das Wort „ruft" aufschreiben kann. „Klar", sagt er, notiert das
Wort in einem Zug, sieht es sich an und freut sich über die Buchstaben. Er
ist stolz. Die Lehrerin fragt: „Das ist ‚ruft'?" „Das ist ‚ruft'", sagt er und hat
gar keinen Zweifel.

Abbildung 2 Jan-Carlos schreibt „ruft"; Oktober, Klasse 1

Jan-Carlos weiß zwar, dass man Buchstaben schreibt, wenn man zum Schrei-
ben aufgefordert wird, aber er hat noch nicht begonnen, eine Beziehung herzustellen zwischen Buchstaben und Lauten. In dieser Situation lässt die
Lehrerin das Ergebnis so stehen; sie beginnt also nicht mit instruierender
Korrektur, etwa: Welchen Laut hörst du denn zuerst? Schreibt man das so?
Sie zeigt ihm auch nicht das richtig geschriebene Wort zum Vergleich – zum
Beispiel in der Eigenfibel. Weil er seinen Stolz über das Ergebnis so deutlich
zu erkennen gibt, würde er eine Korrektur leicht als Beschämung erfahren,
sodass er sie auch inhaltlich kaum aufnehmen könnte.

Anfang November sind bei der „Lernbeobachtung Schreiben" Anfänge alphabetischen Schreibens erkennbar, für jedes Wort schreibt Jan-Carlos

mindestens zwei Buchstaben auf, die eine lautliche Entsprechung haben. Aber: Das Wort, das er sich zum Schluss ausdenkt (das „ferngesteuerte Auto") schreibt er gleichsam ikonisch, indem er das Geräusch abbildet: KKKK.

Jan-Carlos sichert im Verlauf der nächsten Wochen zwar seine Buchstabenkenntnis; er tut, was von ihm gefordert ist, aber er hat, auch wenn ihm eine Arbeit gelingt, kein Interesse daran. Gelegentlich gibt es Hinweise für eine produktive Lernentwicklung: So sieht er sich einmal gegen Ende November Bilderbücher von sich aus an, zeigt der Lehrerin, was er gefunden hat, fragt nach Zusammenhängen. Daraus entwickelt sich aber kein kontinuierlicher Prozess. Im Gegenteil: Bei einer Leseübung mit der Lehrerin und einigen Kindern ist er ziemlich unbeteiligt und erklärt ausdrücklich: „Ich will überhaupt nicht lesen lernen." Diese Haltung bekräftigt er mehrfach in den folgenden Wochen.

Eine solche Lernverweigerung zu überwinden, ist nicht einfach. Jan-Carlos erfüllt zwar Anforderungen, die an ihn gestellt werden, aber er lernt dabei wenig dazu. Er hat für sich noch keinen Sinn im Lesen und Schreiben gefun-

Abbildung 3 Jan-Carlos: Lernbeobachtung Schreiben, November (Dehn/Hüttis-Graff 2010: 125)

den. Der aber kann nicht direkt vermittelt, er muss erfahren werden. Inso-
fern gilt es, *Schlüsselsituationen als „Springpunkte" für die Förderung* zu finden:
  Bei einer Lesezeit Anfang Dezember, bei der auch drei Studenten in der
Klasse sind, sollen sich alle Kinder aus Büchern und Arbeitsmitteln etwas
zum Lesen aussuchen, um es im Stuhlkreis vorzustellen oder vorzulesen. Jan-
Carlos geht zur Lehrerin, sie schreibt ihm kurze Sätze mit dem bekannten
Wortschatz auf, von Mama, vom Haus, vom Auto, bis ihr einfällt, ihn nach
dem Namen seines Hundes zu fragen. Der heißt Pascal. So schreibt sie: „Wo
ist Pascal?" Jan-Carlos stutzt bei dem Wort Pascal: „Pa:s." Er lächelt, fragt:
„Steht da Pascal?" Dann springt er auf und will eine Schere holen, weil er das
Wort ausschneiden und mit nach Hause nehmen will. Die Lehrerin versi-
chert ihm, dass er das ganze Blatt mit nach Hause nehmen kann. Sie schreibt
noch zwei weitere Sätze von Pascal und fordert ihn auf, das Geschriebene für
sich zu üben, sodass er es am Schluss im Stuhlkreis vorlesen kann. Sie behält
ihn dabei im Auge, fragt ihn schließlich, ob er es ihr noch mal vorlesen will –
zur Probe. Das nimmt er an. Im Stuhlkreis hat er dann mit seiner „Geschichte" ein richtiges Erfolgserlebnis. Und: Es gibt jetzt ein gemeinsames Thema
für das Lesen- und Schreibenlernen. In der Perspektive von R. Schleiffer (in
diesem Band) könnte man sagen, jetzt ist Neugier geweckt, ein „Feeling of
Interest".
  Für die Lehrerin ist es von da an wesentlich einfacher, inhaltliche Lern-
anregungen zu geben und Anforderungen zu stellen. Sie bringt am nächsten
Tag ein kleines Buch von „Pascal" mit, in das sie zwei Texte geschrieben und
ein paar Hunde-Bilder geklebt hat. In den darauf folgenden Wochen ergänzt
sie das Buch. Jan-Carlos schreibt einzelne Wörter in die Texte und schließlich in einem Projekt zu einem Klassenlesebuch – das ist nun schon Ende
März – einen eigenen Text zu seinem Hund. Das Thema hat ihn also lange

Abbildung 4 Jan-Carlos' Text für das „Klassenbuch"; März, Klasse 1

Pascal, FLÖHe⚹
hat er. Das sinb
kleine Tiere. Er
kaspert immer ⚹
  mit mir und ⚹
springt mich an.

Jan-Carlos ⚹ ⚹

begleitet und ihm immer wieder die Aufmerksamkeit und die Bestätigung
der anderen zuteilwerden lassen.

Aufgabe der Lehrperson ist, solche Schlüsselsituationen aufzuspüren bzw.
sie produktiv werden zu lassen, wenn sie sich ergeben. Aber wie findet man
sie? Häufig beziehen sie sich auf das persönliche Umfeld, ein Geschwister,
die Großmutter, Erfahrungen im Herkunftsland … Manchmal auch sind soziale Lernsituationen in der Schule, wie beispielsweise eine Rätselrunde, ein
Anstoß dafür, den Sinn der Schrift für sich zu entdecken, selber Rätsel aufzuschreiben (vgl. Dehn 2007a: 77 ff.). Man könnte vielleicht sagen, wenn Jan-
Carlos von Anfang an selbst geschrieben oder Texte diktiert hätte, hätte er
sein Thema rascher gefunden. Aber vielleicht hätte er selbst diese Verknüpfung von abstrakten Schriftzeichen und lebendiger Erfahrung nicht suchen
und finden können. Auf jeden Fall reicht es nicht aus, Lernpläne für die einzelnen Kinder auf kognitive Lernziele zu beschränken.

3.2   Lernentwicklung von Jan-Carlos bis zum Ende von Klasse 1

Lesen hat Jan-Carlos während der Wintermonate ziemlich schnell gelernt,
aber mit dem Rechtschreiben hat er auch im Frühjahr noch Probleme. Die
Lehrerin schreibt ihm einen schmal bemessenen Grundwortschatz auf (etwas
mehr als 50 Wörter), den er täglich übt („aus dem Kopf schreiben", Partner-
diktat …). Wörter, die er sicher schreiben kann, unterstreicht er. So wird für
ihn selbst sein Lernfortschritt mit der Zeit deutlich sichtbar: Immer mehr
Wörter sind unterstrichen. Von Zeit zu Zeit überprüft die Lehrerin, was er
sicher kann und wo weitere Übungen erforderlich sind.

Beides, im Lesen und Schreiben einen Sinn für sich finden und fest vereinbarte Ziele und Anforderungen an das Können, ist Grundlage für alle
Lernprozesse. Die besten Übungen nutzen wenig, wenn keine innere Lern-
bereitschaft vorhanden ist. Sie allein aber führt auch nicht zum Ziel; dazu
sind das Verhältnis von Lautung und Schreibung und das Regelsystem der
Orthografie zu komplex. Automatisierungsprozesse sind wichtig.

Die Lernbeobachtung Schreiben (Mai) bestätigt die Einschätzung der
Lehrerin und zeigt den großen Fortschritt gegenüber der Situation im November.

Jan-Carlos hat nun zwei Wörter vollständig richtig geschrieben, insge-
samt 26 Buchstaben, die „regelgeleitet" sind, also einen Zusammenhang von
Lautung und Schreibung erkennen lassen; bis auf zwei Auslassungen (bei
Limonade, Kinderwagen) schreibt er alle Wörter vollständig, seine Zugriffs-

Abbildung 5 Jan-Carlos: Lernbeobachtung Schreiben, Mai
(Dehn/Hüttis-Graff 2010)

weise ist aber noch stark an der eigenen Artikulation orientiert (M<u>o</u>nt, Reit<u>er</u>, Kind<u>er</u>wagen, <u>is</u>t). Mit „orthografischen Elementen" wie bei Mun<u>d</u> operiert er noch nicht. Im standardisierten Rechtschreibtest erreicht Jan-Carlos den Prozentrang 37. Seine motorischen Schwierigkeiten sind nach wie vor erheblich. Aber der Lernfortschritt zwischen Oktober („ruft") und Mai von Klasse 1 ist eindrucksvoll.

3.3   Lebensumfelder erschließen für Schrift: Schlüsselsituationen

Wie lassen sich solche Schlüsselsituationen finden? Voraussetzung ist:

- *Offenheit für die Lebenswelt der Lernenden* – bei Jan-Carlos die Frage nach seinem Hund;
- *Signale der Lernenden erkennen und aufgreifen* – so eröffnet bei Corinna, die ganz verstrickt in die Medienwelt von Batman ist, die Aufgabe, zu

solchen Figuren zu schreiben, nicht nur den Zugang zum Schreiben, sondern dann auch den zum Lesen;

• *schriftkulturelle Angebote machen* – *immer wieder*, auch wenn sie über län-
gere Zeit ins Leere gehen.

Wenn ein Zugang eröffnet ist, sollte das Erfolgserlebnis auf die Lerngruppe
bezogen werden – wie bei Jan-Carlos, der seinen Text vom Hund im Stuhlkreis präsentiert, nachdem die Lehrerin ihn aus der Nähe und aus der Distanz bei der Vorbereitung begleitet hat. Und es sollten in der Folgezeit
Automatisierungsprozesse durch Übungen angebahnt und gesichert werden –
wie bei Jan-Carlos durch die Arbeit mit dem Grundwortschatz.

Schlüsselsituationen sind Szenen gemeinsamer Aufmerksamkeit. Sie sind
intentional definiert, „d.h. sie erwerben ihre Kohärenz und Identität durch
das Verstehen des Kindes und des Erwachsenen im Hinblick auf das, ‚was
wir tun‘ im Sinne zielgerichteter Tätigkeiten, mit denen wir befasst sind"
(Tomasello 2002: 119).

Im gemeinsamen Sich-Hinwenden zum Gegenstand der Aufmerksamkeit, und zwar im gemeinsamen Tun, kommen kognitive Lernprozesse in
Gang, das Lebensumfeld wird ins Symbolfeld von Schrift, von Schrift in
der Schule hineingezogen. In der Schlüsselsituation mit Jan-Carlos ist das
gemeinsame Tun das Vorbereiten der Lesepräsentation im Stuhlkreis, im
Schreiben der Lehrerin und im Erlesen und Erschließen des Anfängers.

Gemeinsames Tun und gemeinsame Aufmerksamkeit und zugleich Distanz zu wahren, das ist wichtig. Leicht führt viel Hilfestellung zu „erlernter
Hilflosigkeit" (Seligman 1999). Abgesehen von den Folgen für das Selbstkonzept, führt es auch nicht zu besserer Leistung. Ein Befund aus der letzten IGLU-Studie 2006 stimmt nachdenklich: Die Korrelation zwischen
der Lehrerunterstützung und der Leseleistung war in Deutschland negativ
(Valtin 2009b: 44).

4   Kognitive Prozesse beim Lesen: Schulanfänger und Kursteilnehmer aus der Alphabetisierung im Vergleich

Welcher Art sind Unterschiede zwischen Schulanfängern und funktionalen
Analphabeten, wenn wir das Lesen als kognitiven Prozess betrachten? Das
möchte ich am Beispiel der Lernbeobachtung „Lesen vom Mai", einer Aufgabe zum Ende von Klasse 1, diskutieren (vgl. Dehn/Hüttis-Graff 2010). Zu-

erst wird dargestellt, wie diese durch den Schüler Jan-Carlos bearbeitet wird, danach im Vorgehen von Herrn K. aus einem Alphabetisierungskurs.

Die Lehrerin von Jan-Carlos hat die Aufgabe so vorbereitet, dass die Kinder im Gruppenraum ihr Lesen mit dem Kassettenrecorder aufnehmen – zweimal sollen sie zuerst ihren Namen nennen und anschließend den kurzen Text lesen.

Abbildung 6 Lernbeobachtung Lesen, Mai, Klasse 1; Kurzfassung
(Dehn/Hüttis-Graff 2010: 129)

Ich heiße …

Susi will zu den Küken am See.

Sie nimmt Futter mit.

Lies bitte noch einmal!

Jan-Carlos hat beim ersten Leseprozess erhebliche Mühe mit der Aufgabe. Seine Kenntnis der Buchstaben ist nicht ganz sicher (*Susi, zu, den; am* beim zweiten Mal). Aber er hat Strategien entwickelt, wie er zum Ziel kommen kann.

Mit einer Ausnahme *(den)* beginnt er entweder mit dem Entwurf des ganzen Wortes oder mit der ersten Silbe. Das ist ökonomischer als der Ausgang vom einzelnen Buchstaben, weil es das Arbeitsgedächtnis entlastet. Zwei Wörter kann er sofort erlesen *(am, See)*. Für eine erfolgreiche Aneignung des Lesens sind vor allem die Kontrollprozesse wichtig, die er vornimmt *(Susi, zu)*. Auch beim zweiten Leseprozess gibt es sie *(zu)*. Er steuert also selbst die einzelnen Schritte beim Erlesen im Hinblick auf das Ziel.

Wie stark er auf die Sinnentnahme gerichtet ist, zeigt sich darin, dass er beim zweiten Mal statt *See Strand* liest – ein deutliches Zeichen, dass er

Abbildung 7 Jan-Carlos: Lernbeobachtung Lesen, Mai, Klasse 1

Jan-C. liest den Text zweimal im Gruppenraum allein – wie die anderen Kinder auch.

1. Leseprozess   2. Leseprozess

Susi	Su: sse	**Susi**	Su: si
	S und u, Su: sse		
will	wi: l	**will**	wi: l
zu	su: zu	**zu**	zu, z und u:, zu
	s und u, su:		
den	b, d, d und e, de: n	**den**	de:n
Küken	K-ü, Kü: ke: n	**Küken**	Kü: ke: n
am	am	**am**	a: um, am
See	See	**See**	Strand
Sie	Si:	**Sie**	Si:
nimmt	ni:mt	**nimmt**	ni:mt
Futter	Fu:te: r	**Futter**	Fu:te: r
mit	mi:t	**mit**	mi:t

Die Lehrerin kommt zurück

L: Und was steht in der Geschichte drin?
JC: Weiß nicht.
L: Erzähl mal. Ne, nicht noch mal lesen … Wie heißt das Kind? …
JC: Susi
L: Und wo will sie hin?
JC: Zum Strand mit den Küken.
L: Ach, da will sie hin. Und nimmt sie auch was mit?
JC: Ja.
L: Was nimmt sie denn mit?
JC: (unsicher) Brot.
L: Und was will sie damit machen?
JC: Die will Enten füttern.

sich eine Vorstellung vom Inhalt der beiden Sätze gebildet hat. Das zeigt sich auch bei seinen – zunächst zögerlichen – Antworten auf die Fragen der Lehrerin: *Brot, Enten füttern*. Er hat den kleinen Text für sich adaptiert und verstanden.

Meines Erachtens zeigt dieses Leseprotokoll, dass Lesenlernen keine Technik ist, sondern ein kognitiver Prozess.

Nun beobachten wir Herrn K., einen Teilnehmer aus einem Alphabetisierungskurs, wie er dieselbe Aufgabe angeht (vgl. Dehn 1986). Es wird sich zeigen, dass er nach neun Monaten deutlich größere und andersartige Schwierigkeiten hat als Jan-Carlos.

Abbildung 8 Prozessanalyse des Erlesens nach neun Monaten Kursteilnahme von Herrn K.

Susi will zu den Küken am See. Sie nimmt **Futter** mit.

Her K.	Kursleiterin
Furde	Nein, die ersten beiden.
Fu:	Ja.
Furcht	Nein. Die letzten heißen?
ter	Ja.
Furder	Nein. Die ersten beiden sind richtig. „Fu". Dann die letzten drei heißen „ter". Zusammen? „Fu" (kurz)
Krieg ich nicht!	Was ist schwer für Sie?
Das Wort	(Da der Teilnehmer angestrengt wirkt, sage ich das Wort) „Futter"
Futter	

Herr K. versucht, das Wort als Ganzes zu erlesen *(Furde)* und gibt nicht zu erkennen, dass ihn Wortgebilde ohne Sinn irritieren (s. auch *Furder*). Das Bestreben, unmittelbar auf das Wort zuzugreifen, zeigt sich auch bei *Furcht*. Die Aufforderung, „die ersten beiden" (Buchstaben) und „die letzten" zu lesen, kann er erfüllen (*Fu:* – allerdings mit Langvokal: *ter*). Das wären Bausteine für einen produktiven Prozess. Aber die erforderliche Umstrukturierung von *Fu:* zu *Fu,* die durch eine gezielte, auf den inhaltlichen Kontext bezogene Sinnerwartung gesteuert werden könnte, gelingt nicht, obwohl die Kursleiterin diese Bausteine auch direkt zur Verfügung stellt. Auf diese Weise ist auch der Anspruch an das Arbeitsgedächtnis zu hoch. Besonders wichtig für die Lernentwicklung wäre, dass Herr K. selbst sagen kann, was für ihn schwer ist. Hier bleibt seine Antwort *das Wort* ganz allgemein. So kann er nicht gezielt Hilfe nachfragen oder längerfristig selbst an der Schwierigkeit arbeiten: Warum geht es eigentlich nicht? Was habe ich erreicht? Was fehlt mir? Wonach müsste ich fragen?

Abbildung 9 Vergleich der Prozesse beim Erlesen

„Futter"		
Jan-Carlos Ende Klasse 1		**Herr K. Kursteilnehmer**
Fu: te: r	beim 1. Lesen	Furde
		Fu:
Fu: te: r	beim 2. Lesen	Furcht
		ter
		Furder
Brot	auf die Frage der Lehrerin	
		Krieg ich nicht!
		Das Wort
		Futter

Vielleicht sind die beiden Prozesse schwer zu vergleichen, weil Jan-Carlos ohne „pädagogische Begleitung" liest. Und weil die Hilfen der Pädagogin für Herrn K. nicht hilfreich sind. Zugleich ist auch das Leseprotokoll des Erwachsenen ein Beleg dafür, dass Lernen (Re-)Konstruktion des Lerngegenstandes ist. Hier wird sie verfehlt. Auch vielleicht deshalb, weil der Text für ihn, was den Lebensweltbezug betrifft, nicht geeignet ist.

5   Fragen und Antworten

Kurze Antworten auf die Fragen zur Einladung zu der Tagung in der Evangelischen Akademie Meißen stehen für ein Fazit.

Wann werden die Basiskompetenzen für den Schriftspracherwerb gelegt?
Basiskompetenzen sind Sprechen und Zuhören beim Vorlesen und Erzählen; Spielen mit Sprache; Kritzeln, Malen, Umgang mit Schreibwerkzeug, Ausbilden eines Buchstabenbegriffs (aber nicht: Buchstaben „pauken") – also Fähigkeiten, die sich lange vor Schulbeginn entwickeln, vom Säuglingsalter an.

Wie werden die Kompetenzen gelernt?
Sie werden durch Beobachtung, Teilhabe und vor allem durch aktives, selbstständiges Nutzen der Angebote der Umgebung gelernt – durch *(Re-)Konstruktion;* dazu gehören auch Automatisierungsprozesse.

Was behindert dieses Lernen?
Das sind vor allem ein *schriftfremdes Lebensumfeld,* das von anderen Prioritäten bestimmt ist, das Fehlen eines Zugangs zu Schrift, Sinnesstörungen (vgl. dazu auch Jan-Carlos) und zu geringe Übungsmöglichkeiten.

6   Literatur

Baumert, J./Lehmann, R. H. et al. (1997): TIMSS: Mathematisch-naturwissenschaftlicher Unterricht im internationalen Vergleich. Opladen: Leske + Budrich.

Bertschi-Kaufmann, Andrea (2003): Lesen und Schreiben in einer Medienumgebung. Aarau/Frankfurt: Sauerländer.

Brügelmann, Hans (1983): Kinder auf dem Weg zur Schrift. Konstanz: LibelleVerlag.

Dehn, Mechthild (1978): Strategien beim Erwerb der Schriftsprache. In: Grundschule 10, S. 308–310.

Dehn, Mechthild (1986): Über die Aneignung des phonematischen Prinzips der Orthographie beim Schrifterwerb. In: Brügelmann, Hans (Hg.): ABC und Schriftsprache: Rätsel für Kinder, Lehrer und Forscher. Konstanz, S. 97–111.

Dehn, Mechthild (2004): Didaktik und Alphabetisierung. In: Grundlagen der Weiterbildung. Praxishilfen 58. Neuwied: Luchterhand Verlag.

Dehn, Mechthild (2007a): Kinder & Lesen und Schreiben. Was Erwachsene wissen sollten. Seelze: Kallmeyer Klett Verlag.

Dehn, Mechthild (2007b): Förderdiagnostik und Lernbeobachtung. Konzepte für den Schriftspracherwerb in Klasse 1. In: Hofmann, Bernhard/Valtin, Renate (Hg.):

Förderdiagnostik beim Schriftspracherwerb. Berlin: Deutsche Gesellschaft für Lesen und Schreiben, S. 98–127.

Dehn, Mechthild (2008): Literacy und Lernvoraussetzungen am Schulanfang. In: Die Grundschulzeitschrift, Heft 215/216, S. 28–33.

Dehn, Mechthild (2010a) [1988]: Zeit für die Schrift: Lesen und Schreiben lernen. Berlin: Cornelsen Verlag Scriptor (= Teil 1 der wesentlich erweiterten Fassung von 1988).

Dehn, Mechthild (2010b): Elementare Schriftkultur und Bildungssprache. In: Fürstenau, Sara/Gomolla, Mechtild (Hg.): Migration und schulischer Wandel: Mehrsprachigkeit. Frankfurt: VS Verlag für Sozialwissenschaften, S. 129–151.

Dehn, Mechthild (2010c): Lesenlernen und Leseförderung. In: Schulz, Gudrun (Hg.): Lesen lernen in der Grundschule. Berlin: Cornelsen Verlag Scriptor, S. 136–150.

Dehn, Mechthild/Hüttis-Graff, Petra (2010) [1988]: Zeit für die Schrift: Beobachtung, Diagnose, Lernhilfen. Berlin: Cornelsen Verlag Scriptor (= Teil 2 der wesentlich erweiterten Fassung von 1988).

Elkonin, Daniil, B. (1967): Zur Psychologie des Vorschulalters. Berlin: Volk und Wissen.

Gessner, Elisabeth (2008): Vom Event zum Leseprojekt. Vorleseaktivitäten in der Schule richtig planen. Vortrag an der Universität München 2008. Verfügbar unter: www. dgls.de/download/tagungen/24-elisabeth-gessner-vom-event-zum-leseprojekt-vorleseaktivitaeten-in-der-schule-richtig-planen.html (10.08.2011).

Gogolin, Ingrid (2008): Herausforderung Bildungssprache. In: Die Grundschulzeitschrift, Heft 215/216, S. 26.

Hüttis-Graff, Petra/Klenz, Stefanie/Merklinger, Daniela/Speck-Hamdan, Angelika (2010): Sprachkompetenz erwerben: Bildungssprache als Bedingung für erfolgreiches Lernen. In: Bartnitzky, Horst/Hecker, Ulrich: Allen Kindern gerecht werden. Grundschulverband Band 129. Frankfurt am Main: Grundschulverband, S. 238–265.

Leont'ev, Aleksej A. (1975): Psycholinguistische Einheiten und die Erzeugung sprachlicher Äußerungen. Berlin: Akademie-Verlag.

Merklinger, Daniela (2009): Schreiben ohne Stift: Zur Bedeutung von Medium und Skriptor für die Anfänge des Schreibens. In: Hofmann, Bernd/Valtin, Renate (Hg.): Projekte – Positionen – Perspektiven. 40 Jahre DGLS. Berlin: Deutsche Gesellschaft für Lesen und Schreiben, S. 177–204.

Merklinger, Daniela (2011): Frühe Zugänge zu Schriftlichkeit. Eine explorative Studie zum Diktieren. Freiburg.

Neisser, Ulric (1974): Kognitive Psychologie. Stuttgart: Klett Verlag.

Rosebrock, Cornelia/Rieckmann, Carola/Nix, Daniel/Gold, Andreas (2010): Förderung der Leseflüssigkeit bei leseschwachen Zwölfjährigen. Didaktik Deutsch, Heft 28, S. 33–58.

Seidel, Tina (2003) Lehr-Lernskripts im Unterricht. Münster: Waxmann Verlag.

Seligman, Martin E. P. (1999) [1975]: Erlernte Hilflosigkeit. Weinheim: Beltz Verlag.

Spinner, Kaspar H. (2001): Identität – Imagination – Kognition. Seelze: Kallmeyer.

Stern, Elsbeth/Grabner, Roland/Schumacher, Ralph (2005): Lehr-Lern-Forschung und Neurowissenschaften. Erwartungen, Befunde, Forschungsperspektiven. Berlin: Bundesministerium für Bildung und Forschung.

Stern, Elsbeth (2002): Wie abstrakt lernt das Grundschulkind? In: Petillon, Hans (Hg.): Individuelles und soziales Lernen in der Grundschule. Opladen: Leske + Budrich Verlag, S. 27–42.

Tomasello, Michael (2002): Die kulturelle Entwicklung des menschlichen Denkens. Frankfurt am Main: Suhrkamp Verlag.

Valtin, Renate (2009a): Stellungnahme zu IntraActPlus. Verfügbar unter: www.dgls.de/download/start-download/stellungnahmen/intraactplus-stellungnahme-valtin. html (10.08.2011).

Valtin, Renate (2009b): Zehn Rechte der Kinder auf Lesen und Schreiben. Wie gut werden sie in Deutschland verwirklicht? In: Hofmann, Bernd/Valtin, Renate (Hg.): Projekte – Positionen – Perspektiven. 40 Jahre DGLS. Berlin: Deutsche Gesellschaft für Lesen und Schreiben, S. 30–53.

Weigl, Egon (1974): Zur Schriftsprache und ihrem Erwerb – neuropsychologische und psycholinguistische Betrachtungen. In: Eichler, Wolfgang/Hofer, Adolf (Hg.): Spracherwerb und linguistische Theorien. München: Piper Verlag, S. 94–173.

Wolf-Weber, Ingeborg/Dehn, Mechthild (1993): Geschichten vom Schulanfang. Weinheim: Beltz Verlag.

Hidden Cognitions
Anmerkungen zum Verhältnis von Schule und populärer Kultur[1]

Stephan Hein

> „Unsere Erzieher müssten also als Ethnographen einer Gesell-
> schaft einspringen, in der sich ihre erlernten Methoden nicht
> mehr anwenden lassen."
>
> Claude Lévi-Strauss

1 Einleitung

Populäre Kultur kann – das mag überraschen – jenseits einer verbreiteten
Besorgnis um das Schicksal der Hochkultur Gegenstand pädagogischen In-
teresses sein. Motiv der hier vorgetragenen Überlegungen bildet eine solche,
v. a. im angelsächsischen Sprachraum kontinuierlich beobachtbare Auseinandersetzung mit populärer Kultur. Gegenstand dieses Essays ist daher weniger
die populäre Kultur selbst;[2] auch geht es nicht um die Gesamtheit der Beziehungen, die zwischen populärer Kultur und Schule und den durch letztere
vermittelten Kenntnissen, Normen und Verhaltensweisen bestehen mögen.
Vielmehr soll mit soziologischen Mitteln eine *pädagogische Perspektive* in den
Blick gerückt werden, in der populäre Kultur zugleich als Lerngegenstand
und als ein Reflexionsrahmen, als ein Reservoir an generativen Themen,[3] an
eigenständigen kreativen geistigen Leistungen registriert werden kann, die
auf verschiedene schulische Lernstoffe einerseits, auf die Ausgestaltung von

---

1 Dieser Beitrag entstand im Rahmen des Dresdner Projekts im Verbundvorhaben PRO-
FESS (Professionalisierung in der Alphabetisierungs- und Grundbildungspädagogik),
das vom Bundesministerium für Bildung und Forschung (BMBF) im Förderschwerpunkt ‚Alphabetisierung/Grundbildung' gefördert wird. Für Diskussionen und Kom-
mentare danke ich Günther Robert, Lilo Dorschky, Alla Koval und Andreas Höntsch.
2 Was eine bereits durch den Singular anklingende Vermessenheit wäre. Die Fülle an
Handbüchern zur populären Kultur lehrt v. a. sehr schnell eines: unüberschaubare Vielfalt und sozialwissenschaftliche Unkenntnis.
3 Ein Ausdruck von Paulo Freire, der die Inbezugsetzung von Lernstoffen zu individuellen und kollektiven Wissens- und Erfahrungsbeständen meint.

Bildungsprozessen bzw. von pädagogischen Umgebungen andererseits bezogen werden können.

Kennzeichnend für eine solche Perspektive ist selbstredend die Abgrenzung gegenüber und die Kritik an naiven Voreingenommenheiten, nach denen populäre Kultur als kognitiv defizitär, als eskapistisch und realitätsfern, als gewaltverherrlichend usw. aufgefasst wird. Gegen diese, v. a. auf pädagogische Dramatisierungsgewinne abzielenden Ansichten[4] werden von sehr unterschiedlichen Autoren nicht nur Argumente, sondern v. a. empirische Beschreibungen populärer Kultur ins Feld geführt. Diese zeigen nicht nur auf kognitiver Ebene ihre Komplexität und Differenziertheit auf,[5] sondern auch und v. a. ihre Intellektualität hinsichtlich der durch sie artikulierten bzw. artikulierbaren subjektiven und sozialen Erfahrungen.[6] Die moderne, durch technische Medialität geprägte Alltagswelt ist nicht nur eine solche kurzweiliger Ablenkung und Unterhaltung, sondern ebenso eine der – freilich unbeabsichtigten, aber dennoch komplexen – Enkulturation.

Dem Charme dieser Arbeiten kann man sich aus mehreren Gründen nur sehr schwer entziehen. Zum einen, weil sie – jenseits gutgemeinter Fraternisierungsabsichten – populäre Kultur in den Kontexten ihrer sozialen Praxis beschreiben, zum anderen, weil Bezüge zur Schulpädagogik (und damit zu einer weiteren sozialen Veranstaltung) denkbar werden, die sonst oft nur unter Vorbehalt zugelassen werden. Das für PädagogInnen Interessante, vielleicht auch Beunruhigende daran dürfte vor allen Dingen der Umstand sein, dass sichtbar wird, wie die Widerständigkeit der Alltagskultur von Schülern gegenüber der Schulwelt nicht das Ergebnis vermeintlich kognitiver Defizite oder restringierter sprachlicher und kultureller Ausdrucksformen ist, sondern wie diese Widerständigkeit durch die pädagogischen Einrichtungen – v. a. durch die Interaktionsform des Schulunterrichts und die hier eingelassenen Lernprämissen und Instruktionspraktiken – mit hervorgerufen wird.

---

4   Indem populäre Kultur als Jugendkultur in der Schule einen wesentlichen Entfaltungsraum vorfindet, tritt sie zwangsläufig auch als Gegenwelt zur Schule in Erscheinung (vgl. dazu Pfaff 2008). Dies wird von PädagogInnen oft als Argument und Beleg für die Auffassung genommen, die Schule müsse sich – damit sie etwas ausrichten könne – gegen diese durchsetzen, eine Auffassung, die scheinbar umso heftiger propagiert wird, je weniger dies gelingt. Die pädagogische Funktion populärer Kultur scheint deshalb vorrangig in ihrer Diskreditierbarkeit zu liegen.

5   So z. B. die Arbeiten von James Paul Gee über Computerspiele und die durch sie induzierten komplexen Lernprozesse, vgl. z. B. Gee 2007.

6   So z. B. der Band von Fisher et al. 2008, der die Reflexion von Bildungsideologien und pädagogischen Rollenbildern im Medium populärer Kultur zum Gegenstand hat.

Darin ist bereits angedeutet, dass diese Bezüge zur Schule im Allgemeinen und zur Schulpädagogik im Besonderen sehr komplex und vielschichtig sind. Das bedeutet, dass populäre Kultur nicht voreilig auf einen nur unmittelbaren didaktischen Wert reduziert werden kann. Das Interesse an einer pädagogischen Indienstnahme wäre sicherlich ein Hauptmotiv pädagogischer Auseinandersetzung mit populärer Kultur. Man verkennt dabei jedoch tendenziell ihren Charakter als *Kultur*[7] und damit: die Grenzen der Möglichkeit ihrer pädagogischen Vereinnahmung. Diese Grenzen rühren daher, dass eine schulische Didaktisierung populärer Kultur diese den Kontexten ihrer sozialen Praxis tendenziell entreißt und sie in ihren konstitutiven Sinnbezügen überformt. Dies meint eine Befremdung bzw. eine Scheinnähe, die vom Schüler als zudringlich empfunden werden kann, da er dies als den Versuch der strategischen Dementierung pädagogischer Absichten und Hintergedanken erfahren muss – gegen den er sich freilich zu wehren weiß. Hinzu kommt, dass populäre Kultur – neben ihren kognitiven Aspekten – einen v. a. expressiven, symbolisierenden Sinn hat: In Jugendkulturen – deren von PädagogInnen wahrgenommener Ausdruck populäre Kultur ist – entwickeln und reflektieren sich sehr unterschiedliche Einstellungen und Orientierungen zur Schule gleichermaßen als Organisation wie als Lebensphase und damit auch sehr unterschiedliche Auffassungen darüber, welche Bedeutung die Schule für das Leben hat.[8] Der Versuch einer Vereinnahmung dessen, was im Rahmen jugendkultureller Stilbildung die Schule subversiv unterläuft, ist weithin als Ausdruck pädagogischer Absichten sichtbar, zu der sich ein Schüler dann immer auch ablehnend verhalten kann.[9]

Eine (ernst gemeinte) pädagogische Auseinandersetzung mit populärer Kultur würde sich jedoch selbst beschneiden, fragte sie nur nach didaktischer Verwertbarkeit, wollte man lediglich „Schüler motivieren" und damit auf einen billigen Trick verfallen, der auf seine Weise eine Geste der Delegitimierung stillschweigend verlängert. Das Argument dieses Beitrages bildet daher nicht der Versuch zu zeigen, dass oder wie populäre Kultur pädagogisch nutzbar und verwertbar gemacht werden kann. Dies sind Fragen, die von einem Soziologen nur stümperhaft, zudem im Rahmen didaktischer Forschung und damit nicht zuletzt in der Lehrpraxis selbst weitaus kompetenter beantwortet werden können. Aus soziologischer Sicht liegen die Ge-

---

7 Zur Vielschichtigkeit des Kulturbegriffes vgl. Moebius/Quadflieg 2010.
8 Und daran anschließend, was als legitimer Schulerfolg aufgefasst wird. Siehe dazu die bedeutende Studie von Paul Willis (1977).
9 Zum doppelbödigen Charakter pädagogischer Kommunikation vgl. Luhmann 2004.

winne einer pädagogischen Beschäftigung mit populärer Kultur weniger auf
der Ebene ihrer didaktischen Funktionalisierung als vielmehr in Einsichts-
und Reflexionsgewinnen hinsichtlich der Lebenswirklichkeit der Schüler,
aber auch hinsichtlich der Grenzen schulischer Instruktionsformen sowie
jenen der Erziehungs- und Bildungsverständnisse, die der pädagogischen
Praxis implizit zugrunde liegen. Die Bescheidenheit solchen Gewinns darf
nicht über die Umkehrung der Blickrichtung hinwegtäuschen: Indem gefragt
wird, wie Schulpraxis auf Wissens- und Erfahrungsbestände des Alltags zurückgreifen kann, geht es darum, unter welchen strukturellen Bedingungen
SchülerInnen auf diese zurückgreifen können, um diese zu Lehrstoffen in Beziehung zu setzen – und dies auch jenseits pädagogischer Intentionen. Es
geht also darum, nicht etwa den SchülerInnen, sondern zunächst der Schule
selbst einen Wirklichkeitssinn zu vermitteln,[10] den sie oft nur allzu bereitwil-
lig einer Mystifikation von Bildung zu opfern bereit ist.

Sich diesen Zusammenhängen anzunähern, erfordert einen mehrschichtigen Rahmen und teilweise heterogene Argumentationen. Im folgenden
Abschnitt referiere ich einige bedeutsame Thesen eines Buches, welches – im
oben angesprochenen Sinne – die intelligible Seite moderner populärer Kultur herausarbeitet, wie sie in pädagogischen Kontexten v.a. durch ihre primär
technische Medialität zumeist unverstanden bleibt. Im dritten Teil erörtere
ich exemplarisch am Erwerb bzw. der Vermittlung von Schriftkultur einige
Aspekte des Verhältnisses von schulischem Lehrrahmen und alltagswelt-
lichen Wissens- und Erfahrungsbeständen.

2   Everything bad is good for you ...

... why popular culture is making us smarter. So heißt das sehr lesenswerte
Buch von Steven Johnson, in welchem er die Prämissen pädagogischer Mo-
ralunternehmer ironisch ins Gegenteil verkehrt. Nie waren wir, ohne dies
zu bemerken, intelligenter[11] als heute – durch populäre Kultur. Der Titel
des Buches kokettiert zweifelsohne mit der Vorstellung besorgt aufhorchen-
der Eltern und Pädagogen, aber es geht um mehr als nur den Affront, der
schnell an Wirkung einbüßte, würde es bei einer Behauptung bleiben, d.h.,
ohne die These an einer Fülle von Material auch zu demonstrieren. Johnson

---

10   Mit diesem Anspruch an eine sich als professionell verstehende Bildungspraxis tritt z.B.
      der Band von Fisher et al. (2008) auf.
11   Wobei Johnson zu betonen scheint, das intelligent v.a. smart zu sein bedeutet.

durchwandert die Welt der Computerspiele, verschiedene Fernsehformate wie *Daily Soaps, Sitcoms,* Serien oder *Reality Shows,* Kinofilme, aber auch die kognitiven Vergnügungen seiner eigenen Kindheit im sich gerade andeutenden Zeitalter des Personalcomputers. Die Stärke seines Buches besteht u. a. darin, dass er seine Thesen nicht als Beiträge zur „Bildung" vorträgt, die Auseinandersetzung also nicht von vornherein hinsichtlich didaktischer Gewinne funktionalisiert, was populäre Kultur implizit unter einen pädagogischen Vorbehalt stellen würde. Indem Johnson schlicht konstatiert, dass durch die kulturelle und mediale Umwelt eine Vielfalt von Lern- und Enkulturationsprozessen induziert wird, kann er der Idee nachgehen, dass sich populäre Kultur als ein Reflexionsrahmen eignen könnte, in dem eine ganze Reihe von Einsichten über Lernprozesse und ihre symbolischen bzw. sozialen Rahmungen gewonnen werden können.[12]

Ausgangspunkt dabei ist die Verwunderung darüber, dass ein Kind außerhalb der Schule – gerade in vermeintlich passiv-rezeptiven Medien – hochkomplexe kognitive Fertigkeiten quasi „spielend", d. h. ohne oder mit nur geringer formeller Instruktion lernt, die es im Schulunterricht nur schwer und schon gar nicht freiwillig lernen würde. Dies ist im Übrigen ein Umstand, der seit Langem auch in der Schulforschung empirisch gut fundiert ist[13] und daher keineswegs ein exotischer Befund über populäre Kultur. Er zeigt vielmehr, wie sehr die Vorstellungen über die „Natur" von Lernprozessen heimlich am sozialen Modell des Schulunterrichts abgelesen sind. Dieser Befund liefert das Motiv, populäre Kultur in ihren kognitiven Strukturen, ihren Formen der Herstellung von Selbst- und Weltbezügen (d. h. in ihrer Medialität) zu untersuchen und dies auf die soziale Organisation des Lernens zu beziehen. Populäre Kultur wird dabei nicht als bloßer *Ausdruck* oder als ein Abbild einer Realität aufgefasst (welches dann als angemessen proklamiert oder als defizitär kritisiert werden könnte). Sie tritt damit nicht als restringierter Modus der Vermittlung zwischen Individuum und Welt in Erscheinung, sondern als Bestandteil der Realität selbst, als Medium des aktiven Machens und Artikulierens von Erfahrungen, als komplexe symbolische

---

12 Ich beziehe mich hier exemplarisch v. a. auf dieses Buch, weil es populäre Kultur unter verschiedenen Gesichtspunkten (semiotische, narratologische, soziologische, kognitionspsychologische), d. h. in einer größeren Bedeutungsfülle in den Blick nimmt.

13 Man hat oft beobachtet, dass während des Schulunterrichts von Kindern defizitäre Problemlösungsstrategien verwandt wurden, während dieselben Kinder außerhalb der Schule über komplexes Problemlösungswissen verfügten. Man hat dies auch als 6-Stunden-Retardierung bezeichnet (vgl. dazu MacMillan 1982: 276).

und mediale Umwelt von Kindern und Erwachsenen (und damit auch: von Pädagogen) gleichermaßen.[14]

Johnsons Beschreibungen differenzieren dabei verschiedene Ebenen. So wird zunächst vordergründig danach gefragt, welche Formen und Prozesse der Kognition durch die verschiedenen, v.a. technischen Medialitäten – wie sie für modere populäre Kultur kennzeichnend sind – besonders begünstigt und differenziert werden.[15] Im Gegensatz zu entsprechenden Tendenzen in vielen „Problemstudien" wird hier das technische Medium nicht als Artefakt („der Fernseher", „der Computer") wahrgenommen, auch nicht als motiviert bzw. „intentional" („Unterhaltung", „Informationsvermittlung", „Propaganda"), sondern als gegenüber Inhalten und Ausdrucksformen weitgehend indifferent. Anders ausgedrückt: In dieser Perspektive „lehrt" Populärkultur nichts, wenn man darunter die Vermittlung von Inhalten verstehen will, sie bietet vielmehr eine *kognitive Attraktion um der Kognition willen,* die sich für den Beobachter auf verschiedenen, miteinander verbundenen narrativen, kommunikativen, sozialen und semiotischen Ebenen erschließt.

So demonstriert Johnson sehr instruktive Möglichkeiten des Vergleiches, etwa zwischen den narrativen Strukturen einer schriftlich fixierten Erzählung und jenen, die sich in einem Computerspiel oder einem Film entfalten. Johnson zeigt Homologien auf zwischen den beim Lesen oder Schreiben eines Textes, beim Entwerfen, Verfolgen und Modifizieren einer Spielstrategie oder den bei der Rezeption eines Films ablaufenden Vorgängen der simultanen Bewältigung komplexer und mehrschichtiger Problemstellungen: So wie z.B. „verstehendes Lesen" das gleichzeitige Ablaufen mehrerer Prozesse des Decodierens (auf syntaktischer, pragmatischer und semantischer Ebene) erforderlich macht, so sind für die Entwicklung und Verfolgung einer komplexen Spielstrategie oder die Entzifferung der narrativen Struktur eines Films vergleichbar komplexe mentale Fertigkeiten nötig.[16] Johnson demonstriert dies u.a. an der Entwicklungsgeschichte von *Daily Soaps,* die in ihren narrativen und syntaktischen Strukturen heute so komplex sind, dass man sie vor zehn Jahren kaum hätte verstehen können, geschweige denn, dass man sie als „unterhaltend" empfunden hätte.

Dass diese Zusammenhänge hier als neue, ja fast schon spektakuläre pädagogische „Entdeckungen" erscheinen können, hängt mit der Perspektive der

---

14 Johnson folgt damit einem sehr voraussetzungsreichen Verständnis von Wirklichkeit.
15 Vgl. dazu auch die Studie von Salomon zum Zusammenhang von Lernprozessen und ihrer Medialisierung (Salomon 1979).
16 Johnson tut dies wiederum, ohne gefällige Rezepte anzubieten, etwa dass exzessives Computerspielen das Lesenlernen erleichtern würde.

Pädagogik zusammen. Im pädagogischen Feld wird lediglich etwas registriert, was man andernorts im Rahmen der Reflexion über moderne Massenkultur und schon sehr viel früher wusste. So schrieb der ungarische Regisseur und Filmtheoretiker Béla Balàzs in den 1930er Jahren über das Kino: „Diese neue Ausdrucks- und Mitteilungstechnik hat sich in dem letzten Jahrzehnt mit unheimlicher Schnelligkeit differenziert und kompliziert. Die simpelsten Filme von heute hätten wir selber vor vier bis fünf Jahren stellenweise noch nicht verstanden. [...] Wir wissen es gar nicht mehr, wie wir in dieser Zeit sehen gelernt haben. Wie wir optisch assoziieren, optisch folgern, optisch denken gelernt haben, wie geläufig uns optische Abkürzungen, optische Metaphern, optische Symbole, optische Begriffe geworden sind." Was damit sichtbar wird, ist der Umstand, wie selbstverständlich bestimmte, sehr anspruchsvolle Wahrnehmungs- und Reflexionsmodi geworden sind, sodass man sie gar nicht mehr bemerkt und sie deshalb für etwas Natürliches zu halten geneigt ist.

Vor diesen Hintergründen bezieht die These ihre Kraft, nach der eine Bedeutung moderner populärer Kultur in lerntheoretischer Perspektive v. a. hinsichtlich der Differenzierung metakognitiver Fähigkeiten bestehen könnte: dem Theoretisieren über Regelsysteme, deren Regeln man nicht oder nur unvollständig kennt, sowie, daran anknüpfend, dem Aushalten und Verarbeiten von Ambi- und Polyvalenzen, der Distanzierung gegenüber dem eigenen Problemlösungs-, Denk- und Assoziationsverhalten. Ob diese These in der von Johnson vorgetragenen Form *(Sleeper Curve)* haltbar ist, ist hier nicht so sehr von Belang; wichtig ist, dass er nachvollziehbar macht, dass es sich bei vielen Formen moderner populärer Kultur um sehr starke Formen von Enkulturation handelt. Dieser Zusammenhang wird auch auf anderen Ebenen deutlich. Eine besondere Eigenschaft moderner populärer Kultur ist der Umstand, dass in ein und derselben Ausdrucksform vielschichtige Bedeutungen, Assoziationsketten, Abstraktionen usw. in einer Weise miteinander verbunden sind, die eine Vielfalt von Rezeptions- und Aneignungsweisen zulässt. So ist beispielsweise das Vergnügen, welches man beim Anschauen der „Simpsons" empfinden mag, unabhängig davon, ob man auch ihren soziologischen Tiefsinn entschlüsseln kann; das Vergnügen an einer *Daily Soap* ist nicht davon abhängig, ob man alle Folgen gesehen oder alle parallel laufenden Handlungsstränge verfolgt hat, oder: das Vergnügen, welches ein Computerspiel bereitet, wird durch den Misserfolg gerade nicht geschmälert, sondern gesteigert. Moderne populäre Kultur enthält – nicht zuletzt aufgrund ihrer technischen Medialität – gewissermaßen ihre eigene Didaktisierung, sie ist – auf eine sehr spezifische Weise – „autodidaktisch".

Diese Qualität moderner populärer Kultur genügt jedoch nicht, um zu
verstehen, wie sich in ihr und durch sie subjektive Bedeutungen generieren
können, denn man könnte so den Eindruck gewinnen, sie bestünde schlicht
in dem Umstand, dass man von ihr umgeben und nur ihr passiver Rezipient
in einem globalen lerntheoretischen Großversuch sei. Ihre Bedeutung erhält sie v. a. durch die in unterschiedlichem Ausmaß und auf unterschiedlichen Ebenen realisierten *sozialen* Bezüge. Damit ist auch Sozialität als eine
„sekundäre" Qualität von populärer Kultur gemeint (z. B. im Rahmen von
Peergroups).[17] Johnson rückt jedoch besonders die Ebene der *Thematisierung*
bzw. *Reflexivierung* von Sozialität in den Vordergrund. So rekonstruiert er,
wie sich der Erfolg von *Reality Shows* und *Daily Soaps* dem Umstand verdankt,
dass sie den Rezipienten in seiner subjektiven und sozialen Erfahrungswelt
unmittelbar ansprechen und herausfordern. Das, was in *Daily Soaps* vordergründig thematisiert zu werden scheint, etwa die Moral, die aus der Lösung
von Beziehungskonflikten in Wohngemeinschaften der *Upperclass* gezogen
wird, ist dafür nebensächlich. Thematisierung des Sozialen meint nicht, dass
so etwas wie eine Vorbildwirkung evoziert wird (ein pädagogisches Missver-
ständnis, welches oft der schulischen Auseinandersetzung mit literarischen
Texten, aber auch mit Filmen zugrunde gelegt wird). Bedeutungsvoll ist vielmehr der Umstand, dass der Rezipient sich dazu gezwungen sieht, aktiv
eine „soziale Geografie" des Geschehens, die vielschichtigen und arbiträ-
ren Beziehungen zwischen anwesenden und abwesenden Figuren, den Sinn
ihres Interagierens, ihres Auftauchens und Verschwindens, die Anlässe ihrer
Handlungen zu dechiffrieren. Und dies geschieht selbstredend nicht ohne
implizite Bezugnahme auf eigene Erfahrungen. Auch das ist ein durchaus
kontraintuitiver Befund: Populäre Kultur gewinnt gerade dort, wo sie durch
vermeintliche passive Rezeptivität gekennzeichnet scheint, eine Bedeutung
v. a. als aktives Erschließen einer komplexen sozialen Umwelt und damit: als
Sozialisation.[18] Das bedeutet dann z. B., dass eine *Daily Soap* nicht einfach
nur als „Wirklichkeitssurrogat", als ferne „Traumwelt" funktioniert (das kann
sie sicherlich auch), sondern dass sie Sozialität in einer sehr elementaren
Dimension thematisiert; soziologisch ausgedrückt: auf der Ebene der Genese, der Modifikation oder auch des Verlusts von Identität im Spiegel signifikanter Anderer. Das erklärt vielleicht auch, warum es wichtig sein kann,
stundenlang über die letzte Folge von „Marienhof" oder von „Desperate

---

17   Die z. B. auch bei der ansonsten als einsam und autistisch vorgestellten Tätigkeit des
     Computerspielens eine Rolle spielt (z. B. Game Communities).

18   Vgl. dazu auch Fluck 1987.

Housewifes" zu diskutieren und zugleich auch: warum dies eine Relevanz erhält, die beispielsweise der Literaturunterricht scheinbar nur sehr schwer für sich reklamieren kann (dazu weiter unten). Neben anderen Dingen scheint es daher das Ansprechen elementarer subjektiver und sozialer Erfahrungen zu sein, welches populäre Kultur populär macht, oder auch – um ein Modewort aufzugreifen – *soziale Kompetenz.*

3 Schule und Alltagskultur

PädagogInnen könnten von Johnsons Ausführungen beeindruckt sein. Aber auch ohne alle Thesen des Buches notwendig teilen zu müssen, könnten sie durch die vorgetragenen Beschreibungen und Argumente motiviert sein zu fragen, in welche pädagogische Beziehungen Schule zu populärer Kultur und damit zu Wissens- und Erfahrungsbeständen treten könnte, über die ein Schüler quasi „naturwüchsig" verfügt. Diese Frage bedarf jedoch, wie eingangs festgehalten wurde, einer Präzisierung, die den Besonderheiten der Schule ebenso gerecht wird. Dafür ist jedoch ein Argumentationsrahmen nötig, der sich von der Beschreibung und Analyse populärer Kultur zunächst wegbewegt und bestimmte Strukturmerkmale schulförmig organisierten Lernens in den Blick nimmt. Eine Anmerkung sei vorausgeschickt: Wenn im folgenden von solchen Strukturmerkmalen die Rede ist und diese hier nur sehr selektiv und verkürzt erörtert werden können, dann nicht, um damit zu behaupten, dass dies die Realität an den Schulen angemessen widerspiegeln würde. Schon gar nicht soll behauptet werden, dass die damit verbundenen Fragen nicht auch von Pädagogen gestellt werden – das Erreichen alltagsweltlicher Wissens- und Erfahrungsbestände ist seit Langem ein Fokus auch der Schulpädagogik. Es geht hier lediglich darum, eine Relation zwischen schulischem und außerschulischem Alltag aufzuzeigen.[19]

Wenn man im Medium populärer Kultur auf verschiedenen Ebenen Dinge lernt, die man in der Schule mitunter nur sehr schwer oder oft gar nicht lernt, so stellt sich sicher auch die Frage, warum Schule diese Dinge nicht vermittelt (oder diese Dinge nicht zu vermitteln in der Lage ist). So formuliert liegt in dieser Frage jedoch eine gewisse Gefahr, einer Programmatik das Wort zu reden, die davon ausgeht, die Schule habe ein Monopol hinsichtlich der Vermittlung von Kenntnissen und Fertigkeiten (oder sollte

---

19 Und dies in der Annahme, das Alltagswelt und Schule nicht durch die Mauern eines Gebäudes voneinander getrennt werden.

dies zumindest anstreben). Eine ähnliche, damit verwandte Vorstellung besagt, dass alles, was die Schule zu vermitteln beabsichtige, auch notwendig gelernt werden müsse – etwa weil das moderne Leben diese Kenntnisse und Fähigkeiten entsprechend zur Voraussetzung habe. Die Schwierigkeit dieser Auffassungen besteht dabei darin, diese Frage zu eng im Rahmen einer Kompetenzrhetorik zu formulieren. Sicherlich wird man auf diese Weise einer Reihe von alltagspraktischen Anforderungen gerecht, die das moderne Leben stellen mag (man denke z.B. an die Diskussionen um „Medienkompetenz" oder auch um sogenannte „Serious Games" in der Medienpädagogik). Diese Sicht hat aber dennoch den entscheidenden Nachteil, tendenziell wiederum von gerade jenen Erfahrungen und Wissensbeständen (also von Kultur) zu abstrahieren, die – jedenfalls in dem hier vorgetragenen Verständnis – den wichtigen Ausgangspunkt bilden würden. Man kann vieles, was gelernt werden „muss", getrost der Welt außerhalb der Schule überlassen, „der wichtigste Lehrer ist wahrscheinlich", wie Robert Dreeben in seiner heute klassischen Studie über die Schule schreibt, „die Straße" (Dreeben 1980: 43).

Solche Kompetenz-zentrierten Vorstellungen findet man zuweilen auch in solchen Diskussionszusammenhängen, wo man sie zunächst nicht oder weniger vermuten würde (gerade weil mitunter entsprechende Bezüge zu populärer Kultur hergestellt werden) – so z.B. in den Diskursen um das sogenannte informelle Lernen, in denen oftmals nicht entschieden werden kann, ob es sich dabei um ein deskriptives Konzept oder um eine normative Forderung handelt. Hier entsteht leicht der Eindruck, als solle außerhalb von Schule all das erworben werden, was Schule an Fähigkeiten zu vermitteln nicht mehr oder nicht ausreichend zu leisten in der Lage sei – verteilt auf entsprechende außerschulische pädagogische Ressorts.[20] Unabhängig davon, dass man sich hier dem Problem aussetzt, sachlich nichtpädagogische Zusammenhänge und Gegenstände tendenziell pädagogisieren zu wollen, liegt dem eine defizitäre begriffliche Fassung von Informalität zugrunde,[21] die prinzipiell darauf hinausläuft, sie mehr als Eigenschaft von institutionellen Rahmungen (etwa: Schule gegen Freizeit) oder physischen „Orten"[22] und nicht als solche von sozialen Interaktionsprozessen aufzufassen. Die wesentlichste Eigenschaft dessen, was oft als „informell" bezeichnet und beschrieben wird, ist nicht so sehr die fehlende formale Instruktion oder eine

---

20 Vgl. dazu den Beitrag von Lilo Dorschky in diesem Band.
21 Und dies bei aller Vielfalt der vorhandenen Definitionsversuche. Einen Überblick zur Geschichte des Begriffs und zum internationalen Diskussionsstand gibt Overwien (2006).
22 Siehe z.B. Bekerman et al. 2007.

nichtschulische Rahmung (oder dass Lernen im Freien oder am Arbeitsplatz stattfindet), sondern der Umstand, dass die Ebene der beteiligten geistigen/ kognitiven Prozesse nicht von den sie tragenden symbolischen und sozialen Bedeutungen (und damit: den Motivationen) nachhaltig getrennt wird.[23] Ein solcher, entsprechend modifizierter Begriff hat den Vorteil, eine Vielfalt von Lehr- und Lernsituationen zugleich unter formellen wie informellen Gesichtspunkten betrachten zu können. So wird in der Schule schließlich, wie die Diskussionen gezeigt haben, die im Anschluss an Robert Dreeben unter dem Stichwort „heimliche Lehrpläne" geführt worden sind, durchaus sehr viel auf informellem Wege gelernt, so z.B., wie man sich pädagogischen Absichten entzieht und dennoch den schulischen Erwartungen ausreichend gerecht wird.[24] Aber auch jenseits der informell mitlaufenden (pädagogisch oft kontraproduktiv erscheinenden) Sozialisation in die sozialen Erwartungsstrukturen der Schule lassen sich auch Formen der Ausgestaltung des Unterrichts finden, die – z.B. in projektförmiger/kooperativer Organisation des Unterrichts – ein weit höheres Maß an Informalität in Bezug auf die Aneignung der Lehrstoffe gewährleisten (können), als dies in der Vereinzelung des Schülers möglich wäre, die vorrangig um der Kontrolle über eigenständig erbrachte Leistungen willen geschieht.

Eine an eine Beschreibung populärer Kultur sinnvoll anzuschließende Frage wäre daher, wie im Rahmen des Schulunterrichts auf das kulturelle und kognitive Reservoir der Erfahrungswelt der SchülerInnen (wie es sich in populärer Kultur artikuliert) systematischer zurückgegriffen werden könnte. Darin eingeschlossen ist die Möglichkeit, dass dies ohne eine pädagogische Intention zu inszenieren, d.h. als Eigenleistung des Schülers möglich sein muss, zu der er jedoch im Rahmen bzw. *durch die Form* des Schulunterrichts angeregt wird. Solche Ideen sind, wie gesagt, keineswegs neu; ihnen wird gegenwärtig z.B. in den Diskussionen zur Praxis der dialogischen Ausgestaltung des Schulunterrichts,[25] aber auch im Rahmen sozialpädagogischer bzw.

---

23 Um im Bilde zu bleiben: Ein Kind lernt sprechen, weil es mit seinen primären Bezugspersonen kommunizieren will, nicht weil Sprechen „wichtig" ist. Es ist also von vornherein in eine Sprechergemeinschaft inkludiert, die so tut, als ob es bereits verständlich kommunizieren könnte.

24 Man hat verschiedentlich beobachtet, dass die als ausgezeichnet zertifizierten Kompetenzen nachweislich auch bei sehr guten SchülerInnen unter kognitiven Gesichtspunkten mitunter defizitär sind, was man auch als Kulissenlernen bezeichnet hat. Nichtverstehen kann durch Versiertheit in der schulsprachlichen Rhetorik kompensiert werden (vgl. dazu Lehtinen 1994).

25 Für ein Beispiel zum Literaturunterricht vgl. Fecho/Botzakis 2007. Zum Dialog im Rahmen pädagogischer Prozesse vgl. ferner Robert/Hein 2010.

allgemein außerschulischer Lern- und Bildungskonzepte nachgegangen.[26] So gesehen besteht die Problemstellung zunächst in einer Reflexion auf die Widerstände, die die schulischen Instruktionsformen der individuellen und kollektiven Erfahrungswelt der SchülerInnen entgegensetzen.

Dabei ist zunächst festzuhalten, dass solche Widerstände zu konstatieren keineswegs bedeutet, daraus auch ableiten zu können, dass nur das gelernt werden könne (oder gar sollte), was in der Erfahrungswelt des Schülers bereits verankert wäre, was einer Selbstdementierung nicht nur der Schule, sondern jeglicher systematisierten und angeleiteten Erziehung bzw. Ausbildung gleichkäme – ob sie nun schulförmig auftritt oder nicht. Damit ist vielmehr das von vielen kritischen PädagogInnen beschriebene strukturelle Problem bezeichnet, der Erfahrungswelt der SchülerInnen in der Erschließung neuer Lerngegenstände hinreichend Relevanz einzuräumen, eine Relevanz, die besonders durch monologische Formen des Schulunterrichts geleugnet wird.

Wir berühren hier die – schon oben aufgerufene – lange Diskussion um das Problem, dass *sich die Form der schulischen Wissensvermittlung tendenziell vor die Inhalte bzw. die Gegenstände schiebt;* SchülerInnen damit auch von Wissens- und Erfahrungsbeständen ihres Alltags und mithin von vorhandenen Fähigkeiten abgeschnitten werden. So z.B. in der vordergründigen Asymmetrie zwischen Lehrern und Schülern (und deren kommunikativer Bewährung), die zur Folge hat, dass Lehren und Lernen als zwar aufeinander bezogene, jedoch im wesentlichen verschiedene Prozesse aufgefasst werden – dass also *Lernen als Funktion des Lehrens* erscheint.[27] Auch die schulische Strukturierung des Wissens selbst, d.h. der Klassifikationsrahmen schulischer Lernstoffe[28] hat oftmals eine Form, die einem Schüler nachhaltig unzugänglich bleiben kann – nicht jedoch, weil er die Sache selbst nicht verstehen könnte.

Wir können diese sehr breite und differenzierte Diskussion und auch die an sie anschließenden pädagogisch umgesetzten Innovationen hier weder re-

---

26   Vgl. z.B. Sturzenhecker/Riemer 2005.
27   Das meint nicht nur die Autorität des Lehrers und den durch ihn kontrollierten Interaktionsverlauf im Unterricht, sondern auch eine dadurch induzierte Auffassung über die „Natur" des Lernens. Die folgenreiche Internalisierung dieser Asymmetrie kommt z.B. in der Beschwerde der SchülerInnen zum Ausdruck, dass die LehrerInnen „nicht gut erklären können" und man *deshalb* nicht verstehen könne; die Möglichkeit des Erschließens und Verstehens von Lerngegenständen wird somit delegiert und damit außerhalb einer Selbsteinschätzung der SchülerInnen, einer selbst vollzogenen Problematisierung des eigenen Lernverhaltens gestellt.
28   Bernstein prägte hier den Begriff des pädagogischen Codes (vgl. Bernstein 1981a).

ferieren, noch die darin aufgeworfenen Fragen auf unser Thema beziehen.[29] Stattdessen möchte ich diesen Zusammenhang exemplarisch verdeutlichen: am Erwerb bzw. der Vermittlung elementarer Schriftkultur.

Das Beispiel der Literalisierung ist besonders relevant, um zu veranschaulichen, wie sich ein solcher Bruch zur Erfahrungswelt des Schülers vollziehen und kontraproduktiv verfestigen kann. Es ist allein schon deshalb relevant, weil unsere gesamte Auffassung von Schule durch die Idee von Massenalphabetisierung und einen Glauben damit verbundener Persönlichkeitsentwicklung und Horizonterweiterung geprägt ist. Aber auch darüber hinaus berührt Literalisierung das Thema dieses Essays in zwar indirekter, aber wesentlicher Weise: Der von Pädagogen oftmals beklagte Bedeutungsverlust von Büchern als primären Kulturmedien wird oftmals einseitig der vermeintlichen unterhaltungsmäßigen Überlegenheit (was wohl meint: Flachheit) der sogenannten „neuen Medien" und damit auch: populärer Kultur angelastet. Letztere wird dabei nicht selten zu einer „Bedrohung" für die literarische Hochkultur stilisiert. Das ist zunächst insoweit widersprüchlich, als ein maßgeblicher Teil populärer Kultur in literarischer Form auftritt – man denke nur an die Verkaufszahlen von „Harry Potter" oder „Herr der Ringe", an die in Buchhandlungen mit fantastischer Literatur wohl gefüllten Regale, an „Das Buch zum Film", „Das Buch zum Spiel" u.a.m.[30] Ohne diesen Einwand überziehen zu wollen, ist die Rhetorik des Kulturverfalls auch in einer anderen, entscheidenden Hinsicht problematisch, der pädagogische Fatalismus zumindest voreilig. Wie es sich mit der Zukunft des Buches bzw. mit den damit angesprochenen elaborierten literarischen Gattungen tatsächlich verhält und in welcher Weise sie unter einem Veränderungs- und Anpassungsdruck (durch „neue Medien") stehen, ist eine sehr komplexe und in weiten Teilen spekulative Angelegenheit und mag hier dahingestellt bleiben.[31] Eine solche Diskussion müsste jedoch auch danach fragen, wie es sich mit der schulpädagogischen Vermittlung von Literalität verhält, d.h., inwie-

---

29 Zentral für diese Diskussionen sind – neben anderen – v.a. die Arbeiten Dreebens (1980), Bernsteins (1981) und Oevermanns (1977); aus neuerer Sicht vgl. Breidenstein (2006).

30 Der Bedeutungsgewinn neuer Medien kann immer auch eine Steigerung der „alten" Medien in dem Sinne bedeuten, dass neue und durchaus elaborierte Ausdrucksformen gefunden werden, ohne die „alten" sogleich und umstandslos der „Kulturgeschichte" zu überantworten. Die Erfindung des Kinos war sicherlich nicht ohne Bedeutung für die *Form* des Romans, aber nicht in dem einfachen Sinne, dass sich das literarische Erzählen lediglich an die Formen cinematografischer Narration anzupassen hatte, etwa um so strategisch ein entsprechend großes Publikum von Kinogängern erreichen zu können.

31 Vgl. dazu die Diskussionen in Ewers (2002).

weit sie ganz allgemein die medialen Eigenschaften von Schriftlichkeit und die in ihr realisierten literarischen Formen auch tatsächlich in Rechnung stellt. Davon kann, wie didaktische und textlinguistische Forschung zeigt, nicht ohne Weiteres ausgegangen werden.

Schrift tritt im Grundschulunterricht tendenziell *als von ihrem Gebrauch abstrahierte Technik* auf. Das heißt, Schrift erscheint vordergründig in den technischen Teilaspekten ihrer manuellen und linguistischen Beherrschung: als Grammatik, als Orthografie, als verständlicher und schriftsprachlich elaborierter Ausdruck. So im Verlauf der schulischen Vermittlung diese technischen Aspekte dominieren (und das tun sie oft allein dadurch, dass sie in der Leistungsbewertung die primären Indices für das schriftsprachliche Können darstellen), vollzieht sich nicht nur für diejenigen SchülerInnen, die mit dem Lernmaterial nicht gut zurande kommen, deren Alltagskultur vielleicht nicht literalisiert ist, eine Mystifikation von Schrift, die glauben macht, die Partizipation an Schriftkultur sei abhängig von ihrer technischen Beherrschung. Vereinfacht ausgedrückt: Der heimlich unter der Schulbank geschriebene, orthografisch fehlerhafte, aber dennoch verstandene Liebesbrief wird der Schrift als kommunikativer Praxis mitunter mehr gerecht als ein fehlerfreies Diktat.

Das heißt, die schulische Vermittlung elementarer Schriftkultur ist dem Problem ausgesetzt, dem Erlernen einer kommunikativen Praxis im Medium derselben genügend Relevanz einzuräumen (vgl. dazu Dehn 1990). Deren tendenzielle Dementierung ist umso augenfälliger, als die Mechanismen literaler Enkulturation in vieler Hinsicht bereits *vor* der Schule, etwa durch das Vorlesen und Nacherzählen von Geschichten (d.h. im Rahmen einer alltäglichen mündlichen kommunikativen Praxis) in Gang gesetzt werden (vgl. Dehn 1999: 572) – und dies nicht i.S. einer bewussten Förderung „literaler Basiskompetenzen", die von der Schule deshalb vorausgesetzt oder gar eingefordert werden können. Vorlesen und Nacherzählen sind – obwohl gesprochen – in vielerlei Hinsicht bereits „konzeptionell schriftlich" – im Gegensatz zur konzeptionellen Mündlichkeit der am Sprechen orientierten Verschriftlichung, wie man sie oft während des Schreibenlernens oder bei Schreibern mit nur geringen literalen Fertigkeiten beobachten kann.[32]

---

32 In der neueren Textlinguistik wird kritisch darauf hingewiesen, dass – im Versuch, die SchülerInnen bei ihren (schrift-)sprachlichen Praktiken abzuholen – viele der im Schulunterricht bevorzugt ausgewählten Texte tendenziell konzeptionell mündlich sind, „[d]ie konzeptionellen Unterschiede zwischen Mündlichkeit und Schriftlichkeit treten in den bevorzugten literarischen Texten sowohl der Privat- als auch der Schullektüre nicht so deutlich zutage, als dass von einem didaktisch zu bearbeitenden Spannungsver-

Diese tendenzielle Dementierung des mehrschichtigen kommunikativen Charakters von Schrift findet sich auch auf höheren Stufen der Aneignung von Literalität, nämlich an Stellen, wo sie jenseits des bloßen Lesen- und Schreibenkönnens eine Bedeutung als „stellvertretende Erfahrung", aber auch als Erfahrung der (nicht nur historischen) Relativität von Wissen, gesellschaftlichen Normen etc. gewinnt.[33] So z.B. dann, wenn die Auseinandersetzung mit literarischen Texten primär als Übung in „moralischer Urteilskraft" praktiziert wird, Erzähltexte also im Rahmen restriktiver Formen des Unterrichtsgesprächs auf einen kontingenten normativen Gehalt reduziert werden (i.S. von „Was ist die Moral von der Geschichte?", „Was will der Autor damit sagen?"). Erzähltexte werden damit gerade nicht als Literatur – i.S. vielschichtiger Handlungsabläufe, latenter Sinnebenen, der Bedeutung von Figuren für den Fortgang der Erzählung (kurz: der konstruktiven Seite des literarischen Erzählens) – thematisch, sondern eher als verschlüsselte Anweisungen zu „richtigem" Verhalten. Das, was der Schüler dann als „langweilig" empfinden mag, kann durchaus mit einer solchen „Fiktionalisierung" von Literatur zusammenhängen, die sich vollzieht, noch bevor ein Schüler in der Lage versetzt wird, nicht nur seine, sondern auch die Erfahrungswelten anderer im Medium von Texten zu artikulieren (vgl. dazu Hurrelmann 1980).

Man könnte jetzt fragen, was das alles mit populärer Kultur zu tun habe. Die Antwort lautet: sehr viel. Wie einleitend angekündigt, sind die hier vorgetragenen Überlegungen in Bezug auf die kognitive Eigenleistung des Schülers formuliert (was nicht heißt: unter Umgehung pädagogischer Intentionen). Soziologisch ausgedrückt: Beim Rückgriff auf Wissens- und Erfahrungsbestände des Alltags geht es zunächst nicht um die Fremdselektion durch den Lehrer, sondern um die Selbstselektion durch den Schüler.[34] Das heißt, erst wenn Schrift in ihren kommunikativen und Erfahrungsdimensionen im Unterricht auch betont und sukzessive darin transparent wird, können Bezüge zur Alltagskultur angeregt werden bzw. sich überhaupt einstellen. Vereinfacht ausgedrückt: Man muss eine Sache „richtig" verstanden haben,

---

hältnis gesprochen werden müsste. Aber die Lesefähigkeit ist auf diesem Niveau unzulänglich und wenig stabil." (Haueis 2004: 30)

33 „Schrift erschließt einen für keinen Einzelnen mehr ausschöpfbaren Möglichkeitsraum, der stabil bleibt, auch wenn die Inhalte wechseln [...]. Schrift ‚potentialisiert' Kultur, indem sie auch Nichtgeschriebenes aufbewahrt als etwas, was man bei Bedarf schreiben könnte. [...] Das erzwingt Selektionsmethodik, erzwingt Konsequenzenlernen, erzwingt den Übergang von situativen zu systematischen Relevanzen" (Luhmann 2004a: 177).

34 Zum theoretischen Hintergrund der Unterscheidung von Fremd- und Selbstselektion vgl. Luhmann 2004.

um sie zu anderen Dingen in Beziehung setzen zu können. Das heißt, wenn die Eigenständigkeit von Schriftkultur dem Schüler durchsichtig wird, wird er zugleich auch in die Lage versetzt, eigene lebenspraktische Bezüge und intellektuelle Gewinne – und darin: Bezüge zu seiner Alltagskultur – zu entwickeln bzw. kann der Rückgriff auf diese das schulische Lernen wiederum katalysieren.[35] Also auch hier sollte der außerschulische Alltag in seinen diffusen Anregungspotenzialen[36] nicht unterschätzt werden.[37] Ein Rückgriff auf Wissens- und Erfahrungsbestände stellt sich nicht erst durch eine pädagogische Absicht und schon gar nicht erst im Rahmen des Schulunterrichts ein; dies kann getrost dem Schüler selbst überlassen werden – er ist dann dafür kompetent (wer sonst?) –, weil er nicht daran gehindert wird. Die Hereinnahme von populärer Kultur in den Unterricht zur Entwicklung gemeinsamer generativer Themen (wie dies z. B. im Rahmen dialogischer Unterrichtspraxis geschieht) setzt genau darauf und hat eine solche Transparenz des Lerngegenstandes zur Voraussetzung.

4   Schluss

Die Frage nach den Grenzen schulischer Instruktionsformen oder den Beschränkungen anachronistischer Bildungsverständnisse im Medium populärer Kultur zu reflektieren – auch darauf sollten die Überlegungen des letzten Abschnittes hinführen – bedeutet nicht, so zu tun, als resultiere jeglicher Widerstand nur aus den Defiziten der Schule, deren Sinn demnach nur darin bestünde, den Schüler in seiner „natürlichen" Entwicklung zu behindern,[38] also nur einseitig nach solchen Widerständen zu fragen, die sich aus einer didaktisierten Form schulischer Instruktion ergeben. Mit einer solchen Vereinseitigung würde man sich dem Risiko aussetzen, für Problemstellungen unsensibel zu werden, die zum Kernbestand einer überlegten pädagogischen Kunstfertigkeit gehören: dass Lernen im Resultat eines kognitiven Differenzierungsprozesses *immer* mit dem Aufbau von Widerständen verbunden ist, die verhindern mögen, sich andere (und nicht unbedingt auch schwie-

---

35 Darin eingeschlossen ist ebenso ein Kontingentsetzen der Alltagskultur selbst, was meint, dass sie nicht bestimmt (und dies allein gar nicht vermag), was an Lehrstoffen angeeignet wird und was nicht.

36 Diffus meint hier nicht „undeutlich" oder „unklar", sondern, in Anlehnung an die Unterscheidung von Talcott Parsons, unspezifisch (vgl. Parsons 1951).

37 Wie das oftmals unter dem Stichwort „anregungsarmes Milieu" geschieht.

38 Gemeint sind hier die Diskussionen von und im Anschluss an Piaget.

rigere) Lerngegenstände zu erschließen. Wenn man dies akzeptieren kann und zugleich im Blick behält, könnte eine pädagogische Beschäftigung mit populärer Kultur – gerade in einer um der Distanzierung willen reizvollen übersteigerten Emphase – eine Bedeutung gewinnen. Die Programmatik hierfür hat ein in den schulpädagogischen Diskursen der 1970er Jahre populärer (!) Soziologe in schlichter Klarheit zum Ausdruck gebracht: „Wenn die Kultur des Lehrers Teil des Bewusstseins des Kindes werden soll, dann muss die Kultur des Kindes zuerst im Bewusstsein des Lehrers vorhanden sein" (Bernstein 1981: 290). Ob dies auch heute eine reale Möglichkeit ist, sei dahingestellt.

5 Literatur

Balàzs, Béla (1972): Der Geist des Films. Frankfurt am Main: Makol.

Bekerman, Zvi/Burbukes, Nicholas C./Silberman-Keller, Diana (Hg.) (2007): Learning in Places. The Informal Education Reader. New York: Peter Lang.

Bernstein, Basil (1981): Eine Kritik des Begriffs „kompensatorische Erziehung". In: ders.: Studien zur sprachlichen Sozialisation. Frankfurt am Main: Ullstein, S. 278–291.

Bernstein, Basil (1981a): Klassifikation und Lehrrahmen bei der schulischen Wissensvermittlung. In: ders.: Studien zur sprachlichen Sozialisation. Frankfurt am Main: Ullstein, S. 292–324.

Breidenstein, Georg (2006): Teilnahme am Unterricht. Ethnographische Studien zum Schülerjob. Wiesbaden: VS Verlag für Sozialwissenschaften.

Dehn, Mechthild (1990): Acquisition of Writing and Reading Skills at School: Cultural Technique or Elementary Writing Culture? In: Higher Education in Europe 15, S. 35–47.

Dehn, Mechthild (1999), Lesenlernen – Lesenlehren. In: Franzmann, Bodo (Hg.): Handbuch Lesen. München: Saur, S. 568–584.

Dreeben, Robert (1980): Was wir in der Schule lernen. Frankfurt am Main: Suhrkamp.

Ewers, Hans-Heino (Hg.) (2002): Lesen zwischen neuen Medien und Pop-Kultur. Weinheim: Juventa.

Fecho, Bob/Botzakis, Stergios (2007): Feast of becoming. Imagining a literacy classroom based on dialogic beliefs. In: Journal of Adolescent and Adult Literacy 50, 7, S. 548–558.

Fisher, Roy/Harris, Ann/Jarvis, Christine (2008): Education in Popular Culture. Telling Tales on Teachers and Learners. London: Routledge.

Fluck, Winfried (1987): Popular Culture as a Mode of Socialization. A Theory about the Social Functions of Popular Cultural Forms. In: Journal of Popular Culture 21, 3, S. 31–46.

Gee, James Paul (2007): What Video Games have to teach us about Learning and Literacy. New York: Palgrave MacMillan.

Giroux, Henry A. (1994): Disturbing Pleasures. Learning Popular Culture. New York: Routledge.

Haueis, Eduard (2004): Im toten Winkel: Leseförderung und Schriftspracherwerb. In: Härle, Gerhard/Rank, Bernhard (Hg.): Wege zum Lesen und zur Literatur. Baltmannsweiler: Schneider Verlag Hohengehren, S. 21–34.

Hurrelmann, Bettina (1980): Erzähltextverarbeitung im schulischen Handlungskontext. In: Ehlich, Konrad (Hg.): Erzählen im Alltag. Frankfurt am Main: Suhrkamp, S. 296–334.

Johnson, Steven Berlin (2006): Everything Bad is Good for You. Why Popular Culture is making Us Smarter. London: Penguin Books.

Lévi-Strauss, Claude (1993): Nachträgliche Anmerkungen zur Kreativität des Kindes. In: ders.: Der Blick aus der Ferne. Frankfurt am Main: Fischer, S. 386–400.

Lehtinen, Erno (1994): Institutionelle und motivationale Rahmenbedingungen und Prozesse des Verstehens im Unterricht. In: Reusser, Kurt/Reusser-Weyeneth, Marianne (Hg.): Verstehen: Psychologischer Prozeß und didaktische Aufgabe. Bern: Huber, S. 143–162.

Luhmann, Niklas (2004): Erziehender Unterricht als Interaktion. In: ders.: Schriften zur Pädagogik. Frankfurt am Main: Suhrkamp, S. 11–23.

Luhmann, Niklas (2004a): Das Kind als Medium der Erziehung. In: ders.: Schriften zur Pädagogik. Frankfurt am Main: Suhrkamp, S. 159–186.

MacMillan, Donald L. (1982): Mental Retardation in School and Society. Boston, Toronto: Little, Brown and Company.

Moebius, Stephan/Quadflieg, Dirk (2010): Kultur. Theorien der Gegenwart. Wiesbaden: VS Verlag für Sozialwissenschaften.

Oevermann, Ulrich (1977): Sprache und soziale Herkunft. Frankfurt am Main: Suhrkamp.

Overwien, Bernd (2006): Informelles Lernen – zum Stand der internationalen Diskussion. In: Rauschenbach, Thomas/Düx, Wiebken/Sass, Erich (Hg.): Informelles Lernen im Jugendalter. Vernachlässigte Dimensionen der Bildungsdebatte. Weinheim: Juventa, S. 35–62.

Parsons, Talcott (1951): The Social System. New York: The Free Press.

Pfaff, Nicole (2008): Zum Verhältnis von Schule und Jugendkultur: Entfaltungskontext und Gegenwelt. In: Grunert, Cathleen/Wensierski, Hans-Jürgen von (Hg.): Jugend und Bildung. Modernisierungsprozesse und Strukturwandel von Erziehung und Bildung am Beginn des 21. Jahrhunderts. Opladen & Farmington Hills: Verlag Barbara Budrich, S. 165–182.

Robert, Günther/Hein, Stephan (2010): Moderne Kindheiten. Funktionale Autonomie als paradox wirkende Zielbestimmung von Sozialisation und pädagogischem Handeln. In: Robert, Günther/Pfeifer, Kristin/Drößler, Thomas (Hg.): Aufwachsen in Dialog und sozialer Verantwortung. Wiesbaden: VS Verlag für Sozialwissenschaften.

Salomon, Gavriel (1979): Interaction of Media, Cognition and Learning. An exploration of how symbolic forms cultivate mental skills and affect knowledge acquisition. San Francisco: Jossey Bass Publishers.

Sturzenhecker, Benedikt/Riemer, Christoph (Hg.) (2005): Playing Arts. Impulse ästhetischer Bildung für die Jugendarbeit. Weinheim: Juventa.

Willis, Paul (1977): Learning to Labour. How Working Class Kids get Working Class Jobs. Farnborough, Hants: Saxon House.

Lernvermeidung: nicht lernen zu lernen

Roland Schleiffer

1   Einleitung

Die Ergebnisse der PISA-Studie haben, wenn auch mit einer gewissen Verzögerung, auf die besonderen Herausforderungen aufmerksam gemacht, die unserem Bildungssystem auch und gerade durch die sogenannten lernschwachen Schüler und Schülerinnen erwachsen. Dabei lässt sich eine gestiegene Sensibilität nicht nur für Kinder und Jugendliche konstatieren, deren Lernprozesse erwartungswidrig nur geringe Erfolge aufweisen, sondern auch für deren professionelle Erzieher, denen diese Kinder und Jugendlichen den pädagogischen Erfolg versagen. Im Folgenden soll es um solche Schüler und Schülerinnen gehen, die im Schulsystem wegen ihrer besonderen Lernschwierigkeiten als „lernbehindert" gelten, wobei der Begriff Lernbehinderung als Sammelbegriff zur Umschreibung längerfristig erschwerten Lern- und Leistungsverhaltens eingesetzt wird (vgl. Kanter/Scharff 2002: 155). Das Lernverhalten dieser Kinder und Jugendlichen wird durchgehend als defizitär beschrieben. Insbesondere Defiziten des Planens, der Steuerung und der Kontrolle des eigenen Handelns wird dabei zentrale Bedeutung zugeschrieben. Demnach überwachen und steuern diese SchülerInnen ihr Lernverhaltens ungenügend und setzen nur wenige metakognitive Strategien ein. In den letzten Jahren wird allerdings zunehmend auch auf die Bedeutung motivationaler Einstellungen hingewiesen. Kinder und Jugendliche mit Lernschwierigkeiten sind zumeist zum Lernen nur wenig motiviert. Auch wenn sie durchaus über adäquate Lernstrategien verfügen, wenden sie diese nicht im Sinne eines Nutzungsdefizits an (Tusch et al. 2002). Sie wollen nicht lernen, zumindest nicht das, was das Erziehungssystem ihnen zum Lernen aufgibt. Bezüglich ihrer Lernfähigkeit haben sie negative, selbstabwertende Überzeugungen gebildet. Ohne Selbstvertrauen in ihre intellektuelle Leistungsfähigkeit und überzeugt davon, die eigenen Lernleistungen nicht kontrollieren zu können, fühlen sie sich kaum verantwortlich für das eigene Lernen. Sie investieren wenig Zeit und Mühe zur Lösung einer Aufgabe, unabhängig von deren Schwierigkeitsgrad (Fritz/Funke 2003). Ihre Lernstrategien imponieren daher als ineffektiv.

Hat man Probleme, wird üblicherweise dazu geraten, in einem ersten Schritt das Problem möglichst genau zu definieren, um dann in einem zweiten Schritt nach Problemlösungsmechanismen suchen zu können. Da diesen Schülern und Schülerinnen attestiert wird, das Lernen nicht gelernt zu haben, wird daher scheinbar folgerichtig den LehrerInnen aufgetragen, diese das Lernen zu lehren, d.h., ihnen das Wissen darüber zu vermitteln, wie richtig zu lernen sei. Angesichts dieser Forderung stellt sich allerdings die Frage, wie man sich eine solche pädagogische Intervention mit dem Ziel eines besseren Lernen-Lernens vorzustellen habe, wenn sich doch die betreffenden Kinder und Jugendlichen nicht oder nur wenig zum Lernen motiviert zeigen. Wenn schon die Motivation zum Lernen gering ist, weshalb sollte man dann gerade eine Motivation zum Lernen-Lernen erwarten können? Die folgenden Überlegungen gehen daher umgekehrt vor. Systemtheoretisch inspiriert (vgl. Luhmann 1984; 2002) werden die Lernstörungen der Kinder und Jugendlichen erst einmal nicht als Problem in den Blick genommen, sondern sie werden als Problemlösungsversuch aufgefasst, um daraufhin das Problem bestimmen zu können, für welches das auffällige Verhalten, in diesem Falle die Lernstörung, zur Problemlösung eingesetzt wird. Diese Methode der funktionalen Analyse (Luhmann 1984: 83 ff.) soll die Möglichkeit eröffnen, nach Mechanismen Ausschau halten zu können, welche das Problem auf eine andere Weise lösen könnten. Die gefundenen funktional äquivalenten Mechanismen sollten allerdings nicht mit allzu vielen Nachteilen verbunden sein, weder für die betreffenden Schüler und Schülerinnen noch für die betroffenen Lehrkräfte. Im Folgenden soll daher die These expliziert werden, dass für manche sogenannten lernschwachen Kinder und Jugendliche ihr besonderes Lernverhalten eine Problemlösungsstrategie darstellt.

2   Lernvermeidung als Problemlösung

Will ein komplexes System wie etwa das psychische System eines Schülers bzw. einer Schülerin überleben, hat es sich an die Umweltbedingungen anzupassen, so auch an die Schule. Es hat also zu lernen, d.h. neues Wissen zu erwerben, da seine Umwelt sich im Laufe der Zeit stetig verändert. Insofern lässt sich Lernen auch nicht vermeiden (Willke 2004: 48). Was das Kind eher vermeiden kann, ist das explizite oder bewusste Lernen, zumal in der Schule, in der ein Blick auf den Stundenplan bereits darüber informiert, mit welchem Wissensangebot es wann konfrontiert werden wird. Vor allem kann das Kind seine Neugier kontrollieren und im Bedarfsfall auch zurücknehmen. Bei der Neugier handelt es sich um ein angeborenes Motivsystem, das ausgelöst wird „durch neue, komplexe und inkongruente Sachverhalte, die bei einem Lebewesen subjektive Unsicherheit hervorrufen" (Schölmerich/Lengning 2004: 199). Explorationsverhalten kann dann diese Unsicherheit reduzieren. Es kommt zu neuem Wissen. Lerngestörte Kinder und Jugendliche zeichnen sich durch geringe Neugier aus. Sie haben offensichtlich erfolgreich gelernt, ihr Explorationsverhalten zu kontrollieren. Zumindest in der Schule scheinen sie sich kein neues Wissen aneignen zu wollen. Allerdings hat man davon auszugehen, dass es zu diesem besonderen Umgang mit Exploration und Wissensbeständen in der Regel schon weit vor dem Eintritt in die Schule gekommen ist. Ein Fallbericht soll diese Zusammenhänge veranschaulichen:

Für den 14-jährigen Clemens, der seit vielen Jahren in einem Heim lebte, wurde von der Heimleiterin ein Termin beim Kinderpsychiater vereinbart mit der Fragestellung, ob der Junge sexuell missbraucht worden sein könnte. Von seinen Eltern wurde Clemens verwahrlost. Die Mutter bewohnte nach ihrer Trennung vom Vater des Jungen zusammen mit ihrem neuen Partner ein Haus mit vielen Tieren. Es hieß, die Lebensverhältnisse wären chaotisch. Es sei ein regelrechter Messie-Haushalt. Der Junge selbst besuchte die Sonderschule für Lernbehinderte.

Clemens war ein schmaler, schlaksiger, schwächlich erscheinender Junge mit abstehenden Ohren. Sein Gesichtsausdruck ließ an eine Alkoholembryopathie denken. Motorisch war er ausgesprochen ungeschickt. Er selbst gab an, dass er im Sport schlecht sei. Fußballspielen sei nicht seine Stärke. Dies mache ihm auch keinen Spaß. Clemens gehörte sicherlich zu den Jungen, die beim Fußballspiel anlässlich der Mannschaftswahl immer übrig bleiben, um dann als letzte einer Mannschaft zugeteilt zu werden. Auch bestand eine leichte Sprachstörung. Der puberale Wachstumsschub hatte bei seinen No-name-Jeans für beträchtliches „Hochwasser" gesorgt. Clemens erschien einfach „uncool". Nach alledem konnte es nicht überraschen, dass er sich in seiner Schule hervorragend als „Bully"-Opfer eignete.

Der Junge berichtete denn auch, dass er an dem fraglichen Vormittag in seiner Klasse wieder einmal von einigen seiner Mitschüler mit Schlägen traktiert und bedroht worden sei. Er habe daraufhin die Schule verlassen und sei in die nächstbeste U-Bahn eingestiegen, um einfach in die Stadt zu fahren. Als er am Bahnhof ausgestiegen sei, habe er sich übergeben müssen. Das habe ein etwa 30-jähriger Mann beobachtet. Dieser habe sich freundlich um ihn gekümmert und habe ihm angeboten, sich in seiner Wohnung reinigen zu können. Clemens sei dann mit diesem Mann in dessen Wohnung gegangen, wo er sich gewaschen und seine Kleidung wieder in Ordnung gebracht habe. Auch sei ihm Essen und Trinken angeboten worden. Der Mann habe ihm daraufhin nahegelegt, sich ins Bett zu legen, um sich auszuruhen. Das habe er auch getan. Der Mann habe sich dann aber zu ihm gelegt und sei dann sexuell zudringlich geworden. Er, Clemens, habe dies aber nicht gewollt, habe sich angezogen und schnell die Wohnung verlassen. Der Mann habe ihn daran nicht gehindert.

Die Frage, ob er denn seinen Lehrern nicht von der Bedrohung durch die Mitschüler berichtet habe, verneinte Clemens. Das bringe doch nichts. Er habe dies schon öfters kundgetan. Von der Rektorin sei ihm aber gesagt worden, dass es Sache der Schüler selbst sei, wie sie miteinander auskämen. Sie müssten sich eben einigen. – Von der Heimleiterin wurde auf die spätere skeptische Nachfrage des Psychiaters bestätigt, dass die Rektorin der Schule tatsächlich ein solches pädagogisches Prinzip vertrat. Die Schüler hätten ihre Angelegenheit nach Möglichkeiten selbst zu regeln. Man wolle sich von Lehrerseite da nicht einmischen. – Im weiteren Verlauf des Gesprächs wurde der Junge gefragt, warum er sich denn überhaupt im Heim befände. Clemens beantwortete diese Frage damit, dass seine Mutter zwei Katzen zu versorgen habe und es sich daher nicht leisten könne, ihn auch noch zu versorgen. Auch auf die nach einer Schrecksekunde nochmals gestellte Frage bestätigte er diese Begründung. Dies tat er ohne jegliches Zeichen von Ironie. Clemens erwartete augenscheinlich nicht, dass sein Gesprächspartner überrascht oder gar entsetzt sein könnte ob dieser Information.

Was vor allem auffällt, ist, dass Clemens erst gar nicht erwartete, in und von der Kommunikation adressiert zu werden. Er hielt sich einfach für nicht der Rede wert, weder in seiner Herkunftsfamilie bei seiner Mutter noch in der Schule oder in der Heimeinrichtung. Er verfügte mithin nur über einen geringen Selbstwert. Er rechnete nicht damit, dass man sich mit ihm beschäftigen könnte. Eine Änderung dieser Situation schien er nicht oder vielleicht auch nicht mehr anzustreben. Vielmehr verhielt er sich eher passiv, beteiligte sich kaum an der Kommunikation, antwortete immer nur auf ihm gestellte Fragen, wie er sich überhaupt eher treiben ließ und grundsätzlich eher vermied, Pläne zu machen. Er erwartete von niemandem Hilfe und fragte auch nicht danach. Diesbezüglich sorgte er dafür, dass er in seinen Erwartungen auch nicht enttäuscht werden konnte.

Die Begründung für den Heimaufenthalt, die Clemens ausgesprochen sachlich-nüchtern vortrug, ist sicherlich überaus auffällig. Damit schaffte er es, dass sich Entsetzen und Empörung beim Zuhörer einstellten. Vielleicht konnte der Junge sich auch ein akzeptables Mutterbild erhalten, wenn er diese als dermaßen tierlieb darstellte. Zumindest attribuierte er ihr keine egoistischen Motive. Die Tatsache, dass er diese Begründung allerdings auch in keiner Weise infrage stellte, lässt aber auch vermuten, dass er es vermied, diesbezüglich etwas in Erfahrung bringen zu wollen. Wahrscheinlich befürchtete er, weitere Informationen zu diesem Thema könnten ihn doch zu sehr kränken, könnten ihn zu sehr verstören, wenn sie, mit Bateson (1981) gesprochen, einen zu großen Unterschied ausmachen würden. Insofern weigerte er sich, neues Wissen zu erwerben. Er kontrollierte die Informativität, um das Enttäuschungsrisiko zu begrenzen. Will man weiter spekulieren, ließe sich die ihm attestierte Lernbehinderung als generalisierte Lernvermeidung oder Lernverweigerung interpretieren, der die Funktion zukommt, als negativ erwartete und befürchtete Irritationen erfolgreich zu vermeiden.

Will man die Ursachen für das auffällige Verhalten des Jungen erkunden, muss man sich zuvor darüber einigen, über welchen Sachverhalt man kausale Überlegungen anstellen möchte. Bei dem Jungen waren Teilleistungsschwächen sowie eingeschränkte intellektuelle Fähigkeiten diagnostiziert. Dieses Handicap dürfte den Spielraum für funktional äquivalente Problemlösungsmechanismen deutlich eingeschränkt haben, dies vor allem auch in einer Gleichaltrigengruppe, bei der gehäuft ähnliche Probleme vorliegen dürften und von der daher auch nur ein geringes entwicklungsförderndes Potenzial zu erwarten ist. Allerdings provoziert dieser Fall zuallererst kausale Überlegungen auf der sozialen Ebene. Diese betreffen zum einen seine Herkunftsfamilie, dann aber auch die Schule, die offensichtlich ein doch mehr als zweifelhaftes pädagogisches Konzept vertrat, zuletzt aber auch das Heim. Auch in diesem Heim schützten sich die ErzieherInnen vor Enttäuschungen, indem sie grundsätzlich abwarteten, bis die Kinder und Jugendlichen von sich aus ihre Beziehungswünsche artikulierten. Diese Haltung muss allerdings bei Kindern, deren prekäre familiäre Erfahrungen es ihnen ratsam erscheinen ließ, bei der Äußerung von Beziehungswünschen zurückhaltend zu sein, dazu führen, dass ihre Erwartungen systematisch bestätigt werden. Insofern wird man auf der psychologischen Ebene auch nicht umhin kommen, zuzugestehen, dass Clemens sich gewissermaßen seine Kausalität selbst besorgte, indem er seine Erfahrungswelt überraschungsfrei konstruierte. Das betrifft auch seine durchaus depressiv anmutende Erwartung, von sich selbst kaum etwas zu erwarten.

Die Frage stellt sich, warum sogenannte lernbehinderte Kinder und Jugendliche immer wieder den Erwerb neuen Wissen geradezu systematisch zu vermeiden suchen. Schließlich sollte es doch vorteilhaft sein, sein Wissen zu vergrößern. So erweitert Wissen doch den eigenen Spielraum. Wissen soll ja bekanntlich Macht bedeuten. Wissen kann aber doch auch Nachteile mit sich bringen. Zum einen erzeugt es immer auch Nichtwissen. Man weiß dann, dass man so vieles nicht weiß und dass es noch viel und gar zu viel zu lernen gibt. Zum anderen birgt neues Wissen die Gefahr in sich, dass die anfallenden Informationen, wie es bei Clemens der Fall gewesen sein dürfte, zu sehr verstören. Will das Kind vermeiden, durch neues Wissen allzu sehr verunsichert zu werden, wird es zu seinem Schutz an seinen Wissensbeständen festhalten und sich als nicht lernbereit ausweisen. Wenn schon Lernen letztlich nicht zu vermeiden ist, so kann das Kind doch vermeiden, neugierig zu sein und zu explorieren. Bei einer solchen Lernstörung besteht bei dem betreffenden Kind dann eine Angst vor dem Lernen.

Bei der Explorationsvermeidung handelt es sich keineswegs um einen ungewöhnlichen oder gar pathologischen Hilfemechanismus. In der Redensart „Was ich nicht weiß, macht mich nicht heiß" kommt denn auch nicht zufällig eine sprichwörtliche Weisheit zum Ausdruck. Allerdings gehört die Redensart in ein Goethe-Gedicht aus dem Jahre 1827, das vollständig zitiert heißt:

„Was ich nicht weiß,
macht mich nicht heiß.
Und was ich weiß,
Machte mich heiß,
Wenn ich nicht wüßte,
Wie's werden müßte."

Wie Goethe erkannt hat, geht es eben nie nur um Wissen allein, sondern immer um das Verhältnis von Wissen und Nichtwissen. Erst ein Wissen im Sinne eines Erwartungswissens macht aus einem Nichtwissen ein zum Explorieren motivierendes Noch-nicht-Wissen. Verfügt man darüber nicht, liegt es nahe, nicht wissen zu wollen. Lerngestörte Kinder zeigen denn auch immer wieder einen besonderen Umgang mit Wissen und Nichtwissen, der sich als „dumm" bezeichnen lässt, wenn sie Nichtwissen eben nicht als ein Noch-nicht-Wissen ansehen, das dazu motivieren könnte, sich auf Unbekanntes einzulassen, das alte Wissen verlernen und neues Wissen erlernen zu wollen. Während intelligente TeilnehmerInnen an der pädagogischen Kommunikation um ihr Nichtwissen wissen, dabei aber auch wissen, was alles sie bereits wissen, neigen lerngestörte Kinder und Jugendliche dazu, sowohl ihr Wissen als auch ihr Nichtwissen zu überschätzen. Sie halten rigide an ihrem Wissen fest, dass sich explizites Lernen und damit der Erwerb neuen Wissens nicht lohnt. Auf diese Zusammenhänge hat vor geraumer Zeit bereits der amerikanische Psychologe Abraham Maslow hingewiesen. Er schrieb, dass „ein Mangel an Neugier (...) ein aktiver oder passiver Ausdruck von Angst und Furcht sein" könne.

Das heiße, „wir können Wissen suchen, um Angst zu vermindern, und wir können Wissen auch vermeiden, um Angst zu vermindern. Um es in Freudscher Sprache zu sagen: Desinteresse, Lernschwierigkeiten und Pseudo-Debilität können ein Schutz sein" (Maslow 1962, zit. bei Haronian 1967). Diese angstmindernde Strategie ist bekanntlich ubiquitär. Für viele Eltern dürfte der folgende Dialog mit ihrem Kind durchaus vertraut sein, wenn es galt, dieses zum Ausprobieren einer neuen Speise zu animieren. „Das schmeckt mir nicht. – Aber du hast es doch noch gar nicht probiert. – Ich mag's trotzdem nicht!"

Schon dieses triviale, aber doch durchaus erfahrungsgesättigte Beispiel macht deutlich, wie machtvoll diese explorationsvermeidende Attitüde sein kann. Der Erfolg von Erziehung hängt schließlich davon ab, ob und wie die zu Erziehenden hinreichend flexibel mit der Differenz von Wissen und Nichtwissen umzugehen wissen. In der Schule sind es dann nicht die leidgeprüften natürlichen ErzieherInnen, sondern die professionellen Pädagoginnen und Pädagogen, die sich machtlos fühlen angesichts der Explorationsverweigerung seitens ihrer SchülerInnen. Diese entziehen sich erfolgreich ihrer Adressierung in der pädagogischen Kommunikation, womit sie ihre LehrerInnen immer wieder hilflos machen. Bekanntlich gehört die Bekundung von Langeweile (Nett et al. 2010), etwa ein trüber Blick oder ein lautes Gähnen, zu den wirkungsvollsten Machtdemonstrationen der Zöglinge, wenn sie gegen die Erziehungsabsicht intervenieren. Es sieht dann so aus, als ob sich diese lernschwachen SchülerInnen geradezu darum bemühen, nicht zu lernen und so, die Wissensbestände bewahrend, ihre „Ignoranz" erfolgreich aufrechtzuerhalten (Simon 1997). Sie bestreiten und nivellieren systematisch die Relevanz der ihnen angebotenen Information, um sich von ihnen nicht verunsichern zu lassen. Da die kommunikativen Beiträge der Lehrerinnen und Lehrer in einem solchen Fall ins Leere laufen, bleibt deren Adresse ebenfalls undeutlich. Die Gefährdung der eigenen Adresse mobilisiert dann beim Pädagogen negative Affekte, welche das bedrohte Selbstkonzept sichern sollen. Schließlich müssen sie erleben, dass ihre Bemühungen um Wissensvermittlung von ihren Zöglingen nicht durch eine

Aneignung des angebotenen Wissens oder Könnens honoriert werden (vgl. Kade 2004: 205). Insofern sind „lernbehinderte" Kinder und Jugendliche auch erziehungsschwierig. Definiert man mit Weinert (1982: 102) selbstgesteuertes Lernen als ein Lernen, bei dem „der Handelnde die wesentlichen Entscheidungen, ob, was, wann, wie und woraufhin er lernt, gravierend und folgenreich beeinflussen kann", wird man nicht umhin kommen können, deren Lernverhalten als in hohem Maße selbstgesteuert und autonom beobachten zu müssen. Dass es sich hierbei nicht um die Form der Selbststeuerung handelt, die der moderne pädagogische Diskurs als so überaus erstrebenswert thematisiert (vgl. etwa Konrad/Traub 2009), steht allerdings außer Frage.

3   Problem und Problemgenese

Versteht man die Lernstörung oder auch die „Lernbehinderung" bei einer Reihe von Kindern und Jugendlichen nicht als Ausdruck eines Defizits, sondern sieht in der Lern- bzw. Explorationsvermeidung ein Handeln, das als Versuch einer Problemlösung eingesetzt wird (Schleiffer 2005), dann stellt sich die Frage, wie sich das Problem beschreiben lässt, für dessen Lösung das auffällige und immer wieder störende Verhalten infrage kommt. Das Problem lässt sich bestimmen als Gefährdung des psychischen Systems angesichts einer zu komplexen Umwelt, welche dessen Informationsverarbeitungsmöglichkeiten insbesondere dann überfordert, wenn diese aufgrund einer intellektuellen Minderausstattung nur begrenzt sind. Lernen gerät diesen Kindern und Jugendlichen daher zur Zumutung, und zwar nicht erst und auch nicht nur in der Schule, dort aber besonders drastisch, ist diese Institution doch auf Lernen spezialisiert. In der Schule kann sich das Kind daher explizitem Lernen nicht so ohne Weiteres entziehen. Geht man davon aus, dass Kinder im Sinne eines angeborenen „Lerntriebs" von Natur aus neugierig sind und dass Lernerfolge positive Affekte hervorrufen, dann wird man postulieren müssen, dass explorationsunwillige Kinder zu wenig Gelegenheit hatten, erfolgreiche explizite Lernprozesse durchzuführen. Die überwiegend enttäuschenden Erfahrungen werden dann internalisiert und generalisiert zu einem Selbstkonzept eines schlechten Lerners. Der Nutzen einer solchen metakognitiven Selbstbeschreibung liegt zum einen darin, dass man sich nun berechtigt fühlt, das explizite Lernen nach Möglichkeit zu meiden, zum anderen darin, dass dadurch die Kränkungsgefahr begrenzt werden kann. Schließlich ist es doch weitaus weniger kränkend, nicht lernen zu wollen als nicht lernen zu können.

Ohne Zweifel bestehen die Lernprobleme bei lernschwachen oder lerngestörten Kindern und Jugendlichen schon lange vor ihrem Eintritt in die Schule. Exploratives Verhalten ist für sie nicht nur nicht attraktiv, sondern mit Angst verbunden. Das Explorationsverhalten wird daher gemieden. Bisweilen ließ sich gar eine Explorationsphobie attestieren. Ähnlich wie auch sonst bei Menschen mit einer Angststörung dürfte sich auch bei diesen Kindern mit der Zeit eine Intoleranz für Unsicherheit (Gerlach et al. 2008) entwickeln. Da phobisches Verhalten, das die angstauslösende Situation vermeidet, geeignet ist, Angst und Unsicherheit zu mindern, wird sich dieses Verhalten verstärken im Sinne einer negativen Verstärkung. Zwei Bedingungen lassen sich bei lerngestörten Kindern und Jugendlichen beobachten, die im Sinne von Risikofaktoren die Wahrscheinlichkeit erhöhen, dass ihnen das vonseiten der Erwachsenen aufgetragene Lernen zu einer frustrierenden Erfahrung wird. Zum einen verfügen sie nur über schwache intellektuelle Ressourcen. Daraus erwächst die Gefahr, dass sie immer wieder ihre Lernaufgaben nicht erfolgreich erfüllen können. Zum anderen stehen ihnen die frühen Bezugspersonen nicht als ausreichende Sicherheit gewährende Bindungspersonen zur Verfügung (vgl. Grossmann/Grossmann 2004). Auf den Bindungsaspekt der Lernstörung soll im Folgenden näher eingegangen werden. Befunde der Bindungsforschung vermögen die Mechanismen, die den bekannten psychosozialen und insbesondere familiären Risikokonstellationen für eine verminderte kognitive Kompetenz, für schlechte Schulleistungen und letztlich für das Ausbleiben des Bildungserfolgs zugrunde liegen, zu erhellen. Dabei beeinflusst die Bindung das Lernverhalten des Kindes oder des Jugendlichen auf zwei Wegen, zum einen indirekt über jeweilige Bindungsbeziehung zu den Eltern, zum anderen indirekt über die Beziehung zu den jeweiligen LehrerInnen, die in unterschiedlichem Ausmaß immer auch Bindungsaspekte aufweist (vgl. Bergin/Bergin 2009).

4 Bindungstheoretische Grundannahmen

Der britische Kinderpsychiater und Psychoanalytiker John Bowlby (1975; 1976; 1983), zusammen mit Mary Ainsworth Begründer der Bindungstheorie, formulierte folgende fünf Grundannahmen:

1. Bindung ist eine besondere, anhaltende, emotional begründete Beziehung eines Kleinkindes zu seinen Eltern oder beständigen Bezugsperso-

nen. Bei der Bindung handelt es sich um ein wesentliches Merkmal der Eltern-Kind-Beziehung.

2. Die Bindungsbeziehung ist zu unterscheiden von Abhängigkeit.
3. Das Bindungssystem ist bei höheren Tieren und beim Menschen eines der biologisch fundierten Verhaltenssysteme mit evolutiven Vorteilen.
4. Die Erfahrungen des Kindes mit seinen Bindungspersonen finden ihren Niederschlag in psychischen Repräsentationen, den sogenannten inneren Arbeitsmodellen
5. Bestimmte Repräsentationen von frühen Bindungserfahrungen weisen einen Zusammenhang auf mit späterer psychopathologischer Auffälligkeit.

Auch wenn dieses biologisch begründete Bedürfnis nach Nähe zu einer Bindungsperson, die in Situationen von Kummer, Angst und Stress als sichere Basis zur Verfügung steht, im Kindesalter am deutlichsten zu beobachten ist, besteht es doch lebenslang, „von der Wiege bis zum Grab" (Bowlby 1982: 159 f.). Mit zunehmendem Alter besteht die Funktion des Bindungssystems dann eher darin, ein Gefühl von Sicherheit zu vermitteln, in der Überzeugung, dass eine solche Bindungsperson grundsätzlich zur Verfügung steht (Sroufe/Waters 1977). Bindungsbeziehungen sind typisch asymmetrisch konfiguriert. Schutz und Fürsorge sind nur von einem Menschen zu erwarten, der diesbezüglich als „stronger and wiser" (Bowlby 1982: 159) erlebt wird.

Die ersten Bindungsbeziehungen geht das Kind zu den Personen ein, von denen es anfänglich versorgt wird. In der Regel sind dies die Eltern. Bindungsbeziehungen bestehen aber auch zu anderen Menschen. Hierfür infrage kommen etwa Verwandte und Freunde, aber auch professionelle HelferInnen wie etwa PsychotherapeutInnen oder ErzieherInnen und LehrerInnen. Voraussetzungen für die Übernahme der Rolle einer Bindungsperson sind nach Howes (1999) die Sorge in körperlicher und emotionaler Hinsicht, eine kontinuierliche oder konsistente Bedeutung für das Leben des Kindes sowie die Bereitschaft zu einer affektiven Investition. Stehen Bindungspersonen nicht oder nur unzureichend zur Verfügung, wird sich das Bindungsbedürfnis in der Suche nach alternativen Bindungspersonen äußern.

Wie sich diese Suche nach weiteren Bindungspersonen bei Kindern und Jugendlichen ausdrückt, hängt von deren Bindungskonzepten ab, die das Resultat der affektiv getönten Bindungserfahrungen mit ihren frühen Bezugspersonen sind. Die Beschaffenheit dieser Konzepte, die Bindungsrepräsentanzen oder „inneren Arbeitsmodelle" von Bindung, ist also erfahrungsabhängig. Man darf davon ausgehen, dass es nicht beliebig viele solcher

Konzepte gibt. Drei Bindungskonzepte wurden beschrieben, das sichere, das unsicher-vermeidende sowie das unsicher-ambivalente Muster (Ainsworth et al. 1978). Ein Kind, dessen Mutter seine Bindungs- wie auch Erkundungsbedürfnisse aufmerksam vernimmt und auf sie feinfühlig reagiert, lernt, dass es sich auf diese verlassen kann. Auf dieser sicheren Basis kann es sich dann auch vertrauensvoll Neugier leisten. Dagegen lernen Kinder, deren Mütter sich durch die Bindungsbedürfnisse eher bedrängt fühlen, dass vor allem ihre Autonomie geschätzt wird. In Erwartung einer kommenden Enttäuschung vermeiden sie es, ihre Bindungswünsche offen zu äußern, obwohl ihr Bindungssystem durchaus aktiviert ist. Die Bindungsqualität dieser Kinder wird unsicher-vermeidend genannt. Zuletzt gibt es Kinder, denen es nicht gelingt, die Antwortbereitschaft ihrer Mutter hinreichend sicher einzuschätzen, weil diese sich in Abhängigkeit von ihrer aktuellen eigenen Befindlichkeit unterschiedlich verhält. Eine solche Mutter wird für ihr Kind in hohem Maße unvorhersehbar. Da das Bindungsverhaltenssystem dauernd aktiviert ist, können sich diese Kinder Neugier kaum leisten. Vielmehr sind sie damit beschäftigt, ihre Bezugsperson zu kontrollieren. Sie suchen die Nähe zur Mutter, auch um an ihr ihre Wut und Enttäuschung auszulassen, weshalb dieses Bindungsmuster als unsicher-ambivalent bezeichnet wird.

Im zweiten Lebensjahr haben sich diese Muster soweit verfestigt, dass sie auch im Forschungslabor unter standardisierten Bedingungen, der von Mary Ainsworth entwickelten „Fremden Situation", zu beobachten sind (Ainsworth et al. 1978). Die mit diesem Untersuchungsverfahren gewonnenen empirischen Befunde gaben zudem Anlass für die Konstruktion einer vierten Kategorie, der sogenannten unsicher-desorganisierten Bindung (Main/Solomon 1990). Dieser Bindungstyp ist aus entwicklungspsychopathologischer Sicht von besonderem Interesse. So zeigen die meisten misshandelten Kinder, aber auch Kinder von depressiven Müttern, die selbst als Kind ein immer noch unverarbeitetes Bindungstrauma erlitten, ein solches widersprüchliches Bindungsverhalten, das sich den oben beschriebenen drei Bindungstypen nicht zuordnen lässt. Vermutlich sind die Erfahrungen für diese Kinder zu widersprüchlich, als dass es ihnen gelingen könnte, bezüglich ihrer Bezugspersonen eine eindeutige Erwartungsstruktur zu entwickeln. Inzwischen besteht eine breite Übereinstimmung darüber, dass es sich insbesondere bei der unsicher-desorganisierten Bindung um einen bedeutsamen Risikofaktor handelt, der also die Wahrscheinlichkeit erhöht, dass die psychosoziale Entwicklung des Kindes ungünstig verläuft. Eine Reihe von Längsschnittstudien belegt für sogenannte Hochrisikogruppen, d.h. für Kinder, die zusätzlichen Risikofaktoren ausgesetzt sind, einen Zusammenhang mit externalisierenden Störungen, also mit aggressivem und dissozialem Verhalten (Fearon et al. 2010).

Auch wenn die Bindungskonzepte grundsätzlich veränderbar sind, darf man doch in Anbetracht der Tendenz, sich die zu den bewährten Erwartungsstrukturen passende Umwelt zu schaffen oder zu suchen, von einer beträchtlichen Stabilität ausgehen. Die Bindungskonzepte werden sich in Richtung Unsicherheit ändern, vor allem durch sogenannte kritische Lebensereignisse wie etwa Scheidung der Eltern, Tod eines Partners oder andere traumatisch wirkende Ereignisse, in Richtung zunehmender Sicherheit etwa durch die Partnerschaft mit einem Menschen, für den die hohe Wertschätzung von Bindung außer Frage steht, oder auch durch psychotherapeutische und/oder pädagogische Interventionen. Insofern ziehen problematische Bindungserfahrungen in der Kindheit nicht umstandslos eine unsichere Bindungshaltung im Erwachsenenalter nach sich.

Die jeweiligen Bindungskonzepte im Kindes- und Jugendalter sind nicht nur für deren aktuelle psychische Befindlichkeit von Bedeutung, sondern haben auch Einfluss auf deren weitere psychosoziale Entwicklung. Letztlich entwickelt sich das Selbstkonzept komplementär zum Bindungskonzept. Der Selbstwert eines Kindes, das gelernt hat, sich in Notzeiten eben nicht auf die Hilfe vonseiten seiner erwachsenen Bezugspersonen verlassen zu können, wird deutlich eingeschränkt sein. Es hat lernen müssen, im Zweifelsfall nicht ausreichend der Rede und der Aufmerksamkeit seiner Bezugspersonen wert zu sein. Umgekehrt wird sich ein Kind, das die Erfahrung hat machen dürfen, auf die Unterstützung seiner Bezugspersonen bauen zu können, der Resonanz in seiner sozialen Umwelt sicher sein können. So ließen sich Beziehungen zwischen der aktuellen Bindungsrepräsentation von Jugendlichen und einer Reihe von Anpassungsvariablen in diesem Alter nachweisen, etwa bezüglich des Umgangs mit Belastungen, der Gestaltung von Beziehungen nicht nur zu den Eltern, sondern gerade auch zu den Gleichaltrigen, und damit auch künftiger Partnerschaften. Vor allem für die Regulierung subjektiver Unsicherheit und negativer Gefühle innerhalb eines Beziehungskontextes ist Bindung von großer Bedeutung (Zimmermann/Becker-Stoll 2001).

5   Bindung, Exploration und Lernen

Das Bindungsverhaltenssystem ist ein primäres Motivationssystem, das nicht isoliert von anderen Verhaltenssystemen funktioniert. So besteht zum Erkundungssystem ein antagonistisches Verhältnis. Die Kindern angeborene

Neigung zur Exploration der Umgebung wird gehemmt, wenn das Bindungsverhaltenssystem aktiviert ist. Eine ausreichend sichere Bindung ist die Basis für Neugier und Erkundungsbereitschaft und damit für Lernen. Sie setzt die Aufmerksamkeitsressourcen frei, die für die volle Entfaltung kognitiver Fähigkeiten nötig sind (Main 1991). Insofern wäre es zu verkürzt, die Funktion von Bindung nur auf die Affektregulierung bei Trennung oder starkem Stress zu begrenzen. Das Bindungssystem ist nicht nur und auch nicht primär ein Notfallsystem. Vielmehr besteht seine nicht minder bedeutsame Funktion darin, dem Kind eine angstfreie Neugier und Erkundungsbereitschaft zu ermöglichen. In ihrem Plädoyer für eine erweiterte Perspektive der Bindungstheorie schlagen Grossmann et al. (2008) vor, Explorationssicherheit als einen integralen Bestandteil des Konzepts von Bindungssicherheit aufzufassen. Auch diese Balance zwischen Bindung und Neugier besteht lebenslang. Demnach wird das Wissen von sich selbst als Lernendem, von sich als Adressaten der frühpädagogischen Kommunikation zum Kern der Lernkonzeptionen, die später als mehr oder weniger bewusste Vorstellungen über das eigene Lernen die Lernprozesse prägen. Innere Arbeitsmodelle beziehen sich daher sowohl auf das Verhalten der Bindungsfigur als auch auf das eigene Verhalten, mithin auf die Beziehung und auf die eigene Bedeutung in dieser Beziehung. Insofern beinhalten diese mentalen Repräsentanzen auch die Selbstwirksamkeitserwartungen des Kindes in seiner Rolle als Schüler oder Schülerin. Es finden sich Assoziationen zwischen Bindungssicherheit und metakognitiven Fähigkeiten (Moss et al. 1995, zit. bei Fonagy 2003: 176). Zumindest im Grundschulalter dürften sie überwiegend nur als prozedurales Wissen, d.h. als ein dem Bewusstsein noch nicht zugängliches Wissen, zur Verfügung stehen. Ein explorationssicheres Kind zeichnet sich dadurch aus, dass es im Vertrauen auf die Verfügbarkeit der Bindungsperson kompetent mit Neuem umgeht. Es traut sich, sich angemessen, also weder über- noch unvorsichtig, den ungewohnten Anforderungen zu stellen.

Mit die wichtigste Aufgabe einer Bindungsperson besteht darin, das Kind bei der Entwicklung der Affektregulation zu unterstützen. Ein sicher gebundenes Kind verfügt über Möglichkeiten, angemessen mit Ängsten umzugehen. Es lässt sich von Versagensängsten nicht in seinem Handeln und Erleben bestimmen. Es kann auch diese Gefühle äußern und um Hilfe bitten, wenn es nötig ist. Insbesondere bei desorganisiert-unsicher gebundenen Kindern und Jugendlichen lässt sich immer wieder das Hilfeparadox beobachten. Gerade diejenigen, die „objektiv" am meisten der Hilfe anderer bedürfen, sind demnach besonders wenig bereit und in der Lage, um diese Hilfe zu bitten und die ihnen angebotene Hilfe in Anspruch zu nehmen. Sich-helfen-

Lassen setzt schließlich ein ausreichendes Vertrauen voraus, dass die eigene Hilfsbedürftigkeit nicht ausgenutzt wird. An diesem Vertrauen fehlt es diesen hochunsicher gebundenen Kindern und Jugendlichen.

6   Die Schule als bindungsrelevanter Ort

Kinder sollen in der Schule lernen. Schulische Erziehung soll ihnen das Wissen vermitteln, das sie zur Teilhabe an der Gesellschaft brauchen, wobei es sich keineswegs nur um Faktenwissen handelt. Die Kinder treten in die Schule ein, ausgestattet mit basalen Lernkonzepten, die sie vor allem in ihren Familien, aber auch im Kindergarten erworben haben. Die bindungstheoretischen Grundpostulate machen es wahrscheinlich, dass sich Bindungskonzepte auch in der pädagogischen Kommunikation der Schule bemerkbar machen werden, nicht nur im Grundschulalter, sondern während der gesamten Schulzeit bis in das Erwachsenenalter. Ganz sicher korreliert Bindungssicherheit mit schulischem Erfolg (Bergin/Bergin 2009). Da die Lehrer-Schüler-Beziehung vor allem im Grundschulalter immer auch Bindungsaspekte aufweist, lassen sich durchaus Parallelen zur Eltern-Kind-Beziehung ziehen (Pianta et al. 1995; Julius 2001). Empirische Studien haben zeigen können, dass die Qualität der Mutter-Kind-Beziehung und damit der Grad der Bindungssicherheit die Qualität der Lehrer-Schüler-Beziehung beeinflusst, die wiederum für die schulischen Erfahrungen der Kinder von Bedeutung ist (Howes et al. 1994; Pianta 1999).

Eine in der frühen Kindheit erworbene *sichere* Bindung fördert die Anpassung im weiteren Entwicklungsverlauf (Egeland 2002) und damit auch die Anpassung an die schulische Situation. Vermittelt wird dieser Zusammenhang auch durch den Selbstwert, der bei bindungssicheren Kindern in der Regel höher ist. Diese trauen sich selbst mehr zu, und ihnen wird mehr zugetraut. Sie haben eine hohe Meinung von sich, von dem Anderen und von Beziehungen überhaupt. Bindungssichere SchülerInnen verfügen über eine größere soziale Kompetenz. Sie sind bei ihren MitschülerInnen daher beliebter und können besser mit allfälligen Konflikten umgehen. Daher schaffen sie es auch leichter, Unterstützung zu bekommen, sowohl von den MitschülerInnen als auch von ihren LehrerInnen. Eine gute, vertrauensvolle Beziehung zum Lehrer bzw. zur Lehrerin steigert nicht nur den Lernerfolg, sondern auch den Selbstwert (Noam/Fiore 2004). Ein bindungssicheres Kind wird den/die LehrerIn angemessen als Wissensvermittler gebrauchen können und ihn um Hilfe bitten, wenn sein Bindungssystem aktiviert ist, im Vertrauen darauf, dass diese ihm auch gewährt wird. Bindungssicherheit bedeutet die Sicherheit einer vorhersehbaren, sicheren Adressabilität auch in bindungsrelevanter Kommunikation. Dadurch wird auf der Gegenseite auch die Selbstwirksamkeit der LehrerInnen erhöht, was sich wiederum auf die Qualität der Lehrer-Schüler-Beziehung positiv auswirkt. Ein unsicher gebundenes Kind wird dagegen eher wenig von seinem/seiner LehrerIn erwarten, wie es von sich selbst auch nicht allzu viel erwartet. Die metakommunikative Kompetenz eines sicher gebundenen Schulkindes zeigt sich in seiner Fähigkeit, lange Zeit „bei der Sache zu bleiben" im Vertrauen darauf, gefahrlos auf die Beziehungsebene überwechseln können, wenn es die Situation erfordert. Die Schulsituation aktiviert seine Bindungssysteme nicht, weshalb Bindung dort auch „kein Thema" ist. Kinder, die ihre Lehrerin oder ihren Lehrer als feinfühlig und unterstützend erleben, werden zu ihr oder ihm eine Beziehung eingehen, die einer sicheren Bindungsbeziehung ähnelt. Solchermaßen sicher an den/die LehrerIn gebundene SchülerInnen nutzen diese als sichere Basis und geben ihr gewissermaßen als „Alliierte" der Eltern eine Art Vertrauensvorschuss. Vis-à-vis solcher SchülerInnen wird es dem/der LehrerIn auch leichtfallen, notfalls als sichere Basis zur Verfügung zu stehen. Er oder sie erlebt die Beziehung zu solchen SchülerInnen als eng (Pianta et al. 1995).

Vermeidend-unsicher gebundene Schulkinder verleugnen dagegen die Bedeutung des Beziehungsaspektes und konzentrieren sich defensiv auf den Sachaspekt der schulischen Kommunikation, der ihnen mehr Sicherheit verspricht als die Beziehungsebene. Da Hilfe für sie die Gefahr der Abhängigkeit signalisiert, lassen sie sich höchst ungern helfen. Ohne hinreichendes Vertrauen wird das Erleben von Abhängigkeit als Eingeständnis von Hilflosigkeit interpretiert und gefürchtet. Vermeidend-unsicher gebundene Schulkinder geben sich daher betont „cool". Affekte werden eher verleugnet. Diese Kinder wehren sich, ihre Autonomie betonend, gegen die eine Schüler-Lehrer-Beziehung charakterisierende Beziehungsasymmetrie, was die Lehrkraft leicht ärgerlich machen wird. Aggressiv-dissoziale Verhaltensauffälligkeiten sollen dann häufig diese Unabhängigkeit bestätigen (Schleiffer 2009: 174 ff.). Vis-à-vis solch bindungsvermeidender SchülerInnen wird sich der/die LehrerIn mit seinen/ihren Beziehungsangeboten abgewiesen fühlen. Er oder sie wird sich in dieser Beziehung kaum als wichtig erleben können, und wenn, dann nur in negativer Weise. Für ihn bzw. sie ist die Beziehung daher überwiegend frustrierend und konfliktreich.

Dagegen betonen Kinder mit *unsicher-ambivalenten* Strategien aufgrund ihres permanent hyperaktiven Bindungssystems die Asymmetrie der Beziehung zum/zur LehrerIn und damit auch ihre Abhängigkeit von ihm oder ihr. In Ermangelung eines hinlänglichen Vertrauens sind sie ängstlich bemüht, die Beziehung zur Lehrkraft zu kontrollieren. Sie bevorzugen den Anschluss ihrer kommunikativen Beiträge eher auf der selbstreferentiellen Seite. Oft wichtiger als der Inhalt ist für sie, wer sowie warum und wie jemand etwas mitteilt. Sie neigen zur Dramatisierung ihrer Affekte, „verkörpern" doch gerade Affekte den selbstreferentiellen Aspekt von Kommunikation. Informationen werden als weniger bedeutsam wahrgenommen. Der außerhalb der Familie verlangte Verzicht auf eine Totalrelevanz verunsichert sie. Die dauernde Beschäftigung mit Beziehungsfragen hindert sie dann am effektiven Lernen. „Aktiv-entdeckendes Lernen" findet nicht statt. Stattdessen verbleibt die Verantwortung für den Aneignungsprozess bei der Lehrperson. Solche Kinder „nerven". Sich an den/die LehrerIn klammernd vernachlässigen sie auch die Beziehungen zu ihren MitschülerInnen, was sie bei diesen unbeliebt macht. Der Lehrer oder die Lehrerin erlebt diese SchülerInnen als abhängig (Pianta et al. 1995). Heftige, aber auch ambivalente Gefühle prägen diese Beziehung, oft genug auf beiden Seiten. Je mehr der/die LehrerIn aber den Wunsch verspürt, Distanz zum Schüler bzw. zur Schülerin zu gewinnen, desto mehr betont dieser/diese dann seine Hilfsbedürftigkeit und erpresst gewissermaßen so ihre dann aber nur noch unwillig vorgenommene Unterstützung. Ein solcher Zusammenhang zwischen einer unsicher-verstrickten Bindungsorganisation und einer schlechteren Anpassung an die Institution Schule ließ sich auch im Jugendalter beobachten (Bernier et al. 2004).

Besonders problematisch wird sich die pädagogische Beziehung zu SchülerInnen gestalten, denen es aufgrund ihrer chaotischen Lebenserfahrungen in der frühen Kindheit nicht gelingt, eine kohärente, organisierte Bindungsrepräsentation zu entwickeln. Die Ergebnisse einer Vielzahl empirischer Studien erlauben keinen Zweifel daran, dass es sich bei dem *desorganisiert-unsicheren* Bindungskonzept um einen bedeutsamen psychopathologischen Risikofaktor handelt (Van IJzendoorn et al. 1999). Bei desorganisiert-unsicher gebundenen Kindern dürfte es sich um solche SchülerInnen handeln, hinsichtlich derer Aber und Allen (1987) ihre „secure readiness to learn"-Hypothese aufstellten. Die Autoren verglichen misshandelte mit nicht misshandelten Kindern bezüglich verschiedener sozio-emotionaler Variablen. Dabei zeigten die misshandelten Kinder häufig Lernstörungen. Ihre Problemlösungsstrategien waren eher external orientiert. Sie suchten vermehrt Aufmerksamkeit und Anerkennung bei den Erwachsenen und ahmten diese vermehrt nach. Sie waren eindeutig zu unsicher, um effektiv zu lernen. Inzwischen liegen auch Ergebnisse aus Längsschnittstudien vor (vgl. Lyons-Ruth/

Jacobwitz 2008), die auf einen signifikanten Zusammenhang zwischen einer desorganisierten Bindung und einer schlechten Anpassung an die schulischen Erfordernisse hinweisen.

Mit zunehmendem Alter können desorganisiert-unsicher gebundene Kinder ihre kognitiven und sozialen Fähigkeiten einsetzen, um Strategien zu entwickeln, mit deren Hilfe sie das Zuwendungsverhalten ihrer Bezugspersonen doch noch zu kontrollieren vermögen. Sie tun dies auf sehr unterschiedliche Weise. Manche Kinder legen ein geradezu fürsorgliches Verhalten gegenüber der Bindungsperson an den Tag, um so negative Affekte zu vermeiden, die deren Abwendung nach sich ziehen würde (Lyons-Ruth/ Jacobvitz 2008). Diese Kinder organisierten ihr Verhalten um die Bedürfnisse ihrer Mütter, werden quasi Bindungsperson für diese und versuchen, sich irgendwie unentbehrlich zu machen. Dabei kann es zu einer regelrechten Rollenumkehr im Sinne einer Parentifizierung kommen. Eine andere Gruppe verhält sich dagegen ausgesprochen feindselig-aggressiv. Während die „kontrollierend-versorgenden" Kinder eher internalisierende Störungsmuster zeigen, tendieren die „strafend-kontrollierenden" Kinder eher zu externalisierenden Verhaltensauffälligkeiten (Moss et al. 1999). Sie entwickeln sich daher häufig dissozial. Dabei nutzen sie die besondere Anschlussfähigkeit negativer Affekte, um ihre kommunikative Resonanz zu sichern. Diese feindselige Kommunikation ist gekennzeichnet durch eine grundsätzlich ablehnende Haltung der Bezugspersonen, denen es an emotionaler Wärme mangelt und die die Autonomie ihrer Kinder missachten. Dieses Kommunikationsmuster ist von der Arbeitsgruppe um Patterson (1996) als für jene Gruppe dissozialer Kinder typisch beschrieben worden, die als „early starters" schon als Kleinkinder dissoziales Verhalten zeigen, das sie dann mit hoher Wahrscheinlichkeit bis in das Erwachsenenalter behalten. Es etabliert sich ein Teufelskreis, ein sogenannter „coercive cycle". Diese Kinder bekommen von ihren Bindungspersonen immer nur feindselige Attribute zugesprochen und werden daher nur diese Form der Kommunikation in ihr inneres Arbeitsmodell einbauen können. Dodge (1993) hat diese rigide, kognitive Verzerrung bei der Informationsverarbeitung dissozialer Kinder anschaulich beschrieben. Diese neigen dazu, ihren Kommunikationspartnern erst einmal feindliche Absichten und Motive zuzusprechen. Unklare Sachverhalte werden von ihnen im Zweifelsfall als Angriff erlebt, den es abzuwehren gilt. Solche SchülerInnen stören dann den Unterricht, damit die ihnen angesonnenen Informationen nicht zu sehr verstören oder, mit Bateson (1981: 582) gesprochen, keinen zu großen Unterschied ausmachen. Die Gefahr eines beschämenden Versagens bei der Befassung mit neuem Wissen erscheint so gebannt. Auf diesen Mechanismus dürfte auch die bekannt hohe Überlappung der Klientel der Sonderschulen für Erziehungshilfe und Lernbehinderung zurückzuführen sein.

Aus einer bindungstheoretischen Perspektive lassen sich Dissozialität und Lernbehinderung so auch als multifinale Verhaltensweisen ansehen, denen gleichermaßen die Funktion zukommt, Probleme einer zu hohen Bindungsunsicherheit zu lösen. Beide Verhaltensmuster, das fürsorglich-kontrollierende wie auch das strafend-kontrollierende, sind als funktional äquivalente Problemlösungsversuche anzusehen (vgl. Schleiffer 2002). Beide Male besteht die Funktion des Verhaltens darin, den Kontakt zur Bindungsperson zu sichern. Angesichts einer dauernden Aktivierung ihres Bindungssystems aber bleibt diesen Kindern zu wenig psychische Energie, um ihr Explorationssystem zu mobilisieren. So sind sie im Lernen behindert, vor allem wenn ihnen noch von vornherein eine nur geringe intellektuelle Grundausstattung zur Verfügung steht. In einer Studie von Lyons-Ruth et al. (1997) ließen sich mit hoher Sicherheit aus dem desorganisierten Bindungsverhalten des Kleinkindes schulische Verhaltensstörungen im Alter von sieben Jahren vorhersagen, allerdings nur bei denjenigen, bei denen zusätzlich auch ein kognitives Defizit im Sinne eines kumulativen Risikos vorlag. Auch in kanadischen Studien erwies sich ein desorganisiertes Bindungsmuster als ein hoher Risikofaktor für Lernprobleme. Offensichtlich behindert ein solches Kontrollverhalten ein effektives Lernen (Moss et al. 1999, Moss/St. Laurent 2001). Bei diesen Kindern kam es häufig zu einem Schulversagen. Ebenso waren ihre metakognitiven Strategien deutlich eingeschränkt.

7   Bindungsaspekte der LehrerInnenrolle

Lehrer und Lehrerinnen lehren. Sie wollen und sollen Wissen vermitteln. Sie können die Erfolgswahrscheinlichkeit ihrer Vermittlungsbemühungen steigern, wenn sie über Wissen über die psychische Beschaffenheit der Adressaten ihrer Kommunikationsbeiträge verfügen. Daher sollte ein Wissen über die Lernkonzeptionen der SchülerInnen und damit auch über deren Bindungskonzepte nützlich sein. Schließlich entscheiden diese Konzepte darüber, ob und inwieweit die SchülerInnen sich das ihnen angebotene Wissen auch aneignen.

Dass die Qualität der Lehrer-Schüler-Beziehung, die immer auch bindungsrelevante Anteile umfasst, die Aneignungsbereitschaft maßgeblich bestimmt, dürfte außer Frage stehen. Wie sich die Beziehung zwischen dem

Kind und seinem/seiner LehrerIn entwickelt, hängt aber nicht nur von Faktoren aufseiten des Kindes und hier von dessen intrafamiliären Bindungserfahrungen ab. Diese Beziehung wird selbstverständlich auch beeinflusst durch das Verhalten der Lehrkraft, welches zum einen als Reaktion auf das Schülerverhalten im Sinne einer pädagogischen „Gegenübertragung", zum anderen als Ausdruck ihrer „außerschulischen" Persönlichkeit aufgefasst werden muss. Dieses Verhalten des Lehrers oder der Lehrerin legt dann seinerseits wiederum bestimmte Reaktionsweisen seitens der SchülerInnen nahe, im Sinne eines transaktionalen Zirkels. Insofern dürfte ein bindungstheoretisches Basiswissen, das vor allem eine Sensibilität für bindungsrelevante Ereignisse im Schulalltag beinhaltet, die geforderte Reflexivität fördern. Auch kann das Wissen darüber, wie sich etwa ein problematisches Lernkonzept herausgebildet hat, von psychohygienischem Nutzen sein, verringert es doch die Kränkungsgefahr aufseiten der Lehrerin oder des Lehrers im Falle von Lehr- und Lernstörungen.

Die größten Lehr- und Lernprobleme dürften sich auftun in der Interaktion mit SchülerInnen, die entweder betont bindungsvermeidende oder auch desorganisiert-kontrollierende Strategien einsetzen. Diese Strategien, die sich in der Herkunftsfamilie als sinnvoll erwiesen haben, werden auf die Schulsituation übertragen. Insofern beeinflusst die Eltern-Kind-Beziehung auch die Beziehung des Kindes zu seinen Lehrerinnen und Lehrern, wobei allerdings auch der Einfluss des schulischen Kontextes keinesfalls zu unterschätzen sein sollte (Pianta et al. 1995). Es stellt sich die Frage, ob und, wenn ja, welche Einflussmöglichkeiten der Lehrerin oder dem Lehrer gegeben sind, um diese Beziehung zu verändern. Die Bindungstheorie geht davon aus, dass Bindungskonzepte bei aller Tendenz zur Kontinuität keineswegs durch die frühen Erfahrungen determiniert werden, sondern dass sie durchaus erfahrungsabhängig plastisch sind. Es ist daher zu hoffen, dass ein hoch bindungsunsicheres und somit am Lernen gehindertes Kind in den vielen Jahren seines Schülerdaseins Gelegenheit bekommt, seine Erwartungsstrukturen zu verändern. Solche bindungskorrigierende Erfahrungen zu ermöglichen, die die Balance zwischen Bindungs- und Explorationssystem verbessern, gehört zu den Aufgaben einer Lehrkraft. Julius (2002) hat sich eingehend mit den Interventionsstrategien beschäftigt, die sich den Lehrern und Lehrerinnen im Umgang mit ihren sich bindungsvermeidend oder bindungsverstrickt verhaltenden Schülerinnen und Schülern anbieten.

Grundsätzlich zeichnen sich bindungskorrigierende Erfahrungen dadurch aus, dass sie den gewohnten Bindungskonzepten zuwiderlaufen. Es geht mithin um die Vermittlung von Diskontinuitätserfahrungen (Julius

2001). Ein komplementäres, mithin erwartungskonformes Verhalten vonseiten der Lehrkraft wäre nur geeignet, ein weiteres Mal das unsichere Bindungskonzept zu bestätigen. Dass ein solches erwartungsenttäuschendes Vorgehen mühevoll ist, dürfte außer Frage stehen, versucht der Schüler bzw. die Schülerin doch oft genug mit Mitteln, die sich in Unkenntnis der zugrunde liegenden Psychodynamik eben nur als Verhaltensstörungen beobachten lassen, eben solche „passenden" Reaktionen bei seiner Lehrerin oder seinem Lehrer zu provozieren. Für den/die SchülerIn ließe sich in einem solchen Falle die Welt doch wieder als vorhersehbar erleben, sind ihm bzw. ihr diese komplementären Verhaltensweisen doch aus seinem bzw. ihrem familiären Kontext nur allzu vertraut. Auch dürfte ein solches Vorgehen das Selbstkonzept der Lehrerin oder des Lehrers nicht selten strapazieren. Schließlich ist es durchaus riskant, einem bindungsvermeidenden Kind immer wieder Beziehungsangebote zu machen, das diese erst einmal souverän ausschlägt, zumal in einer Situation, in der man von anderen beobachtet wird, wie etwa in einer Schulklasse. Hier gilt es, dem/der SchülerIn die Angst zu nehmen, eine auch affektive Beziehung einzugehen, und ihn oder sie davon zu überzeugen, dass das Zeigen von Gefühlen nicht Schwäche bedeutet. Nach Bowlby gehört zu den wesentlichen Merkmalen einer gesunden Persönlichkeit „die Fähigkeit, sich vertrauensvoll auf andere zu verlassen, wenn es die Gelegenheit erfordert, und zu wissen, auf wen man sich verlassen kann" (Bowlby 1982: 132). LehrerInnen sollten feinfühlig auf die Autonomie- und Kontrollbedürfnisse des Kindes reagieren und dieses den Grad von Nähe bzw. Distanz selbst bestimmen lassen. Das Wissen um die außerschulische Funktionalität des gezeigten Bindungsverhaltens ermöglicht es, dieses erst einmal positiv zu konnotieren. Andernfalls riskiert man eine symmetrische Eskalation, da dem bindungsvermeidenden Verhalten die Funktion zukommt, die eigene Kränkungsgefahr zu kontrollieren und damit die Integrität des Selbstkonzeptes zu wahren. Bei einem/einer eher bindungsverstrickten SchülerIn ist es wichtig, ihm/ihr Schule als eine Umwelt zu vermitteln, die von ihm bzw. ihr als hinreichend konsistent und vorhersagbar erlebt werden kann. Die angemessene entwicklungsfördernde pädagogische Strategie bestünde darin, den Schüler bzw. die Schülerin zu einem Verzicht auf sein bzw. ihr regressiv-kleinkindhaftes Verhalten und zu einem gekonnteren Umgang mit Enttäuschung zu ermutigen, im Vertrauen auf eine „trotzdem" zuverlässige Zuwendung seitens seiner Lehrerin oder seines Lehrers.

Lehrkräfte dürften durchaus geeignet sein, bindungskorrigierende Erfahrungen zu vermitteln. „Stronger and wiser" als ihre ihnen anvertrauten SchülerInnen können sie Bindungsfunktionen übernehmen, zumal sie vor

allem in der Grundschule doch recht viel Zeit gemeinsam mit diesen verbringen. Auch sollten zumindest zeitweise Eins-zu-eins-Beziehungen auch
in der Schule möglich sein. SchülerInnen, die ihren/ihre LehrerIn als feinfühlig wahrnehmen, werden zu ihm/ihr eine Beziehung mit sicherer Bindungsqualität aufbauen können. Eine solche „ausreichend gute" Lehrkraft ist
fürsorglich und wertschätzend, engagiert und affektiv kompetent. Sie verfügt
neben Taktgefühl über einen ausreichenden Selbstwert, der es ihr ermöglicht,
die allfälligen Kränkungen, die sich im entwicklungsfördernden Umgang mit
bindungsunsicheren Schülern zwangsläufig einstellen, ohne nachhaltige Be-
schädigung zu überstehen. Sie kennt die Biografien ihrer Schüler. Sie verfügt
über profundes entwicklungspsychologisches Wissen, aber auch über eine
ausreichende Selbsterfahrung bezüglich ihrer eigenen Reaktionstendenzen
im Umgang mit Kindern, in deren Verhalten sich ihre unterschiedlichen
Bindungsstrategien ausdrücken. Auch sollte sie ihre Einflussmöglichkeiten
realistisch einschätzen können und insofern mit sich selbst auch fürsorglich
umgehen. So sollte sie bemerken, wann die Funktion einer alternativen Bindungsperson sie persönlich überfordert oder mit einem wissensvermittelnden
Unterricht nicht mehr vereinbar ist. In einem solchen Fall wäre dann eine
therapeutische Intervention für das betreffende Kind oder den Jugendlichen
angezeigt.

8   Die Schule als sichere Institution

Der Befund, dass Schüler sich wohler fühlen, sich angemessener verhalten und zudem noch bessere Schulleistungen erbringen, wenn zu ihren
LehrerInnen gute Beziehungen bestehen, macht es notwendig, dass die Institution Schule der Entwicklung eines beziehungsfördernden Schulklimas
besondere Bedeutung beimisst (Noam/Fiore 2004; Bergin/Bergin 2009).
Das gilt für SchülerInnen und LehrerInnen gleichermaßen. Bindungskorrigierende Lernerfahrungen sind nur bei Lehrkräften zu erwarten, die sich
in der Schule selbst wohlfühlen. Insofern muss diese Institution sowohl für
die SchülerInnen einen sicheren Ort zum Lernen als auch für die LehrerInnen einen sicheren Ort zum Lehren bereitstellen. Um eine „sichere Lernba-
sis" anbieten zu können, bedarf der/die LehrerIn der eigenen Sicherheit und
ausreichender Selbstsicherheit. Reziprok zu einem inneren Arbeitsmodell
von „sicherer Exploration" aufseiten des Schülers bzw. der Schülerin ließe
sich auch bei dem Lehrer oder bei der Lehrerin ein inneres Arbeitsmodell
von „sicherer Unterrichtung" beschreiben, das sich durch eine Balance zwi-

schen Wissensvermittlung und Bindungsangebot auszeichnet. Hierfür sind die Lehrkräfte auf die kollegiale Achtung, ja auf einen fürsorglichen Umgang angewiesen, auf eine Schulkultur, die zur Diskussion über schwierige Kinder und problematische Situationen in der Klasse ermuntert (Opp/Wenzel 2003). Die Institution muss Freiräume für gelegentliche Eins-zu-eins-Interaktionen schaffen und damit die Möglichkeit bieten, sich individuell mit einzelnen SchülerInnen beschäftigen zu können. LehrerInnen sollten darauf vertrauen können, dass das Risiko, einem/einer bindungsvermeidenden SchülerIn ein Beziehungsangebot gemacht zu haben, auch im Falle einer Zurückweisung vom Kollegium mitgetragen wird. Von der Güte der Lehrer-Schüler-Beziehung, die auch immer Bindungsaspekte aufweist, hängt ab, ob es gelingt, auch SchülerInnen mit einer Lernstörung zum Explorieren und Lernen zu ermutigen. Explorationsvermeidung und eine Verweigerungshaltung gegenüber explizitem Lernen schränken die Entwicklungsmöglichkeiten eines Kindes erheblich ein. Schließlich ist Lernen der mächtigste Mechanismus der kognitiven Entwicklung, und mangelnde Intelligenz kann kompensiert werden durch Wissen, nicht umgekehrt (Stern 2004).

9   Literatur

Aber, Lawrence/Allen, Joseph P. (1987): Effects of maltreatment on young children's socioemotional development: an attachment theory perspective. In: Developmental Psychology 23, S. 406–414.

Ainsworth, Mary D. Salter/Blehar, Mary C./Waters, Everett/Wall, Sally (1978): Patterns of attachment. Hillsdale, NJ: Erlbaum.

Baecker, Dirk (2006): Erziehung im Medium der Intelligenz. In: Ehrenspeck, Yvonne/Lenzen, Dieter (Hg.): Beobachtungen des Erziehungssystems. Systemtheoretische Perspektiven. Wiesbaden: VS Verlag für Sozialwissenschaften, S. 26–66.

Bateson, Gregory (1981): Ökologie des Geistes. Frankfurt am Main: Suhrkamp.

Bergin, Christi/Bergin, David (2009): Attachment in the classroom. In: Educational Psychology Review 21, S. 141–170.

Bernier, Annie/Larose, Simon/Boivin, Michel/Soucy, Nathalie (2004): Attachment state of mind: implications for adjustment to college. In: Journal of Adolescent Research 19, S. 783–806.

Bowlby, John (1975): Bindung. München: Kindler.

Bowlby, John (1976) Trennung. München: Kindler.

Bowlby, John (1982): Das Glück und die Trauer. Herstellung und Lösung affektiver Bindungen. Stuttgart: Klett-Cotta.

Bowlby, John (1983): Verlust, Trauer und Depression. Frankfurt am Main: Fischer Taschenbuch Verlag.

Dodge, Kenneth A. (1993): Social-cognitive mechanisms in the development of conduct disorders and depression. In: Annual Review of Psychology 44, S. 559–584.

Egeland, Byron (2002): Ergebnisse einer Langzeitstudie an Hoch-Risiko-Familien. In: Brisch, Karl Heinz/Grossmann, Klaus E./Grossmann, Karin/Köhler, Lotte (Hg.): Bindung und seelische Entwicklungswege. Stuttgart: Klett-Cotta.

Fearon, R. Pasco/Bakermans-Kranenburg, Marian J./Van IJzendoorn, Marinus H./ Lapsley, Anne-Marie/Roisman, Glenn I. (2010): The significance of insecure attachment and disorganization in the development of children's externalizing behavior: a meta-analytic study. Child Development 81, S. 435–56.

Fonagy, Peter (2003): Bindungstheorie und Psychoanalyse. Stuttgart: Klett-Cotta.

Fritz, Annemarie/Funke, Joachim (2003): Planungsfähigkeit bei lernbehinderten Kindern: Grundsätzliche Überlegungen zum Konstrukt sowie zu dessen Diagnostik und Training. In: Ricken, Gabi/Fritz, Annemarie/Hofmann, Christiane (Hg.): Diagnose: Sonderpädagogischer Förderbedarf. Lengerich: Pabst, S. 416–439.

Gerlach, Alexander L./Andor, Tanja/Patzelt, Julia (2008): Die Bedeutung von Unsicherheitsintoleranz für die Generalisierte Angststörung. Modellüberlegungen und Entwicklung einer deutschen Version der Unsicherheitsintoleranz-Skala. In: Zeitschrift für Klinische Psychologie und Psychotherapie 37, S. 190–199.

Goethe, Johann Wolfgang (1827): Goethes Werke. Vollständige Ausgabe letzter Hand, Bd. 1–4: Gedichte. Stuttgart und Tübingen (Cotta).

Grossmann, Karin/Grossmann, Klaus E. (2004): Bindung – das Gefüge psychischer Sicherheit. Stuttgart: Klett-Cotta.

Grossmann, Karin/Grossmann, Klaus E./Kindler, Heinz/Zimmermann, Peter (2008): A wider view of attachment and exploration: The influence of mothers and fathers on the development of psychological security from infancy to young adulthood. In: Cassidy, Jude/Shaver, Phillip R. (Hg.) Handbook of Attachment. Theory, research and clinical applications. 2. Aufl., New York: Guilford Press, S. 857–879.

Haronian, Frank (1967): Die Verdrängung der Erhabenheit. Vortrag Psychosynthesis Research Foundation, http://www.aeon.ch/downloads/die-verdraengung-der-erhabenheit.pdf (Zugriff 13.1.2011).

Howes, Carollee/Matheson, Catherin C./Hamilton, Claire E. (1994): Maternal, teacher, and child-care history correlates of children's relationships with peers. In: Child Development 65, S. 264–273.

Howes, Carollee (1999): Attachment relationships in the context of multiple caregivers. In: Cassidy, Jude/Shaver, Phillip R. (Hg.): Handbook of Attachment. Theory, research and clinical applications. New York: Guilford Press, S. 671–687.

Julius, Henri (2001): Bindungstheoretisch abgeleitete, schulische Interventionen für verhaltensgestörte Kinder. In: Heilpädagogische Forschung 27, S. 175–187.

Julius, Henri (2002): Beziehungsorientierte Interventionen für verhaltensgestörte Kinder. In: Erziehung & Unterricht 152, S. 601–617.

Kade, Jochen (2004): Erziehung als pädagogische Kommunikation. In: Lenzen, Dieter (Hg.): Irritationen des Erziehungssystems. Frankfurt am Main: Suhrkamp, S. 199–232.

Kanter, Gustav Otto/Scharff, Günter (2002): Lernbehinderung. In: Bundesanstalt für Arbeit (Hg.): Berufliche Rehabilitation junger Menschen. Handbuch für Schule, Berufsberatung und Ausbildung. Nürnberg: Bundesanstalt für Arbeit, S. 155–174.

Konrad, Klaus/Traub, Silke (2009): Selbstgesteuertes Lernen. Grundwissen und Tipps für die Praxis. Baltmannsweiler: Schneider Verlag Hohengehren.

Luhmann, Niklas (1984): Soziale Systeme. Frankfurt am Main: Suhrkamp.

Luhmann, Niklas (2002): Einführung in die Systemtheorie. Heidelberg: Carl-Auer-Systeme.

Lyons-Ruth, Karlen/Jacobvitz, Deborah (2008): Attachment disorganization: Genetic factors, parenting contexts, and developmental transformation from infancy to adulthood. In: Cassidy, Jude/Shaver, Phillip R. (Hg.) Handbook of Attachment. Theory, research, and clinical applications. 2. Aufl., New York: Guilford Press, S. 666–697.

Lyons-Ruth, Karlen/Easterbrooks, M. Ann/Cibelli, Cherilyn Davidson (1997): Infant Attachment Strategies, Infant Mental Lag, and Maternal Depressive Symptoms: Predictors of Problems at Age 7. In: Developmental Psychology 33, S. 681–692.

Lyons-Ruth, Karlen/Bronfman, Elisa/Parson, Elisabeth (1999): Maternal frightened, frightening, or atypical behavior and disorganized infant attachment patterns. In: Monographs of the Society for Research in Child Development 64, S. 67–96.

Main, Mary (1991): Metacognitive knowledge, metacognitive monitoring, and singular (coherent) vs. multiple (incoherent) models of attachment. In: Parkes, Colin Murray/Stevenson-Hinde, Joan (Hg.): Attachment across the life cycle. London: Routledge, S. 127–159.

Main, Mary/Solomon, Judith (1990): Procedures for identifying infants as disorganized/disoriented during the Ainsworth Strange Situation. In: Greenberg, Mark T./Cicchetti, Dante/Cummings, E. Mark (Hg.): Attachment in the preschool years. Chicago: University of Chicago Press, S. 121–160.

Moss, Ellen/St-Laurent, Diane (2001): Attachment at school age and academic performance. In: Developmental Psychology 37, S. 863–874.

Moss, Ellen/St-Laurent, Diane/Rarent, Sophie (1999): Disorganized attachment and developmental risk at school age. In: Solomon, Judith/George, Carol (Hg.): Attachment Disorganization. New York: Guilford Press, S. 160–186.

Nett, Ulrike/Götz, Thomas/Daniels, Lia M. (2010): What to do when feeling bored? Students' strategies for coping with boredom. In: Learning and Individual Differences 20, S. 6126–6138.

Noam, Gil G./Fiore, Nina (2004): Relationships across multiple settings: An overview. In: New Directions for Youth Development, Band 103, S. 9–16.

Opp, Günther/Wenzel, Ellen (2003): Schule: Schutz- oder Risikofaktor kindlicher Entwicklung. In: Brisch, Karl Heinz/Hellbrügge, Theodor (Hg.): Bindung und Trauma. Stuttgart: Klett-Cotta, S. 84–93.

Patterson, Gerald R. (1996): Some characteristics of a developmental theory of early-onset delinquency. In: Lenzenweger, Mark F./Haugaard, Jeffery J. (Hg.): Frontiers of Developmental Psychopathology. New York: Oxford University Press, S. 81–124.

Pianta, Robert C. (1999): Enhancing relationships between children and teachers. Washington: American Psychological Association.

Pianta, Robert C./Steinberg, Michael S./Rollins, Kristin B. (1995): The first two years of school: teacher-child relationships and deflections in children's classroom adjustment. In: Development and Psychopathology 7, S. 295–312.

Schleiffer, Roland (2002): Desorganisierte Bindung als gemeinsamer Risikofaktor für Dissozialität und Lernbehinderung. In: Schröder, Ulrich/Wittrock, Manfred/Rolus-Borgward, Sandra/Tänzer, Uwe (Hg.): Lernbeeinträchtigung und Verhaltensstörung. Stuttgart: Kohlhammer, S. 108–120.

Schleiffer, Roland (2005): Über Lernvermeidung – Eine funktionale Analyse „lernbehinderter" Kommunikation. In: Zeitschrift für Sozialpädagogik 3, S. 338–359.

Schleiffer, Roland (2009): Der heimliche Wunsch nach Nähe. Bindungstheorie und Heimerziehung. 4. Aufl., Weinheim: Juventa.

Schölmerich, Axel/Lengning, Anke (2004): Neugier, Exploration und Bindungsentwicklung. In: Ahnert, Lieselotte (Hg.): Frühe Bindung. München: Reinhardt.

Simon, Fritz B. (1997): Die Kunst, nicht zu lernen. Und andere Paradoxien in Psychotherapie, Management, Politik … Heidelberg: Carl-Auer-Systeme.

Sroufe, L. Alan/Waters, Everett (1977): Attachment as an organizational construct. In: Child Development 48, S. 1184–1199.

Stern, Elsbeth (2004): Wie viel Hirn braucht die Schule? In: Zeitschrift für Pädagogik 50, S. 531–538.

Tusch, Manuel/Hussy, Walter/Fritz, Annemarie (2002): Ausmaß und Förderbarkeit der Planungsfähigkeit Lernbehinderter: Ein prozessorientierter Ansatz im Sinne des Metakognitionskonzeptes. In: Heilpädagogische Forschung 28, S. 176–188.

Van IJzendoorn, Marinus H./Schuengel, Carlo/Bakermans-Kranenburg, Marian (1999): Disorganized attachment in early childhood: meta-analysis of precursors, concomitants, and sequelae. In: Development and Psychopathology 11, S. 225–249.

Weinert, Franz E. (1982): Selbstgesteuertes Lernen als Voraussetzung, Methode und Ziel des Unterrichts. Unterrichtswissenschaft 2, S. 99–110.

Willke, Helmut (2004): Einführung in das systemische Wissensmanagement. Heidelberg: Carl-Auer-Systeme.

Zimmermann, Peter/Becker-Stoll, Fabienne (2001): Bindungsrepräsentation im Jugendalter. In: Gloger-Tippelt, Gabriele (Hg.): Bindung im Erwachsenenalter. Bern: Huber, S. 251–274.

Biografische Lernorte

Ergebnisse qualitativer Lebensweltforschung
zum Funktionalen Analphabetismus[1]

Harald Wagner

1 Vorbemerkungen

„Zeit' ist kein Gegenstand, sie ist ein Ordnungsmittel, um Sicherheit in der sich wandelnden Welt zu gewinnen und zu schaffen. Alle jene, die mit ‚Zeit' und durch ‚Zeit' Ordnung schaffen (zum Beispiel, indem sie Zeiteinteilungen verbindlich festlegen), erzeugen zeitliche Gegebenheiten mit teilweise dramatischen Auswirkungen auf die Individuen, die Gemeinschaften und die Gesellschaft. Daher ist die ‚Zeit' ein menschgemachtes Netz, in dem man Spinne und Fliege zugleich ist. Indem wir die ‚Zeit' kontrollieren, kontrollieren wir uns selbst. " (Geißler 1999: 4)

Im Rahmen der Erwachsenenbildung wird viel über sogenannte neue Lernorte nachgedacht und vieles wird ausprobiert. Es stellen sich allerorten überraschende und mehrheitlich positive Erfahrungen ein. Die Suche nach Alternativen zur klassischen Schul- und Berufsausbildung soll im vorliegenden Beitrag *zeitlich* verstanden werden: Wie ist es um die Nutzung alternativer biografischer Etappen, also neuer biografischer Lernorte, bestellt? Diese allgemeine Frage wird zudem fokussiert auf Menschen, die sich die Grundfertigkeiten des Lesens und Schreibens in der Nachschulphase anzueignen suchen.

In der aktuellen Diskussion zum Zeitmanagement liegt der Fokus auf der Zeitnot und wird markiert durch Alltagsbehauptungen wie „Keine Zeit!"[2] und durch die Rede von der Beschleunigung. Erstaunlich ist in diesem Zu-

---

1 Dieser Beitrag entstand im Rahmen des Projekts EQUALS (Erhöhung von Effizienz und Qualität in der Alphabetisierung durch Lebensweltforschung und Entwicklung sozialintegrativer Beratungs- und Lernangebote), das vom Bundesministerium für Bildung und Forschung (BMBF) im Förderschwerpunkt ‚Alphabetisierung/Grundbildung' gefördert wird.
2 So lautet der Titel einer Analyse zum Zeitproblem moderner Gesellschaften von Lothar Baier (2000).

sammenhang, dass im Zuge der Individualisierung zwar ein Verweigerungs-
recht hinsichtlich der Wahrnehmung verschiedenster gesellschaftlicher
Anforderungen besteht, nicht aber eine individuelle Souveränität im Umgang mit der Zeit. Neben gesetzlich fixierten Beanspruchungen stehen andere zur individuellen Disposition. Nachfolgend soll nach der normierenden
Kraft der Normalbiografie bzw. des je herrschenden Lebensverlaufsmodells
gefragt werden. Für die aktuelle Diskussion erscheint sie als Ökonomisie-
rung der Zeit.[3]

Zum Aufbau dieses Beitrages ist festzuhalten, dass zur Rahmung knappe
Orientierungen zur Sozialintegrativen Alphabetisierungsarbeit vorangestellt
werden. Im ersten Hauptteil werden relevante Bezüge der Lebensverlaufs-
analyse unter den Stichworten „das Normative von Lebenslaufmustern" und
„die Interpretation von Bildungskarrieren" aufgenommen. Dieser theoriekri-
tischen Argumentationsrichtung werden im zweiten Hauptteil Forschungsergebnisse des Projektes EQUALS gegenübergestellt. Einerseits bezieht sich
dies auf die Entstehung des Funktionalen Analphabetismus anhand der über
Lebensverlaufsmuster vermittelten Normierung. Andererseits wird der Frage
nachgegangen, mittels welcher individueller Copingstrategien Menschen
darauf regieren und relevante diese Situationen für sich gestalten. In einer
Schlussbetrachtung werden die gesammelten Erkenntnisse zu neuen biografischen Lernorten zurück gebunden in die Praxis der Sozialintegrativen Alphabetisierungsarbeit. In der Konfrontation normativer Bewertungen von
Bildungskarrieren mit spezifischen Lebensverläufen wird das Verständnis für
unübliche und unvermutete biografische Lernorte neu gewichtet. An Einzel-
fällen kann verfolgt werden, wie Menschen zwischen subjektiven (Entwick-
lungs-)Zielen und kontextuellen Anforderungen und Möglichkeiten ihren
Weg suchen. Individuelles Entscheidungshandeln kann somit als Ressource gesehen und es kann daran anschließend gemeinsam nach Strategien zur
Unterstützung Ausschau gehalten werden.

---

3   Bei der Betrachtung des Diskurses über Zeit entsteht der Eindruck, dass die reichhal-
    tige Literatur am Ende des vorigen Jahrhunderts eher prinzipieller Art war, die neuere
    sich hingegen mit Fragen der Optimierung im Sinne einer Ökonomisierung des Ar-
    beitslebens beschäftigt; kritische Gegenentwürfe aber liegen dennoch vor (zum Über-
    blick Heuwinkel 2010).

2   Die Rahmung – Lebenswelt und Sozialintegrative Alphabetisierungsarbeit

Im diesem Band werden die Grundlagen zur Sozialintegrativen Alphabetisierungsarbeit (vgl. Schneider in diesem Band) ausführlich dargelegt und
diskutiert. Für den hier vorliegenden Beitrag ist daraus insbesondere das
Moment der Lebensweltorientierung konstitutiv. In der Lesart von Alfred
Schütz und Thomas Luckmann (vgl. Schütz/Luckmann 1974, 1981) erscheint
Lebenswelt als räumlich, sozial und zeitlich strukturiertes Gefüge. Der weiteren Bestimmung der Lebenswelt haften im Kern zwei gegensätzliche, zugleich aber interdependente Momente an. Einerseits ist Lebenswelt strikt
individuell und *leibgebunden,* indem sich Räumliches, Soziales und Zeitliches
um den eigenen Leib aufschichten. Andererseits ist die Lebenswelt nur als
sozialer Deutungshorizont zu verstehen: „Die Lebenswelt ist weder meine
private Welt, noch deine private Welt, auch nicht die meine und die deine
addiert, sondern die Welt unserer gemeinsamen Erfahrung" (Schütz/Luck-
mann 1974: 98). Genau in dieser Polarität geschieht Lebensgestaltung und
damit Sinngebung und möglicherweise auch Sinnfindung. Das Individuum
ist raumzeitlich-sozial über seinen Leib an einen exklusiven Ort gebunden.
Zugleich ist das Individuum eingespannt in die zur Verfügung stehenden, zugleich aber auch normativ wirkenden sozialen Deutungsmuster. Hier zeigen
sich situative Handlungsvoraussetzungen und komplementär dazu individuelle Handlungsmöglichkeiten, verbunden mit einem Reservoir an Lösungs-
kompetenzen bzw. -mitteln. Jede Handlungssituation verläuft zugleich in
räumlicher, sozialer und zeitlicher Konkretheit, sodass ihr vermittelt durch je
alle drei Momente etwas Spezifisches anhaftet.

In der Übertragung auf „neue Lernorte" verhält sich dies gleichermaßen:
Ihnen eignet eine konkrete räumliche Komponente, genau wie eine soziale
und (lebens-)zeitliche. Lernorte sind als Räume hiernach keine ‚Lern-
Behälter',[4] sondern sozial vorgeprägte und aktuell gedeutete Gefüge, die zugleich als Schauplatz und als Zielpunkt des Handelns fungieren. Sie stehen
unter spezifischen Voraussetzungen, gelangen aber erst durch die je individuellen Handlungen bzw. Verhaltensweisen zur Existenz.

Im vorliegenden Zusammenhang interessieren insbesondere die zeitlichen Implikationen. Zeitliches in Bezug auf Lernorte kann verstanden werden als Lebenszeit (z.B. biografischer Ort), als Dauer (z.B. Verweildauer in

---

4   Vgl. dazu die aktuelle Diskussion, die durch Martina Löws „Raumsoziologie" (2001) auf
    ein neues Erkenntnislevel gehoben wurde.

einer Situation oder in einer Institution) und als Zeitpunkt (Tageszeit, Wo-
chentag, Platzierung im Jahresverlauf). So macht es beispielsweise einen Unterschied, ob ein Kurs am Abend oder am Morgen angeboten wird, ob er
wöchentlich einmal über zwei Stunden geht oder täglich bis 14 Uhr und ob
schließlich seine Laufzeit auf ein Semester beschränkt oder unbegrenzt auf
mehrere Jahre hin konzipiert ist. Diese höchst bedeutsamen Momente sollen
im weiteren Verlauf aber unerwähnt bleiben, sondern der Akzent soll allein
auf die Lebenszeit, also den biografischen Lernort entsprechend des individuellen Lebensalters und seiner jeweiligen gesellschaftlichen Einbettung gelegt werden.

Die Besonderheit der zeitlichen Dimension der Lebenswelt basiert auf
ihrer Stellung zur Sinn- bzw. Bedeutungsgebung. Schütz/Luckmann heben
in diesem Zusammenhang hervor, dass erst die zeitliche Distanzierung zu
Ereignissen individuelle Erfahrungen und Bedeutungsgebung ermöglicht,
dass sich diese aber zugleich an vorgegebenen, entweder individuell vorher erlangten oder sozial vermittelten Deutungen abarbeiten und bewähren
müssen: „Als aktuelle Bewußtseinsvorgänge haben Erfahrungen von sich aus
noch keinen eigentlichen Sinn. Den erhalten sie erst in reflexiven, nachträg-
lichen Bewußtseinsleistungen. […]. Erst wenn ich wohlumschriebene Erlebnisse, also Erfahrungen, über ihre Aktualität hinaus reflexiv erfasse, werden
sie erinnerungsfähig, auf ihre Konstitution hin befragbar, sinnvoll. Wenn das
Ich auf seine eigenen Erfahrungen hinblickt, genauer: zurückblickt, hebt es
sie aus der schlichten Aktualität des ursprünglichen Erfahrungsablaufs heraus und setzt sie in einen über diesen Ablauf hinausgehenden Zusammenhang. […] Ein solcher Zusammenhang ist ein Sinnzusammenhang; Sinn ist
eine im Bewußtsein gestiftete Bezugsgröße, *nicht* eine besondere Erfahrung
oder eine der Erfahrung selbst zukommende Eigenschaft. *Es geht vielmehr
um die Beziehung zwischen einer Erfahrung und etwas anderem*. Im einfachs-
ten Fall ist dieses andere eine andere als die aktuelle, so z.B. eine erinnerte
Erfahrung. […] Das andere kann jedoch auch etwas Verwickelteres als eine
einzelne Erfahrung sein: ein Erfahrungsschema, eine höherstufige Typisierung, eine Problemlösung oder Handlungsrechtfertigung" (Schütz/Luck-
mann 1974: 13; Hervorhebung HW). Dieses „etwas Verwickeltere" soll in den
folgenden Ausführungen hinsichtlich der neuen biografischen Lernorten an
der Differenz des Normativen – als höherstufige Typisierung – zum Individuellen exemplifiziert werden. In seiner kritischen Reflexion soll es das
Sprungbrett bieten zur Neubewertung des anderen biografischen Lernortes.

Ein letzter Aspekt der Zeitverwendung bzw. des Zeitregimes ist hier zumindest anzumerken. Dieser ergibt sich aus der Frage nach der *Verfügbarkeit*

über die eigne Zeit. Mit Verfügbarkeit ist die Differenz angesprochen, die allgemein zwischen Arbeitszeit und Freizeit besteht. Faktisch wird damit der Zugriff der Gesellschaft bzw. des Staates benannt, in der sich bestimmte Lebenszeiten obligatorisch als Schulzeit, Zeit gemeinnütziger Dienste bzw. Wehrpflicht und Lebensarbeitszeit abheben von der „Restzeit", die den Einzelnen zur freien Verfügung steht. Neben der Ruhephase bzw. Rente sind dies insbesondere Urlaub und Feierabend. Mit dieser Unterscheidung bewegen wir uns letztlich auf ein Kernproblem der nichtformalen Bildung (vgl. Silberman-Keller 2007), aber auch der Erwachsenenalphabetisierung zu. Hier gilt es zu fragen und zu erkunden, inwieweit es einen Unterschied ausmacht, ob das individuelle Lernen vordergründig selbstbestimmt auf die „Freizeit" gelegt oder die nachholende Alphabetisierung von Amts wegen verordnet und somit zur „Arbeitszeit" deklariert wird. Dieser Frage kann hier nur ansatzweise nachgegangen werden,[5] wobei anzumerken ist, dass sie sich nicht zuletzt für das Verständnis von Motivation und Lebensplanung als zentral erweist.

3 Lebensverlaufsanalyse und Lernen

3.1 Lebenslaufmuster – Dreiteilung des Lebenslaufs

In der Mitte des vorigen Jahrhunderts entwickelte sich eine wissenschaftliche Betrachtung des Lebensverlaufes (vgl. den Grundlagenartikel von Cain 1964) im Verhältnis zur Sozialstruktur einer Gesellschaft. Es war ein quantitatives Sozialforschungsverfahren, welches sich zur Aufgabe gemacht hatte, typische Verlaufsmuster unterschiedlicher Jahrgänge zu ergründen. Über prägnante Ereignisdaten und Verweildauern in gesellschaftlichen Institutionen wurden Rückschlüsse darauf erhofft, wie Gesellschaft individuelle Biografien beeinflusst und wie bestimmte Personengruppen (gebildet nach Geschlecht, Ethnizität etc.) sich typisch dazu verhalten.

In differenzierten Analysen konnten basale Erkenntnisse zu zahlreichen Komplexen (z. B. Migration, Bildung, Segregation, Entwicklung etc.) erarbeitet werden. Als übergreifende Erkenntnis stellt sich die normierende Kraft der Gestaltung von Lebensverläufen heraus, d. h., gesellschaftliche Kontrolle erweist sich offenbar sowohl in der fundamentalen Beeinflussung

---

5 An anderer Stelle wird dies unter der Fragestellung der Legitimation des Lernens explizit behandelt (vgl. Wagner 2011).

individueller Lebensgestaltung als auch in der Beobachtung, Bewertung und ggf. Sanktionierung der jeweils individuellen Verläufe als allgegenwärtig (vgl. Sackmann 2007). So werden auf der Makroebene mittels Gesetzgebung zu Einschulung, Schuldauer, Formen der berufsorientierten Weiterbildung, zum Eintritt ins und zum Austritt aus dem Berufsleben (Stichwort: Renteneinstiegsalter) und zum Gestaltungsrahmen im Rentenalter strikte und harte sanktionierende Normen installiert. An diesen Vorgaben haben sich alle zu orientieren und sich individuell daran abzuarbeiten.

In einer grafischen Darstellung (vgl. Abb. 1) kann diese schematische Dreiteilung (Bildung-, Erwerbs- und Ruhephase) deutlich erkannt werden. In Anbetracht des vorliegenden Themas wurde die Bildungsphase nochmals unterteilt in die Bildungsphase in der Familie bzw. in äquivalenten Betreuungseinrichtungen und die Phase in Institutionen des Bildungswesens.[6]

Um zu illustrieren, dass diese empirische Rekonstruktion hinsichtlich der Dreiteilung des Lebenslaufs weder trivial noch tautologisch ist, sondern durchaus einen Erkenntnisgewinn mit sich bringt, kann einerseits der histo-

Abbildung 1 Lebensverlaufsphasen; 2010, „normal"*

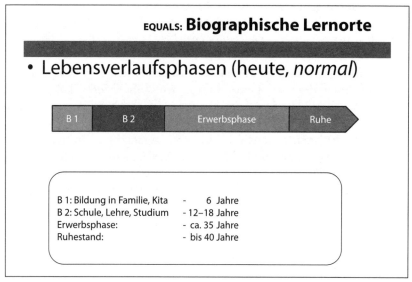

* Die Zahlen beziehen sich auf die Lebensabschnitte, nicht auf das Alter.

---

6   Die angegebenen Zeiträume in den Abbildungen stellen bloße Orientierungswerte dar, denn sie variieren je nach Milieu und Region recht erheblich.

rische Vergleich dienen, andererseits der Vergleich realer Verläufe am Beginn des 21. Jahrhunderts mit der in der Mitte des vorigen Jahrhunderts gewonnenen idealtypischen Form. Der historische Vergleich kann beliebig angesetzt werden, aber bereits der Blick zurück über eine kurze historische Zeitspanne auf die deutsche Gesellschaft um 1900 zeigt markante Unterschiede. In der folgenden schematischen Darstellung wird der Zeitverlauf der Dreiteilung anhand des bäuerlichen Milieus[7] angedeutet.

Aus Abbildung 2 werden bereits auf den ersten Blick einige äußere Unterscheidungen deutlich. Die durchschnittliche Gesamtlebensdauer hat zugenommen. Der Eintritt in die Ruhephase war um 1900 etwas früher und ergab sich sowohl aus arbeitsorganisatorischen[8] als auch aus demografischen Fakten. Die Struktur der Bildungsphase war im Prinzip gleich. Es gibt in beiden eine informelle Bildung im Rahmen der Familie bzw. der bäuerlichen Wirtschaft bis zum 6. bzw. 7. Lebensjahr. Daran schließt sich die formale Bildung an. Diese unterscheidet sich aber wesentlich sowohl hinsichtlich vermittelter Inhalte, organisatorischer Abwicklung und vor allem hinsichtlich der Dauer. Die Schulzeit im bäuerlichen Milieu betrug zwischen sechs und

Abbildung 2 Vergleich der Dreiteilung des Lebensverlaufs um 1900 (unten) mit der heutigen idealtypischen Verlaufskurve

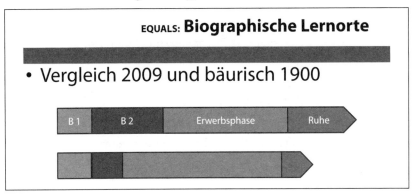

---

7   Es sei hier angemerkt, dass genauere Darstellungen ohne eine differenzierte Zuordnung, beispielsweise über Milieus, kaum sinnvoll erscheinen.
8   So gab es, regional durchaus erheblich abweichende, Regelungen, wann der Altbauer ins Altenteil gehen musste, um dem nachfolgenden Sohn (mitunter war es der älteste, mitunter der jüngste Sohn) die Wirtschaft zu übergeben.

acht Jahren, eine Berufsausbildung hingegen gab es selten.[9] Somit geschah
der Einsteig in die Erwerbsphase charakteristischerweise wesentlich früher
als heute und währte aus diesem Grunde auch deutlich länger. Die Ruhephase war wegen der geringeren durchschnittlichen Lebenserwertung viel
kürzer und dem Inhalt nach letztlich eine die bäuerliche Wirtschaft unter-
stützende Arbeitsphase.

Hinsichtlich des Vergleichs realer Lebensverläufe und der normativen
Setzung eines idealtypisch (dreigeteilten) Lebensverlaufs (vgl. Abb. 3) ergeben sich andere, aber gleichermaßen tiefgreifende Differenzen. Zuallererst
zeigt sich dies dadurch, dass das Normative den faktischen Möglichkeiten
individueller Akteure widerspricht. Die auf sozialer Ungleichheit beruhenden und Ungleichheit befördernden Strukturen nötigen die jeweiligen Akteure zu spezifischen Modifikationen der scheinbar optimalen Dreiteilung.
So werden bereits in Zeiten der Ausbildung Erwerbstätigkeiten nahegelegt bzw. unumgänglich, um die gesteckten Bildungsziele zu erreichen (in
der Grafik als dünne, dunkle Linie in B 2, B 3 und als dickeres Feld in B 4
abgebildet). Der Übergang zur Erwerbsphase stellt sich heute für viele Jugendliche als problematisch dar. So entsteht – insbesondere für hochquali-
fizierte Jugendliche und junge Erwachsene – die sogenannte „Generation
Praktikum". Für weniger gut qualifizierte hingegen eröffnet sich über verschiedene „Maßnahmen" wie das Berufsvorbereitungsjahr ein Einstieg in
eine lebenslange Alimentierung unter dem zynischen Stichwort „Berufs-
wunsch Harz-IV-Empfänger". Die erzwungene Modifikation geht weiter
über nichtintendierte und häufig unsinnige „Weiterbildungen", Phasen der
Arbeitslosigkeit und häufige berufliche Umorientierung. Nicht zuletzt stellt
auch die Nacherwerbsphase vor strukturelle Herausforderungen, die häufig
durch (Quasi-)Erwerbstätigkeit gekennzeichnet sind.

Neben dieser empirisch begründeten Infragestellung der Dreiteilung des
‚normalen' Lebensverlaufs ergeben sich nicht minder gewichtige prinzipielle
Anfragen: Würde es der menschlichen Entwicklung nicht wesentlich besser
entsprechen, eine selbstgewählte, gesellschaftlich unterstützte und organisatorisch ermöglichte Gestaltungsfreiheit des Lebenslaufs anzuregen? Zu
denken wäre hier an persönliche oder familieninduzierte Akzentsetzungen,
die sich nicht vordergründig an wirtschaftlichen und/oder ordnungspoliti-

---

9   In handwerklichen Berufen bestand für Jungen ein ausgeprägtes Ausbildungssystem,
     bei Bauern hingegen nicht. Mädchen mussten in der Regel eine informelle Ausbil-
     dung durchlaufen, indem sie nach der Schule bis zu ihrer Verheiratung (das war der ge-
     wünschte Normalfall) 2 bis 3 Jahre ‚in Stellung' gingen.

Abbildung 3 Vergleich des idealtypischen Verlaufs mit realen Verläufen (unten)

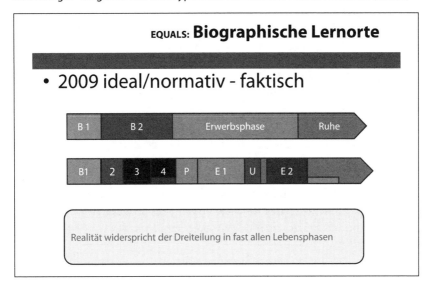

schen Logiken orientieren müssen. Überaus zu begrüßen sind in diesem Zusammenhang alle Formen zur Gewährung von Sabbatzeiten („Sabbaticals") und anderen selbstgewählten Unterbrechungen der Erwerbsarbeit, die nicht automatisch negativ angerechnet werden (vgl. auch Reheis 1999).

3.2 Übernahme und Aneignung normativer Vorstellungen

Die normative Wirkung der Konstruktion eines idealtypischen Verlaufs der Persönlichkeitsentwicklung liegt auf der Hand. Er beruht – wie angedeutet – im Kern auf gesetzlichen Grundlagen, wirkt darüber hinaus aber subtil im Sinne von Deutungsmustern bzw. lebensweltlichen Wissensbeständen. Vom Standpunkt des Individuums aus ist es entscheidend, welches Verhaltensrepertoire jeweils zum Umgang mit gesellschaftlichen Normvorgaben zur Verfügung steht bzw. angeeignet wird. Die Lebensverlaufs- und Biografieforschung bietet hierzu interessantes empirisches Material und verschiedene Theorien. Nach der oben ansatzweise erfolgten Beschreibung und kritischen Diskussion statistisch regelhafter Lebensverlaufsmuster (d.h. alterszeitliche Lokalisation, Sequenzordnung und Intervalldauer von Lebensereignissen) kann jetzt der Frage nachgegangen werden, wie „regelhafte lebenszeitliche

Muster einen prägenden Einfluss auf individuelle Biographien" (Heckhausen 1990: 351) gewinnen können. Einerseits ist deutlich, dass diese Vorgaben zu konformen Verhaltensmustern führen, andererseits aber zeigen sich durchaus häufige Abweichungen von den jeweiligen Altersnormen.[10] Darum gilt es zu klären, wie es um die tatsächliche Wirkkraft solcher Vorgaben bestellt ist.

Hinsichtlich lebensweltlicher Wirkweisen konnte gezeigt werden, „dass normative Vorstellungen über angemessene alterszeitliche Lokalisation diverser Rollenübergänge [...] hoch konsensuell sind, obwohl auch alters- und sozialschichtabhängige Variationen gefunden wurden" (ebd.). Interessant daran ist, dass dies sowohl zur Erklärung eigener Bewertung als auch der Fremdbewertung beitrug, aber beide nicht übereinstimmten. Dies bedeutet, dass sich „eine repräsentative Gruppe von Befragten [...] selbst anders als ,die meisten anderen'" (ebd.) einschätzt. Dies lässt sich direkt begreifen als Distanzierungsvermögen des Rollenverständnisses bzw. der Anwendung spezifischer Normen hinsichtlich der vorhandenen bzw. der von ihnen vermuteten Vorgaben.

In genau der angegebenen Streubreite ist auch das folgende Modell zu verstehen. Es zeigt einerseits das idealtypische Wirken von Normvorgaben, deren soziale Vermittlung und individuelle Annahme. Im Kontext von Stigmatisierungstheorien und insbesondere im sogenannten Etikettierungsansatz (Labeling Approach) konnte herausgearbeitet werden, dass insbesondere bei stark stigmatisierten und faktisch ausgegrenzten Personen die Gefahr der Identifikation mit der entwerteten Rollenidentität groß ist. Abbildung 4 soll den schematischen Verlauf einer solchen negativen Bildungskarriere und die dabei ablaufende Identifikation veranschaulichen.

Auch dieses Modell soll als Differenzmodell fungieren, indem es einen idealtypischen Verlauf unterstellt, der gekennzeichnet ist durch die Etappen (1) normative Vorgabe der Dreiteilung des Lebenslaufs, (2) soziale Vermittlung dieser Vorgaben als Bezugsnormen, (3) Übernahme dieser Normen als individuellen Anspruch (selbst bei unmöglicher Erfüllung dieses Anspruchsniveaus!) und (4) Verinnerlichung der Normen als Bestandteil der eigenen Persönlichkeitsdeutung, d.h. Setzung und Bewertung des eigenen Selbst als defizitär.

---

10   In Bezug auf weniger institutionalisierte Übergänge als die oben angeführten hinsichtlich Bildungs-, Erwerbs- und Ruhephase, z.B. hinsichtlich des Zeitpunktes der Heirat, der Geburt von Kindern, der Gründung eines eigenen Wohnungsstandes etc., sind die Abweichungen offenbar noch wesentlich häufiger und größer, da dort der soziale Regelbedarf *heute* geringer ausfällt – mit der starken Tendenz zu weiterer Auflösung von Verbindlichkeiten.

Abbildung 4 Die normative Dreiteilung des Lebenslaufs zur Setzung
und Bewertung des Selbst

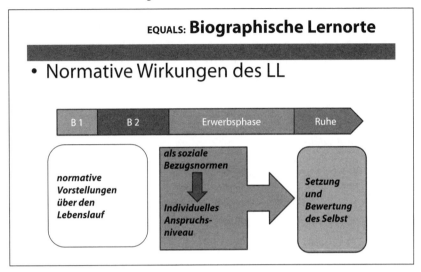

Im Rahmen der empirischen Forschung kann dann im jeweiligen Vergleich zu diesem Modell anhand individueller Verläufe die Differenz der jeweiligen Persönlichkeitssetzung mit dieser starren modellhaften Behauptung aufgezeigt werden. In der Sichtbarmachung dieser Differenz liegt der Gewinn, der sich im Verständnis des Einzelschicksals zeigen kann.

Genau an dieser Stelle liegt der Anschluss zur Theorie der lebensweltlichen Entstehung von Sinn, wie er oben mit Schütz/Luckmann skizziert wurde: Einem Menschen erscheint der eigene Lebensverlauf dann als sinnvoll, wenn er im Rückblick entweder den sozial geteilten Vorstellungen (den Normen) entspricht oder wenn er für ihn selbst in seiner Einschätzung – auch gegen die Norm oder das, was er für die Norm hält – als das lebensgeschichtlich Angemessene erscheint. Im Rahmen der Rekapitulation der Forschungsergebnisse im Rahmen unseres Projektes soll im Abschlusskapitel der Frage nachgegangen werden, inwieweit dieses Distanzierungsvermögen sich bei unseren InterviewpartnerInnen zeigte und Einfluss auf ihre Lebensgestaltung gewinnt bzw. gewinnen könnte.

3.3 Bildungskarrieren und Funktionaler Analphabetismus im gesellschaftlichen Kontext

Individuelle Bildungskarrieren im Kontext sozialisatorischer Faktoren können als Miteinander von Sozialisation, Bildung und Erziehung verstanden werden. Die begriffliche Abgrenzung dieser drei sich teilweise überlappenden Felder erfährt verschiedene Deutungen, für den vorliegenden Fall erscheint die nachfolgende Zuordnung sinnvoll und hilfreich für weitere Untersuchungen. „Mit dem Begriff Sozialisation wird vor allem der eher allgemeine, anthropologisch fundierte Sachverhalt der sozialen Gestaltung von verlässlichen Sozialbeziehungen sowie intergenerationalen Tradierung sozialen Handlungswissens umschrieben; mit dem Begriff Bildung die Kultivierung dieses Handlungswissens durch einzelne Individuen und mit Erziehung die Etablierung sozial erwünschter Eigenschaften von Menschen durch Einflussnahme naher Bezugspersonen" (Grundmann/Hoffmeister 2007: 129 f.). Der Vorteil dieser Unterscheidung besteht in einer relativ guten Zuordnung der angeführten Bereiche zu empirischen Befunden. Allerdings muss der gesamte Prozess strikt subjektorientiert verstanden werden, d.h. als Prozess der Auseinandersetzung und individuellen Aneignung durch den je Erzogenen, Sozialisierten oder Lernenden. Des Weiteren ist zu beachten, dass die „nahen Bezugspersonen" – zumindest in der zweiten Bildungsphase – immer institutionell vermittelt sind, d.h., sie wirken als Person (die konkret Lehrenden), aber ihr Handeln ist eingebunden in institutionelle Vorgaben, in die jeweilige Organisationskultur.

Ein weiterer Vorteil dieser schematischen Einteilung besteht darin, dass – wie eben angedeutet – sowohl familiäre als auch institutionelle Beeinflussungen in den Blick geraten. Insbesondere die Gestaltung der Bildungskarriere spiegelt das oft spannungsvolle Miteinander von Bildungsinstitutionen und familiären bzw. äquivalenten Einflüssen wider. Bildungskarrieren können unter subjektorientiertem Verständnis als Folge von Entscheidungen einer Person in institutionell vorgegebenen Alternativen mit kausalem Einfluss früherer Entscheidungen auf spätere verstanden werden. Das Bildungswesen stellt gleichsam die Landkarte für Schullaufbahnen dar – als allgemeine Orientierung für individuelle Wege (vgl. Meulemann 1990: 90 ff.). Hier zeigen sich typische Konfliktpotenziale und Interessenkonflikte. So setzt das Bildungswesen gegen die Planung der Eltern und ihrer Kinder ihr spezifisches Kriterium ein, welches in der durch Schulnoten quantifizierten Leistung besteht. Dies gerät häufig in Konflikt mit den Vorstellungen und

Bewertungen der Eltern, die eher mit Neigung, Begabung und Familientradition argumentieren.

Im vorliegenden Text soll dieser Aspekt nicht in alle Dimensionen verfolgt, sondern allein unter dem Fokus des problematischen Schriftspracherwerbs analysiert werden. So ist der sogenannte Funktionale Analphabetismus nur im Bezugsfeld institutioneller Vorgaben und individueller Leistungsfähigkeit überhaupt erst existent. Bereits sein Entstehen ist untrennbar an normative Vorstellungen des Bildungswesens gebunden. Ohne solche kulturell untersetzten Normen wäre diese Begriffsbildung unsinnig.

Funktionaler Analphabetismus entsteht in Schriftsprachkulturen, wenn mehrere Faktoren zusammenkommen. So muss die jeweilige Gesellschaft das Ziel verfolgen, ihre Kommunikation wesentlich auf Schrift zu gründen und dabei alle Menschen mit einbeziehen zu können. Schriftsprachkompetenz wird dadurch zur gesellschaftlichen Norm. Des Weiteren muss ein Ausbildungssystem installiert sein, welches faktisch auf die Bildung aller Personen ausgerichtet ist. Dieses Ausbildungssystem stellt seinerseits sowohl die Bildungsvoraussetzungen als auch die Bildungsnormen zur Verfügung und erhält diese in seiner Praxis am Leben. Genau an dieser Stelle setzt die konkrete Entstehung des Funktionalen Analphabetismus in Deutschland ein (vgl. dazu grundlegend Wagner 2008a, Wagner/Eulenberger 2008).

In Abbildung 4 wird dargestellt, wo entsprechend des idealtypischen Lebensverlaufs der Schriftspracherwerb angesiedelt ist und an welcher Stelle dann der Funktionale Analphabetismus schlagartig ‚entsteht'. In der Grafik wird in der unter dem Lebensverlaufsstrahl befindlichen Kombination aus Linien und Feldern der empirisch nachweisbare Kompetenzerwerb zur Beherrschung der Schriftsprache markiert. Dieser geschieht im letzten Teil der vorschulischen und in den ersten vier Jahren der schulischen Ausbildung. In der Vorschulzeit werden bereits einige Kinder in ihren Familien ans Lesen und Schreiben herangeführt (dünne dunkle Linie). Empirische Studien belegen, dass ab Klassenstufe 5 die Schriftsprachenkompetenz abhängig vom Schultyp gar nicht oder kaum weiterentwickelt wird (vgl. Becker/Schubert 2006). Die Ergebnisse belegen, dass in der Hauptschule die Schriftsprachkompetenzentwicklung stagniert oder sogar abnimmt, im gymnasialen Zweig hingegen noch leichte Zunahmen typisch sind. Hier zeigt sich u.a. auch die selektiv-exkludierende Wirkung des deutschen Schulsystems: „Die sozial selektiven Sortier- und Selektionsleistungen des dreigliedrigen Bildungsweges am Ende der Grundschulzeit tragen ebenfalls zur sozial selektiven Verteilung der Schulkinder [...] bei. Hierbei haben wir Anzeichen dafür

Abbildung 5 Entstehung des Funktionalen Analphabetismus aus der Logik der Normierung des Lebenslaufs

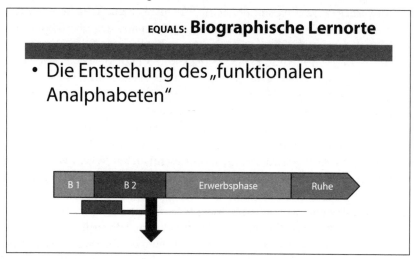

gefunden, dass die beim Übergang in die weiterführenden Schullaufbahnen vorhandenen sekundären Ungleichheiten sich in zwischen den Sozialschichten verstärkende Kompetenzunterschiede und damit in primäre Chancenungleichheiten umwandeln" (Becker/Schubert 2006: 279 f.).

Faktisch ist für das schlagartige Zustandekommen des Funktionalen Analphabetismus allein eine definitorische Grenzziehung verantwortlich: Kinder und Jugendliche, die nicht hinreichend lesen und schreiben können, gelten bis zu ihrem sechzehnten Lebensjahr als „schlechte Schüler" und erst danach als „Funktionale Analphabeten".[11]

Aus Abbildung 5 ist weiterhin zu ersehen, dass informelle bzw. nichtschulische Weiterbildung der Schriftsprachenkompetenz faktisch fast lebenslang erfolgen kann. Dies mag durch persönliche Neigungen, familiäre Einbindungen oder berufliche Induktion motiviert sein, zeigt aber bereits, dass Bildung nicht nur eine gesellschaftliche Normvorgabe darstellt, sondern sehr stark individuell bzw. durch soziale Einbindungen beeinflusst werden kann.

Nachdem bislang idealtypische Muster aufgezeigt und zugleich kritisch betrachtet wurden, können im nachfolgenden empirischen Teil anhand dreier

---

11 Natürlich unter Beachtung weiterer Differenzierungen wie beispielsweise Lese-Rechtschreib-Schwäche oder Legasthenie.

Einzeldarstellungen konkrete Verlaufsmuster identifiziert und darauf aufbauend Schlussfolgerungen zu neuen biografischen Lernorten abgeleitet werden.

4   Forschungsergebnisse zu biografischen Lernorten

Individuelle Biografien sind stets singulär und verdienen aus dieser Perspektive ihre Beachtung und Wertschätzung. Zugleich sind sie überhaupt nur
vorstellbar im Kontext gesellschaftlicher Strukturvorgaben und lebensweltlicher Einbindungen. Anhand dreier Lebensgeschichten soll mittels einer
Rekonstruktion der individuellen Entwicklung und unter der Setzung des
Akzents auf die Bildungskarriere eine differenzierte Sichtweise auf tatsächliche Lebensverlaufsmuster möglich werden. Um mit wenigen Beispielen
dennoch eine weitgehende Illustration des anstehenden Phänomens zu erreichen, wurden drei generationsspezifische Verläufe ausgewählt, um anhand
sogenannter Eckfälle auf die tatsächliche Bandbreite zu verweisen.

Eckfall 1, Frau A.: „Ich bin ein Flüchtlingskind" – die Selbstermächtigung

Frau A. wurde 1935 in Schlesien geboren. In den Kriegswirren versuchte die
Familie zu fliehen, zog aber dann wieder ins sowjetisch besetzte Heimatge-
biet zurück. Im Jahre 1946 wurde die Familie vertrieben und gelangte über
einige Zwischenetappen in ihre jetzige Heimat im deutschen Kerngebiet. In
ihrer Erinnerung fließen diese Ereignisse zusammen und bilden ein impo-
sant-bombastisches Bild des Schreckens und der Unsicherheit. Noch heute
ist Frau A. vollkommen davon betroffen und hat sich offenbar noch nicht
davon lösen können; sie hat noch niemanden gefunden, mit dem es möglich gewesen wäre, diese traumatischen Erfahrungen in einer Narration von
sich zu werfen: *„Ach ich kann Ihnen so viel [...] erzählen, das ist so viel, so viel,
so viel [...]. Das hab ich auch meinen Kindern noch nicht erzählt. Die sind schon
so alt, aber nein, sie wollen davon nichts wissen und ich will sie damit nicht be-
lasten. Nein, das ist eine ganz große Belastung, das werden Sie einfach nicht los.
Einen Krieg mitzumachen, das ist ganz, ganz schlimm."* Sie sei zwar 1941 eingeschult worden, aber ab 1942 habe es keine reguläre Schule mehr gegeben.
Das schwere Los einer Flüchtlingsfamilie sei durch die Weigerung der Lehrerin, Flüchtlingskinder zu unterrichten, noch extrem verstärkt worden: *„Aber
Schule hatten wir nicht. Da war wohl eine Schule, da wurden wir dann nachher
auch eingeschult. Aber wir hatten eine Lehrerin, die war katholisch. Und das war*

ja früher so, wir hatten nichts zu essen und nichts zu trinken. Und wenn die Lehrerin einen großen Sack Kartoffeln bekam oder Geschenke, die Kinder wurden gelehrt. Die anderen, die das nicht konnten, die blieben einfach so sitzen, die wurden nicht gelehrt und so ging das so weiter." So hatte Frau A. am Ende ihrer regulären Schulbildung weder lesen noch schreiben gelernt: *„Ich konnte nicht mal, als ich als Fünfundzwanzigjährige geheiratet hatte, meinen Namen schreiben."* Am Anfang der Ehe sei dies einigermaßen kompensiert worden, bis sich herausstellte, dass ihr Ehemann dieses Manko ausnutzte, um sie zu übervorteilen und zu verhöhnen. Von anderen Menschen, die sie schätzten oder mit denen sie befreundet war, wurde sie angeregt, heimlich lesen und schreiben zu lernen. Damit begann sie im Alter von ca. 40 Jahren. Nachdem sie sich zehn Jahre abgemüht hatte, wagte sie den großen Schritt zum Lernen in der Volkshochschule: *„Und dann bin ich zur Volkshochschule gegangen, da war da so eine Stufe und da kommt mir so eine kleine Frau entgegen und da sagt sie: ‚Bitteschön, was möchten Sie?' Ich sage: ‚Ich möchte gerne über diese Stufe gehen und dann geht's nicht mehr zurück. Tja', sag ich, ‚ich möchte gerne lesen und schreiben lernen, ich kann es nicht.' Da nimmt sie mich so an die Hand und sagt: ‚So', sagt sie, ‚über diese Schwelle gehen Sie und da brauchen Sie auch nie mehr zurück gehen.'"* So lernte Frau A. zwischen dem 50. und dem 60. Lebensjahr kontinuierlich an der Volkshochschule, sodass sie sich recht gute Grundkenntnisse erwerben konnte. Noch heute geht sie zu Beratungen und nutzt spezifische Angebote, wie beispielsweise den Weltalphabetisierungstag, um die Verbindung nicht abreißen zu lassen. Bald nach dem Einstieg in die VHS lässt sie sich von ihrem Mann scheiden: *„Nur beschimpft hat er mich und nach 35 Jahren hab ich mich jetzt scheiden lassen. Ich bin 15 Jahre geschieden. Ich habe drei schöne Kinder und meine älteste Tochter ist 47 Jahre schon, so, aber ich habe keine gute Ehe gehabt."* Beide Ereignisse, den Weg in die VHS und die Scheidung, erfährt sie als große Entlastungen: *„Wissen Sie, ich habe drei Ziegelsteine auf meinen Schultern getragen: einmal einen, noch einen und einen hab ich hier oben. Den einen hab ich schon weg, den einen habe ich weggeworfen, den anderen habe ich weggeworfen und der dritte, der ist heute hier. Sehen Sie und den werfe ich auch noch weg und dann bin ich frei."* Nach diesem Interview kommt sie noch einmal zum Interviewer und sagt: *„Als ich vorhin alles erzählt habe, konnte ich auch den dritten Stein wegwerfen, nun bin ich frei."*

Frau A. hat ihren individuellen Lernort gefunden und genutzt. Sie hat ihn sich erkämpft und im Nachhinein als sinnvoll, als lebensförderlich in ihre Erfahrungsaufschichtung integriert. Sie hat ihre Freizeit eingesetzt, um sich zu befreien, d.h. um nachzuholen, was ihr einst vorenthalten war. Denn nicht lesen und schreiben zu können, hat sie mehrfach als Ausgrenzung und

Anerkennungsverweigerung erfahren müssen. Durch ihr eigenes Aktivwerden hat sie das Blatt für sich wenden können. Es spielt keine Rolle, wie perfekt sie nun lesen und schreiben kann, sondern wichtig sind die Erfahrungen des erfolgreichen Ringens und die Fähigkeit, diese Kompetenz für sich, für ihre Persönlichkeitsentwicklung selbstbestimmt in ihr Leben aufnehmen zu können.

**Eckfall 2, Frau B.: „wurden ins Heim gesteckt" –
die induzierte Selbstaneignung**

Frau B. wurde 1958 geboren und wuchs mit 14 Geschwistern auf. Die häusliche Situation war offenbar schwierig, denn sie und zumindest einige andere Geschwister mussten in Heimen fremduntergebracht werden. Die Mutter war frühzeitig verstorben, wahrscheinlich aber nicht vor der Heimeinweisung, sondern in der Zeit, da Frau B. bereits eingeschult war – Frau B. kann sich nicht genau daran erinnern und berichtet in sich Widersprüchliches: *„In der ersten Klasse, als meine Mutter gestorben ist, da war ich glaub ich vier oder fünf.* Und: *Ich kenn sie gar nicht, ich kann mich nicht an sie erinnern, mit vier Jahren, drei, vier Jahren, fünf Jahren, ich weiß nicht, vier oder fünf."* Den Heimaufenthalt fand sie *gar nicht so schlecht,* denn sie hätte alles Lebensnotwendige gehabt. In der Erzählung taucht der Vater nur indirekt auf, und zwar in Bezug zu den Stiefmüttern. Offenbar waren es drei gewesen, unter denen Frau B. und ihre Geschwister stark gelitten hatten, denn diese hätten kein Interesse an den Kindern gehabt, sondern nur am Vater. Über ihre Schul- und Berufsausbildung berichtet sie, dass sie *„Mist gebaut"* habe. In ihrer Erinnerung ist sie sich der Zusammenhänge nicht im Detail bewusst, aber sie berichtet von Alkoholmissbrauch und traumatischen Erfahrungen, die sie noch heute in Depressionen und Angstattacken spürt: *„Wahrscheinlich muss ich da irgendwie in der Kindheit was durchgemacht haben."* Sie berichtet aus dieser Zeit, dass sie *„Angst vorm Sterben* [gehabt habe]; *aber auf der andern Art musste ich Blut sehn* [Selbstverletzung], *damit ich überhaupt wusste, dass ich existiere."* Bis zu ihrem vierzigsten Lebensjahr hat sie sich wohl eher schlecht als recht durchgeschlagen, wobei ihr Ehemann Frau B. bis zu seinem Tode vieles abgenommen habe. Die Erziehung der eigenen Kinder schätzt sie selbst als misslungen ein, denn sie habe *„eben keine Mutterliebe gekannt; dann konnte ich sie auch nicht weitergeben."* Dieses unsichere Getriebenwerden hat schlagartig ein Ende: Frau B. berichtet, dass sie ihre Alkoholabhängigkeit nun kontrollieren könne, so ist sie mittlerweile *„zehn Jahre trocken".* Gleichfalls sei es ihr gelungen, die Beziehung zu ihren eigenen Kindern aufzuarbeiten: *„Und das hat sich bei mir dann eben auch ausgewirkt auf meine Kinder, dadurch, dass ich damals getrunken hab, dann haben sie* [Jugendamt] *sie mir weggenommen. Aber jetzt kommen sie* [die Kinder] *wieder zu mir; wir sind jetzt die besten Freunde, wir haben uns wieder zusammengerauft. Ich hab auch alles erklärt, wie alles gekommen ist, warum, weshalb, wieso, des ganze Drumherum."* All diese Facetten zusammenfassend kann gesehen werden, dass Frau B. ihre eigene Lebensführung grundsätzlich umgestaltet hat: *„Und jetzt lern ich eben, das alles selber zu machen. Behördengänge und so,* [...] *Bewerbungen schreiben, da hab ich hier 18 Stück dieses Jahr geschrieben, so viel hab ich in meinem ganzes Leben noch nicht geschrieben."*

Frau B. verbindet ihre fundamentale Neuorientierung mit der sozialen Neueinbindung, die ausgelöst worden sei durch die sichere und tragende Beziehung zur Kursleiterin im Alphakurs. Dies braucht faktisch – als singuläres Ereignis – so nicht zu stimmen, sondern es können eigene lang andauernde Lernprozesse unterschwellig dazu beigetragen haben, wie auch bestehende soziale Netzwerke, denn plötzlich taucht in der Erzählung eine wichtige und anspornende Freundin auf. Dies alles ist sekundär gegenüber der individuellen Einschätzung, dass ihr Leben nun einen Sinn habe: Alles Jetzige fügt sich zusammen, selbst Problematisches wie das scheinbar aussichtslose Ringen um eine Erwerbsarbeit, aber auch Vergangenes wird wieder disponibel und Zukünftiges steht nicht als ängstigende Last, sondern als Aufgabe vor ihr. Die Selbstaneignung geschah – zumindest in ihrer Selbstthematisierung – fremdinduziert durch die neue Kursleiterin, aber dies führte nicht zu einer Fremdbestimmung, sondern wirkte als Impuls der Selbstaneignung. Sie hat für sich einen großen Sprung realisiert, die Fremdbewertung hingegen ist träge: Nicht zuletzt die normative Macht des idealtypisch dreigeteilten Lebenslaufes wirkt zumindest auf dem Arbeitsmarkt und im Rahmen staatlicher Transferleistungen unaufgeklärt weiter und stellt ein Gefährdungspotenzial für ihre jetzige aktive Lebensgestaltung dar. Es wird sich zeigen müssen, wieweit die neuen Netzwerke und die neue Lebensstrategie tragfähig bleiben.

Eckfall 3, Herr C.: „Warum sollte ich lernen?" – Orientierung in der Schwebe

Herr C. ist 1990 geboren, seine Kindheit verlief – seiner Erzählung nach – völlig unspektakulär, dies bezieht sich sowohl auf die Zeit vor der Schule als auch auf die Schulzeit. Möglicherweise hat er alles vergessen, verdrängt oder er ist nicht bereit, darüber zu erzählen. Kleine Belegstellen legen die Vermutung nahe, dass er dieses erinnerte Wissen zumindest jetzt nicht präsent hat, da es ihm als unwichtig erscheint und somit keine Integration in die eigene biografische Deutung besteht. Die relevanten Fragmente ergeben ein eigenartiges Bild und sind in Lebensphasen gegliedert. In Bezug auf die Familienphase vor der Schule sagt er: *„Was vor der Schule war, das hab ich vergessen. Und in Hinsicht auf die Schulzeit wird die Aussage etwas länger, nicht aber informativer: So mit sieben bin ich in die Schule rein. Und mit wie viel Jahren bin ich raus? Keine Ahnung. / Das hab ich schon wieder vergessen. / Ja. / Und ich bin, hab die Schule bis zur achten Klasse gemacht.*" Und abschließend zur bisherigen Berufskarriere; hier tauchen zumindest schon Erzählfetzen auf: *„Dann bin ich ins Berufsvorbereitungsjahr, um den Hauptschulabschluss nachzumachen. / Und da bin ich meistens zu spät gekommen. / Da waren dann zu viele Fehlzeiten / und bei den Prüfungen bin ich dann auch zu spät gekommen. / Hat mich der Direktor / noch während der Prüfung beim Rauchen vor dem Gebäude mit einem Kumpel erwischt und hat mich aus der Prüfung rausgeschmissen.*" Die Interpretation, dass weiter zurückliegende Ereignisse von ihm selbst nicht als relevant angesehen werden und ihm selbst nicht präsent sind, wird durch die Präsentation während des Interviews gestützt. Herr C. kann mitunter, wenn auch verworren, lebendig und ansatzweise reflektiert erzählen, aber nur, wenn es um ganz aktuelle Erlebnisse geht bzw. um Deutungen, die sein Handeln momentan bestimmen. In dieser Hinsicht ist sein Deutungsmuster zum Lernen bzw. zur Erwerbsarbeit überaus instruktiv: *„Ja, dass es eigentlich totaler Nonsens ist, sein ganzes Leben lang zu arbeiten. […] Totaler Scheißdreck. / Man arbeitet ja, / man geht jung, geht man in die Schule. Ja, erst geht man in den Kindergarten, dann Schule, dann Arbeit. Wenn man nimmer arbeiten geht, dann ist man einfach zu zerbrechlich, um irgendwas anderes zu machen. / Wenn man alt ist. / Kann man sich gleich beerdigen lassen.*" Die von Herrn C. benannten Lebensziele bewegen sich auf einer bescheiden-hedonistischen Ebene und zeigen entsprechende Lebensziele: *„(Interviewerin) Und wie stellen Sie sich ihr Leben in fünf Jahren vor? // (Herr C.) Ja, modernere Handys, modernere Fernseher und modernere Rechner. (Interviewerin) Und bei Ihnen so? Ja, was machen Sie in fünf Jahren? (Herr C.) Jetzt in fünf Jahren? / Meinen Rechner mal aufstocken.*" Seine momentanen Strategien reichen halbwegs zur Erreichung dieser Ziele; er lebt noch bei den Eltern, die Mutter wäscht für ihn etc., mit einigen Kumpels in seiner Clique verbringt er seine Freizeit und dort besorgt er sich Teile für seinen Rechner und er überlegt, in eine WG zu ziehen. Es geht ihm subjektiv nicht schlecht, er ist aber der ihm gesellschaftlich angetragenen Ange-

bote überdrüssig und erfährt sie als völlige Fremdbestimmung. Bei genauerer
Betrachtung wird deutlich, dass er ggf. lernen und arbeiten würde, wenn sein
Beitrag auch entsprechende Achtung erfahren würde, was sich in angemessener Bezahlung und ausreichend selbstbestimmter Tätigkeit ausdrücken
müsste: *„Das muss sich schon lohnen."*

Seine Lernsituation ist im Schweben: Er lernt lebensweltlich, aber dies
reicht ihm nicht, so fürchtet er sich vor Langeweile *(„die ganze Zeit alleine in
der Bude zu hocken, ist auch langweilig"),* aber auch vor fremdbestimmter Aus-
beutung (s. o.). Es gibt keine Bezugspersonen – weder die Eltern *(„mein Vater
arbeitet auch nicht gerne")* noch die Kumpels noch irgendwelche Lehrer bzw.
Ausbilder –, die ihm lohnenswerte Perspektiven vermitteln konnten, seinen
individuellen Lernort zu sehen und zu ergreifen.

5   Schlussfolgerungen: Plädoyer zur Akzeptanz individueller Lernorte

Indirekt wurde deutlich, dass Lebenswelt immer in ihrer Komplexität zu
sehen ist, d. h. sowohl hinsichtlich ihrer räumlichen, sozialen und zeitlichen
Aufschichtung als auch ihres sozial vermittelten Wissensvorrates als unhin-
terfragte Deutungsmuster. Somit wird der hier in den Fokus genommene
Aspekt der biografischen Lernorte als Unteraspekt der zeitlichen Dimension der Lebenswelt in seiner Relevanz bestimmt: Es handelt sich um *einen*
zentralen, somit genauestens zu beachtenden Faktor, der aber nur im Zusammenwirken mit den anderen (räumlich und sozial) zu denken ist. Das
Plädoyer zur Akzeptanz individueller *biografischer* Lernorte bleibt eingebettet
in die Akzeptanz individueller Lernorte sozialer und räumlicher Ausrichtung.

Das dominante Moment dieses Beitrages zur Konturierung sogenannter Neuer Lernorte besteht in zweierlei. Der individuelle Lernort bedarf der
Akzeptanz individueller Persönlichkeitsentwicklung. Dies erweist sich als
schwierig wegen der gesellschaftlichen Normierungen der Bildungskarrieren. Mit dem vorliegenden Beitrag kann keine grundlegende Kritik dazu unternommen werden, wenngleich auch hier Nach-Denken sinnvoll erscheint,[12]
aber er verweist auf eine unbedingte Beachtung individueller Zugänge und
Realisierungsmöglichkeiten; dies bezog sich im vorliegenden Zusammen-

---

12   Vgl. dazu instruktiv Annett Herrmann (2009), indem sie die chronologische Zeitvor-
       stellung – wie sie hier in nur einem Aspekt charakterisiert wurde – als Konstruktion und
       somit als Element der Machtsicherung entlarvt.

hang zwar explizit auf die Erwachsenenalphabetisierung, kann aber wegen ihrer lebensweltlichen Fundierung als relevant für alle Bildungsprozesse angenommen werden. Der zweite Aspekt des zentralen Momentes bezieht sich auf die Selbstaneignung und ist untrennbar vom ersten Aspekt: nur in der sinnvollen Bezugnahme der Selbstaneignung bzw. Selbstermächtigung ist der Aspekt der individuellen Lernzeit bedeutsam, d. h., die Bereithaltung individueller Lernzeiten, die nicht zur Selbstermächtigung führen, wären nur substanzlose Hülse und der Erwähnung nicht wert.

6 Ausblick: Neue Lernorte und Sozialintegrative Alphabetisierung

Bei der Verwendung des Begriffs Neue Lernorte schwingen mehrere Dimensionen mit. Die Beschränkung auf einen einzigen würde das Konzept von vornherein entwerten. Fälschlicherweise werden von Praktikerinnen und Praktikern damit häufig lediglich räumliche Aspekte assoziiert: Der neue Lernort wäre demnach ein anderer Raum, der in der Regel getrennt von den *Gebäuden* der jeweiligen Bildungseinrichtung existiert. Damit wird auf Niederschwelligkeit, größere Nähe zur Lebenswelt der Lernenden und eine Entstigmatisierung verwiesen. Diese Aspekte sind durchaus richtig, beruhen aber sowohl auf einem eingeschränkten Raumverständnis als auch auf einer eingeschränkten Bildungskonzeption. Der Neue Lernort bedarf eines erweiterten Verständnisses, prinzipiell ist es in der Konzeption der Sozialintegrativen Alphabetisierung angelegt, verlangt jedoch nach einer Konkretisierung.

Neue Lernorte sind unter einem komplexen Raumverständnis zu entwickeln: Räume sind Orte sozialer Praxis. Sie entstehen im Miteinander einerseits bestehender Strukturvorgaben, symbolischer Deutungen und sozialer Positionszuweisungen und andererseits der aktuell Handelnden mit ihrer Struktur erzeugenden, Symbole vermittelnden und sich sozial positionierenden Praxis. Neue Lernorte sind darüber hinaus unter einem komplexen Bildungsverständnis zu entwickeln: Der Raum der Bildung bzw. des Lernens muss sich hierbei als Ort der Aneignung, der Selbstermächtigung beweisen (vgl. Deinet 2004). Aneignung so verstanden hat durchaus einen raumeinnehmenden Aspekt, der mit ‚Spacing‘, d. h. mit der symbolischen Raumerschaffung der Praktizierenden, umschrieben werden kann. Das pädagogische Setting hat diese Aneignung zu ermöglichen, darf sie aber nicht kanalisieren oder gar manipulieren, denn dies wäre ihre paradoxe Aufhebung. Die damit gemeinte pädagogische Praxis kann als eine Tätigkeit verstanden werden, „die eine Imperfektheit oder Not des Menschen, ohne sie aufheben zu können, zu wenden sucht, indem sie dazu beiträgt, dass er seine eigene Bestimmung hervorzubringen weiß oder dazu, dass er gemeinsam mit Anderen solche Bestimmtheiten, die er bereits erworben hat, die seiner Menschwerdung aber konkret entgegenwirken, abbauen kann" (Tophoven 2007: 282). In dieser Deutung tauchen die zentralen Momente auf: Aneignungspraxis zielt erstens auf eine sachliche Komponente, das Bedürfnis der Aneignung der Schriftsprachkompetenz nach eigener Deutung. Zweitens zielt sie auf eine soziale Komponente, indem das gemeinsame Handeln im Fokus steht. Drittens nimmt sie Bezug auf die zeitliche Komponente unter dem Aspekt der individuellen Sinnhaftigkeit des Handelns. Erfolgreiche Erwachsenenalphabetisierung kann stark variieren, immer aber muss sie die Sinnhaftigkeit aufseiten der Lernenden befördern und zum Ziel haben.

7   Literatur

Allmendinger, Jutta/Nikolai, Rita (2006): Bildung und Herkunft. In: Aus Politik und Zeitgeschichte, 44-45, S. 32–38.

Becker, Rolf/Schubert, Frank (2006): Soziale Ungleichheit von Lesekompetenzen. Eine Matching-Analyse im Längsschnitt mit Querschnittsdaten von PIRL 2001 und PISA 2000. In: KZfSS 58, 2, S. 253–284.

Becker, Rolf/Nietfeld, Markus (1999): Arbeitslosigkeit und Bildungschancen von Kindern im Transformationsprozeß. Eine empirische Studie über Auswirkungen sozio-ökonomischer Deprivation auf intergenerationale Bildungsvererbung. In: KZfSS 51, 1, S. 55–79.

Cain, Leonard D. Jr. (1964): Life Course and Social Structure. In: Robert E.L. Faris (Hg.): Handbook of modern sociology. Chicago: Chicago Press, S. 272–309.

Deinet, Ulrich (2004): ,Spacing', Verknüpfung, Bewegung, Aneignung von Räumen – als Bildungskonzept sozialräumlicher Jugendarbeit. In: ders./Christian Reutlinger (Hg.): ,Aneignung' als Bildungskonzept der Sozialpädagogik. Wiesbaden: VS Verlag für Sozialwissenschaften, S. 175–189.

Ditton, Hartmut/Krüsken, Jan (2006): Sozialer Kontext und schulische Leistungen – zur Bildungsrelevanz segregierter Armut. In: ZSE 26, 2, S. 135–157.

Ecarius, Jutta/Friebertshäuser, Barbara (Hg.) (2005): Literalität, Bildung und Biografie. Weinheim und München: Juventa.

Edelstein, Wolfgang (2006): Bildung und Armut. Der Beitrag des Bildungssystems zur Vererbung und zur Bekämpfung von Armut. In: Zeitschrift für Soziologie der Erziehung und Sozialisation 26, 2, S. 120–134.

Egloff, Birte (1997): Biographische Muster ,funktionaler Analphabeten'. Eine biographieanalytische Studie zu Entstehungsbedingungen und Bewältigungsstrategien von „funktionalem Analphabetismus". Frankfurt am Main: Deutsches Institut für Erwachsenenbildung.

Geißler, Karlheinz A. (1999): Die Zeiten ändern sich. Vom Umgang mit der Zeit in unterschiedlichen Epochen. In: Aus Politik und Zeitgeschichte, B 31/99, S. 3–10.

Geißler, Karlheinz A. (2004): Grenzenlose Zeiten. In: Aus Politik und Zeitgeschichte, B 31-32, S. 7–12.

Grundmann, Matthias/Hoffmeister, Dieter (2007): Die Verwobenheit von Sozialisation und Selektion. Eine kritische Bestimmung des Verhältnisses von Sozialisation, Bildung und Erziehung. In: Zeitschrift für Soziologie der Erziehung und Sozialisation 27, 2, S. 128–142.

Heckhausen, Jutta (1990): Erwerb und Funktion normativer Vorstellungen über den Lebenslauf. Ein entwicklungspsychologischer Beitrag zur sozio-psychischen Konstruktion von Biographie. In: Mayer, Karl Ulrich (Hg.): Lebensverläufe und sozialer Wandel. Opladen: Westdeutscher Verlag, S. 351–373.

Helsper, Werner/Sandring, Sabine/Wiecorek, Christine (2005): Anerkennung in pädagogischen Beziehungen. Ein Problemaufriss. In: Heitmeyer, Wilhelm/Imbusch, Peter (Hg.): Integrationspotenziale einer modernen Gesellschaft. Wiesbaden: VS Verlag für Sozialwissenschaften, S. 179–206.

Herrmann, Annett, 2009: Geordnete Zeiten? Grundlagen einer integrativen Zeittheorie. Münster: Westfälisches Dampfboot.

Heuwinkel, Ludwig (2010): Zeitstrukturen, Zeitenfolgen, Zeithandeln. In: Sozialwissenschaftliche Literaturrundschau 33, 1, S. 5–24.

Löw, Martina (2001): Raumsoziologie. Frankfurt am Main: Suhrkamp.

Mayer, Karl Ulrich (1990): Lebensverläufe und sozialer Wandel. Anmerkungen zu einem Forschungsprogramm. In: ders.: Lebensverläufe und sozialer Wandel, KZfSS, Sonderheft 31, S. 7–21.

Meulemann, Heiner (1990): Schullaufbahnen, Ausbildungskarrieren und die Folgen im Lebensverlauf. Der Beitrag der Lebenslaufforschung zur Bildungssoziologie. In: Mayer, Karl Ulrich (Hg.): Lebensverläufe und sozialer Wandel. Opladen: Westdeutscher Verlag, S. 89–117.

Müller-Benedict, Volker (2007): Wodurch kann die soziale Ungleichheit des Schulerfolgs am stärksten verringert werden? In: KZfSS 59, 4, S. 615–639.

Reheis, Fritz (1999): Zeit lassen. Ein Plädoyer für eine neue Zeitpolitik. In: Aus Politik und Zeitgeschichte, B 31/99, S. 32–38.

Sackmann, Reinhold (2007): Lebenslaufanalyse und Biografieforschung. Eine Einführung. Wiesbaden: VS Verlag für Sozialwissenschaften.

Scherr, Albert (2008): Bildung und soziale Ungleichheit. Warum es nicht genügt, die Reproduktion von Ungleichheiten zu erklären: Traditionslinien und Perspektiven einer kritisch-reflexiven Bildungsforschung. In: Sozialwissenschaftliche Literaturrundschau 32, 1, S. 101–105.

Schlemmer, Elisabeth (2004): Familienbiografien und Schulerfolg von Kindern. In: Aus Politik und Zeitgeschichte, B 19, S. 33–38.

Schneider, Johanna/Gintzel, Ullrich/Wagner, Harald (Hg.) (2008): Sozialintegrative Alphabetisierungsarbeit. Bildungs- und sozialpolitische sowie fachliche Herausforderungen. Münster, New York, München, Berlin: Waxmann.

Schütz, Alfred/Luckmann, Thomas (1979, 1984): Strukturen der Lebenswelt. 2 Bde. Frankfurt am Main: Suhrkamp.

Seifert, Hartmut (2007): Arbeitszeit – Entwicklungen und Konflikte. In: Aus Politik und Zeitgeschichte, 4-5, S. 17–24.

Silberman-Keller, Diana (2007): Images of time and places in the narrativ of nonformal pedagogy. In: Bekerman, Zvi/Burbules, Nicholas/Silberman-Keller, Diana (Hg.): Learning in places. New York: Peter Lang, S. 252–272.

Stamm, Margrit (2007): Die Zukunft verlieren? Schulabbrecher in unserem Bildungssystem. In: Zeitschrift für Sozialpädagogik 5, 1, S. 15–36.

Tophoven, Klaus (2007): Bildung anerkennen, Bildsamkeit wiederherstellen. Praxeologische Konturen der Sozialpädagogik. In: Zeitschrift für Sozialpädagogik (ZfSp) 5, 3, S. 275–299.

Wagner, Harald (2008a): Gesellschaftlicher Wandel und Bedeutungszuwachs von Grundbildung und Schriftsprachenkompetenz. In: Schneider, Johanna/Gintzel, Ullrich/Wagner, Harald (Hg.): Sozialintegrative Alphabetisierungsarbeit. Bildungs- und sozialpolitische sowie fachliche Herausforderungen. Münster, New York, München, Berlin: Waxmann, S. 15–21.

Wagner, Harald (2008b): Sozialstrukturelle Unterprivilegierung und Funktionaler Analphabetismus. In: Schneider, Johanna/Gintzel, Ullrich/Wagner, Harald (Hg.): Sozialintegrative Alphabetisierungsarbeit. Bildungs- und sozialpolitische sowie fachliche Herausforderungen. Münster, New York, München, Berlin: Waxmann, S. 23–29.

Wagner Harald, 2011: Dysfunktional oder maladaptiv? – Anmerkungen zur Legitimation der Erwachsenenalphabetisierung. Anmerkungen zur Legitimation der Erwachsenenalphabetisierung. In:Schneider, Karsten/Ernst, Annegret/Schneider, Johanna (Hrsg.): Ein Grund für Bildung?!: Konzepte, Forschungsergebnisse, Praxisbeispiele. Bielefeld: Bertelsmann, S. 111–127

Wagner, Harald/Eulenberger, Jörg (2008): Analphabetenzahlen – Probleme, Forschungsstrategien und Ergebnisse. In: Schneider, Johanna/Gintzel, Ullrich/Wagner, Harald (Hrsg.): Sozialintegrative Alphabetisierungsarbeit. Bildungs- und sozialpolitische sowie fachliche Herausforderungen. Münster, New York, München, Berlin: Waxmann, S. 31–45.

II ‚Neue' Lernorte und -kontexte für die Schriftsprachförderung: konzeptionelle Überlegungen

Lesen und Schreiben (fördern) in neuen Lernorten?
Die Lernortdiskussion und ihr Beitrag für die außerschulische Kinder- und Jugendarbeit[1]

Lilo Dorschky

1 Einleitung

Die allgemeine Schulpflicht in Deutschland ist nach Baumert zu begreifen als Antwort „auf gesellschaftliche Modernisierungsprozesse, die Literalität der gesamten nachwachsenden Generation verlangen, und zwar auf einem Niveau, das durch Lernen im Alltag nicht mehr garantiert wird" (Baumert 2003: 213, zit. nach Rauschenbach 2009: 77). Nach dieser Auffassung haben also veränderte Schriftsprachanforderungen mit dazu beigetragen, dass sich Schule zur nach und nach flächendeckend durchgesetzten Pflichtschule entwickelte und damit zu der Institution, wie wir sie heute kennen.

Zugleich wurde Schule zu *dem* zentralen Lernort für das Lesen und Schreiben, und das heißt auch: Schriftaneignung im Modus des institutionalisierten schulischen Lernens wurde damit gleichsam zur Normalform des Schriftspracherwerbs.

Seit einigen Jahren wird nun im Bereich der Alphabetisierung über ‚neue' oder auch ‚andere' Orte und Kontexte für das Lesen und Schreiben nachgedacht (vgl. u. a. Alfa-Forum 2008 sowie die Beiträge in diesem Band). Damit stellt sich allerdings die Frage, wie diese Suche nach neuen Lernorten überhaupt begründet wird, welchen spezifischen Beitrag sie zum Lesen- und Schreibenlernen erbringen sollen und wie das Verhältnis der neuen Orte zu dem herkömmlichen Lernort Schule (bzw. zur Erwachsenenbildung mit

1 Dieser Beitrag entstand im Rahmen des Dresdner Projekts im Verbundvorhaben PROFESS (Professionalisierung in der Alphabetisierungs- und Grundbildungspädagogik), das vom Bundesministerium für Bildung und Forschung (BMBF) im Förderschwerpunkt „Alphabetisierung/Grundbildung" gefördert wird.
   Bei dem Beitrag handelt es sich um die erweiterte und aktualisierte Fassung meines Vortrags im Rahmen der Fachtagung „LernZeichen". – Meinem Kollegen Stephan Hein danke ich für seine Kritik und Anregungen.

ihren Angeboten zur nachholenden Schriftsprachvermittlung) konzeptionalisiert ist.

Mit ‚Lernort' wird ein Begriff in die Alphabetisierung eingeführt, der in der Erwachsenen- ebenso wie in der berufsbezogenen Bildung, der Schulpädagogik und der Sozialen Arbeit gegenwärtig verbreitet ist, jedoch „meist unhinterfragt gebraucht" (Faulstich/Haberzeth 2010: 131) und unterschiedlich verwendet wird. Dabei hängen mit der jeweiligen Verwendung des Begriffs auch höchst unterschiedliche Lern- und Bildungsverständnisse zusammen. Diese terminologische Unklarheit spiegelt sich in den entsprechenden Diskursen zur Alphabetisierung wider, in denen es nach eigenen Beobachtungen immer wieder zu (nicht geklärten) Missverständnissen hinsichtlich der Frage kam, was unter einem neuen Lernort zu verstehen sei und wie in diesem Kontext Lesen und Schreiben gefördert werden könne.

Vor diesem Hintergrund zielt der vorliegende Text darauf ab, in einem grundsätzlicheren Sinn zu einer Klärung hinsichtlich neuer Lernorte für das Lesen und Schreiben beizutragen, wobei hier angesichts der Komplexität dieser Thematik lediglich erste Überlegungen angestellt werden können. Dazu werden verschiedene Lernortverständnisse, die einerseits aus dem Kontext des formalisierten Bildungssystems und andererseits aus der Sozialen Arbeit stammen, dargestellt und miteinander in Beziehung gesetzt – Lernortverständnisse, die für den Bereich der Alphabetisierung relevant sind (Abschnitt 2). Ferner soll der Frage nachgegangen werden, wie in entsprechenden Fachdiskursen die Suche nach neuen Lernorten zur Schriftsprachförderung begründet wird (Abschnitt 3). Im Ergebnis wird deutlich, welchen widersprüchlichen Erwartungen ein Bereich ausgesetzt sein kann, der aus einer Alphabetisierungsperspektive als neuer Lernort für das Lesen und Schreiben gilt. Gleichzeitig ist fraglich, ob und inwieweit diese Erwartungen überhaupt zu den spezifischen Selbstbeschreibungen, Aufgabenschwerpunkten und Handlungslogiken eines solchen neuen Lernortes passen[2] und hier anschlussfähig sind. Alphabetisierungsbemühungen, so die Annahme dieses Beitrags, die diese andere Perspektive außer Acht lassen, drohen ins Leere zu

---

2 Die Frage der ‚Passung' bezieht sich jedoch nicht nur auf pädagogische Intentionen und Programmatiken eines Feldes, also auf eine pädagogische Akteursperspektive, sondern auch und gerade auf dessen vielschichtige Realität. Was einen Lernort jenseits solcher Intentionen und Programmatiken – und möglicherweise auch im Kontrast dazu – ausmacht, erschließt sich erst im Rahmen einer (handlungsentlasteten) Beobachterperspektive von außen her, die in diesem Beitrag allerdings nicht weiter verfolgt wird (vgl. zu diesem soziologischen Zugang zu Lernorten den Beitrag von Dorschky/Hein in diesem Band).

laufen und können möglicherweise sogar mit unerwünschten Nebeneffekten verbunden sein.

Am Beispiel der außerschulischen Kinder- und Jugendarbeit, die in einer vom Bundesministerium für Bildung und Forschung (2007) herausgegebenen Expertise als möglicher Lernort zur Förderung der Lesekompetenz aufgeführt wird, sollen die zuletzt angedeuteten Überlegungen konkretisiert werden. Dazu wird zunächst Kinder- und Jugendarbeit als sozialpädagogisches Handlungsfeld mit einem eigenständigen Bildungsanspruch und -verständnis skizziert (Abschnitt 4). Abschließend wird diskutiert (Abschnitt 5), wie (das Fördern von) Lesen und Schreiben passend zu diesem pädagogischen Selbstverständnis grundsätzlich aussehen könnte, warum entsprechenden Bemühungen in diesem Kontext jedoch auch enge Grenzen gesetzt sein dürften.

2 (Neue) Lernorte

Lernortverständnisse im Kontext des formalisierten Bildungssystems

Als Lernort wird in der Schulpädagogik und Erwachsenenbildung vielfach die unmittelbare räumliche Lernumgebung und -ausstattung bezeichnet, also etwa das Schulgebäude oder das Klassenzimmer. Die Gestaltung solcher Orte stellt insofern eine didaktische Aufgabe dar, da angenommen wird, dass sich räumliche Arrangements auf das Verhalten von SchülerInnen auswirken und dass sie Lernprozesse beeinflussen können (der Raum als ‚dritter Pädagoge‘). Auf dieses Lernortverständnis soll im Folgenden nicht weiter eingegangen werden; für den vorliegenden Zusammenhang wichtiger ist ein zweites, das sich nicht nur auf den konkreten physischen Ort, sondern auch auf die je spezifische pädagogische Funktion eines Lernortes bezieht. In diesem Sinne wurde der Begriff Lernort bereits in den siebziger Jahren des letzten Jahrhunderts im Zusammenhang mit dem dualen System der Berufsausbildung[3] verwendet. In einer „Empfehlung zur Verbindung von allgemeinem und beruflichem Lernen" (Deutscher Bildungsrat 1974) wurde der Frage nachgegangen, welchen spezifischen Beitrag der jeweilige Lernort (Berufsschule, Betrieb, Lehrwerkstatt und Studio) für den gesamten Lernprozess der Auszubildenden leisten kann und soll. Dabei stellt das sog. Studio, das in außerschulischen Einrichtungen beispielsweise der Jugendarbeit anzusie-

---

3 Die Ausbildung erfolgt dabei parallel im Betrieb und in der Berufsschule.

deln sei, eine Besonderheit dar. Es soll bei den Auszubildenden Lernprozesse beim „kreativen, ästhetischen und sozialen Lernen" (Deutscher Bildungsrat 1974: 73) anregen, was wiederum voraussetze, dass auf inhaltliche Vorgaben verzichtet werde und die TeilnehmerInnen ihren Lernprozess selbst steuern können (vgl. Pätzold/Goerke 2006: 27). Damit sind hier auch informelles und non-formales Lernen als Modalitäten des Lernens angesprochen.[4]

In der Schulpädagogik werden Kontexte, die zeitlich begrenzt in das Unterrichtsgeschehen einbezogen werden, üblicherweise als außerschulische Lernorte bezeichnet. Ziel dabei ist es u.a., eine im Unterricht behandelte Thematik zu veranschaulichen und emotional erfahrbar zu machen und/oder einen Handlungs- und Praxisbezug herzustellen, um auf diese Weise die SchülerInnen zur Auseinandersetzung mit einem Thema zu motivieren (vgl. Nuissl 2006, 31).[5] Beispiele sind hier Museums- und Bibliotheksbesuche oder auch Exkursionen zu bestimmten städtischen oder Naturräumen. Bei diesen außerschulischen Lernorten handelt es sich also um Einrichtungen, die keine Bildungseinrichtungen im engeren Sinne sind, jedoch einen pädagogischen Hintergrund aufweisen (vgl. Thüringer Schulportal o.J.: 2), oder aber auch um (insbesondere Alltagskontexten zugehörige) Orte, mit denen keinerlei Bildungsauftrag verknüpft ist. Erst „durch die Anleitung des Lehrers und die Verknüpfung mit pädagogischen Anliegen" (Thüringer Schulportal o.J.: 2) würden sie zu Lernorten. Nach diesem Verständnis gibt es also nicht einen Lernort per se, sondern er muss durch eine entsprechende didaktische Rahmung dazu ‚gemacht' werden.

---

4   Einer gängigen Unterscheidung zufolge wird zwischen formalen, non-formalen und informellen Lernorten und -modalitäten unterschieden. Als *formale Lernorte* werden üblicherweise Institutionen des Bildungs- und Ausbildungswesens bezeichnet, in denen anerkannte Abschlüsse und Qualifikationen erworben werden können und in denen Lernziele und -abläufe deutlich strukturiert und standardisiert sind. Bei *non-formalen Lernorten* handelt es sich um Einrichtungen mit einem Bildungsauftrag, die jedoch i.d.R. keine formalen Abschlüsse vermitteln und offener in der Art der Vermittlung sind. Als weiteres Merkmal non-formaler Bildungsorte wird auch die Freiwilligkeit ihrer Inanspruchnahme genannt (vgl. Bundesjugendkuratorium 2001: 23). Als *informelle Lernorte* werden schließlich Alltagskontexte bezeichnet, in denen Lernprozesse nicht strukturiert sind und häufig nebenher laufen – als Lernen „durch konkretes Handeln mit Ernstcharakter" (Rauschenbach 2009: 85). Eine Ineinssetzung von Lernorten und -modalitäten ist allerdings nur bedingt möglich. So finden informelle Lernprozesse auch in formalen Bildungseinrichtungen statt. Dies ist beispielsweise der Fall, wenn SchülerInnen informell lernen, welche soziale Position sie im schulischen Kontext haben. Nach Rauschenbach (2009: 84 ff.) ist es daher sinnvoll, zwischen Lernorten, Lernmodalitäten und Lerninhalten zu unterscheiden. – Zu einem differenzierten Blick auf informelles Lernen vgl. den Beitrag von Stephan Hein in diesem Band.

5   Zu Lernwiderständen und -schwierigkeiten als Folge ausdifferenzierter Bildungsinstitutionen mit ihren spezifischen Strukturen siehe Faulstich (2009).

Ein ähnliches Lernortverständnis gibt es auch in der Erwachsenenbildung, nach dem Lehrende im Rahmen eines didaktischen Gesamtkonzepts eine geeignete Auswahl von Lernorten anzubieten und das Zusammenspiel zwischen den Lernorten zu steuern haben. Von dieser sog. angebotsorientierten Form ist nach Nuissl ein lernerorientierter Ansatz zu unterscheiden. Er basiert auf der Annahme, dass Menschen ohnehin in verschiedensten Kontexten Lernprozesse durchlaufen und ihre Lernorte somit selbst konstruieren würden. Damit verändere sich auch die Funktion der ErwachsenenbildnerInnen. Sie bestehe dann vor allem darin, Lernende dabei zu unterstützen, ihren Lernprozess weitgehend selbst zu steuern, indem sie sich ihrer Lernmöglichkeiten in verschiedenen Lernorten und -kontexten bewusst werden, sodass sie diese „passend zur persönlichen Lernstrategie" (Nuissl 2006: 31) sinnvoll miteinander kombinieren können. Neben der Aufgabe, „Hilfen und Anregungen für diese selbstgesteuerte Lernortdefinition zu geben" (ebd.: 30), sollen ErwachsenenbildnerInnen auch „Möglichkeiten [...] schaffen, das an diesen Orten Gelernte wieder in einen fremdorganisierten Lehrprozess einzugliedern" (ebd.: 30) sowie dafür „didaktisch strukturierte Lernorte" (ebd.: 31) vorhalten.

Lernortverständnis in der Sozialen Arbeit

In bildungsbezogenen Diskursen der Sozialen Arbeit und speziell der Jugendarbeit liegt der Fokus auf diesen neuen Lern- bzw. Bildungsorten jenseits des formalen Bildungssystems. Familie, Clique und Peergroup, aber auch Vereine und Einrichtungen der Kinder- und Jugendhilfe, Musik- oder Sportangebote kommerzieller Anbieter sowie nicht zuletzt die Mediennutzung werden hier als für Kinder und Jugendliche bildungsrelevante Orte des non-formalen und informellen Lernens genannt (vgl. Bundesministerium für Bildung und Forschung 2004: 28).

Was Kinder und Jugendliche wissen und können, wäre demnach als Ensemble dessen zu begreifen, was sie sich auf unterschiedliche Weise und in sehr verschiedenen Zusammenhängen angeeignet haben: in Kontexten, in denen Lernprozesse pädagogisch intendiert sind ebenso wie in informellen Zusammenhängen – in der Freizeit oder der Familie –, in denen Lernprozesse quasi nebenher stattfinden, wobei diese von den Lernenden häufig nicht angestrebt und meistens auch gar nicht als solche wahrgenommen werden.[6]

---

6   Zu den verschiedenen Definitionen informellen Lernens vgl. Overwien 2006 und 2009.

Was einen Lernort ausmacht, hängt nach diesem Verständnis weder von einer pädagogischen Intention ab noch davon, ob einer Person bewusst (gemacht worden) ist, was sie in diesem Kontext gelernt hat – entscheidend ist einzig die lernfördernde Wirkung. In diesem Sinne kann sozusagen jeglicher Kontext, in dem sich eine Person bewegt, auf seine Lern- und Bildungsgelegenheiten hin untersucht und als Lernort definiert werden – was jedoch nach Faulstich/Haberzeth aus einer bildungswissenschaftlichen Perspektive letztlich keine Unterscheidung mehr ermöglicht und somit nur begrenzt weiterführt (vgl. ebd. 2010: 134).

Allerdings ist diese Perspektive auf informelle Lernorte von Kindern und Jugendlichen durch eine deutliche Ambivalenz geprägt, da informelle Kontexte einerseits als bildungsrelevante Ressource, andererseits jedoch auch als defizitär wahrgenommen werden. So seien informelle Lernkontexte, und hier insbesondere der Lernort Familie, vielfach überfordert angesichts dessen, was sie eigentlich leisten müssten: nämlich ein Ort zu sein, an dem Kinder und Jugendliche zentrale Kompetenzen sowohl für die Lebensführung als auch für die Bewältigung schulischer und beruflicher Anforderungen erwerben können. Rauschenbach spricht in diesem Zusammenhang von einer „schleichenden Erosion" (Rauschenbach 2009: 92) der Bildungsleistung von Familien: „Das Lernen, oder richtiger: das Nicht-Lernen im Alltag, die wachsende Kluft zwischen den eher zunehmenden Erfordernissen und den zugleich immer weniger selbstverständlich werdenden Anlässen und Gelegenheiten einer lebensweltbasierten Alltagsbildung, markiert ein Schlüsselproblem" (ebd.: 91). Da Rauschenbach auch schulische Bildungsprobleme und -defizite von Kindern und Jugendlichen entscheidend durch deren informelle Lernkontexte verursacht hält (etwa wenn Ausdauer und Konzentration nicht gelernt werden konnten), sieht er im Lernort Familie eine Quelle herkunftsbedingter Bildungsbenachteiligung (vgl. ebd.: 123). Vor diesem Hintergrund empfiehlt Rauschenbach, „die vorbereitenden ebenso wie die stabilisierenden ‚Ko-Produzenten' der Bildung gezielter ins Blickfeld zu rücken" (ebd.: 87). Dies kann einerseits bedeuten, Familien im Hinblick auf ihre Bildungswirksamkeit (sozial-)pädagogisch zu fördern, oder andererseits, Bildungsaufgaben des ‚Lernorts Familie' verstärkt zum Gegenstand von Bildungsbemühungen in non-formalen Lernorten (z.B. der Kinder- und Jugendhilfe) oder auch im Lernort Schule zu machen.[7]

---

7   Ob diese Bildungsaufgaben nun von außerschulischen Einrichtungen wahrgenommen werden sollen oder zum Gegenstand schulischen Lernens werden, hängt nicht zuletzt davon ab, welche Problembeschreibungen und Lösungsansätze sich in bildungspoliti-

Verschiedene Perspektiven auf neue Lernorte: Ein Vergleich

Ein Vergleich der hier skizzierten Lernortverständnisse zeigt:[8]
Im Rahmen des formalisierten Bildungssystems werden non-formale und informelle Lernorte als notwendige Ergänzung zum formalen Bildungsgeschehen betrachtet, insofern „Arbeits- und Lebenszusammenhänge sowie virtuelle Kontexte […] in ihrer Lernförderlichkeit verwendet" werden (Faulstich/Zeuner 1999: 139 zit. nach Pätzold/Goerke 2006: 27). Damit handelt es sich um eine „Entgrenzung und zugleich eine Verschränkung von Lernorten" (ebd.), die bereits in den Empfehlungen des Bildungsrats angelegt ist. Entscheidend ist in diesem Zusammenhang jedoch die zentrale Rolle, die den formalen Bildungseinrichtungen zugeschrieben wird. So gehen Bayer/Heimann (2009) in Anlehnung an Holzkamp davon aus, dass „der Übergang von sinnlicher Erfahrung zu systematischem Begreifen […] kein naturwüchsiger, bruchloser Prozess [ist], sondern ein Prozess, der in der Regel organisiert und didaktisch unterstützt werden muss. Erfahrung ist nicht von sich aus bildend" (ebd.: 165). Damit kommt formalen Lernorten wie der Schule oder den Einrichtungen der Erwachsenenbildung die Aufgabe zu, die Lernförderlichkeit anderer Lernorte zu nutzen, indem TeilnehmerInnen die Lernprozesse, die hier stattgefunden haben, bewusst gemacht und in Beziehung zu didaktisch strukturiertem und von PädagogInnen gesteuertem formalen Lernen gesetzt werden. Die ‚eigentlichen‘ Lernorte sind nach diesem Verständnis also im formalen Bildungssystem angesiedelt, während non-formale und informelle Lernkontexte als ‚andere‘, ‚neue‘ oder auch ‚alternative‘ Lernorte erscheinen.

Aus der Perspektive der Sozialen Arbeit handelt es sich demgegenüber bei den neuen Lernorten um informelle sowie non-formale Lernkontexte mit je eigenen Lernmodalitäten (vgl. dazu ausführlicher Abschnitt 4), die als solche bildungswirksam sind und daher auch ganz unabhängig vom formalen Bildungssystem betrachtet werden können. Verbunden mit einem defizitorientierten Blick auf informelle Lernkontexte gibt es jedoch auch Be-

---

schen Diskursen durchsetzen. Damit verbunden ist auch, welche Berufsgruppen für sich reklamieren können, für die Bearbeitung von Bildungsproblemen kompetent und zuständig zu sein. Daher ist zu vermuten, dass solche Diskurse nicht frei von Interessen um Positionen und Positionierungen im Bildungsbereich sind.

8   Der folgende Vergleich basiert auf den in diesem Rahmen dargestellten Lernortverständnissen. Ein Einbezug weiterer Quellen würde möglicherweise zu einem differenzierteren Ergebnis führen.

strebungen, diese Lernorte sozialpädagogisch zu beeinflussen bzw. in non-
formale Lernzusammenhänge einzubeziehen.[9]

Im Hinblick auf den Bereich der Alphabetisierung bedeuten die bisherigen Überlegungen: Im Alphabetisierungskontext sind Fachkräfte unterschiedlicher professioneller Provenienz vertreten, die wiederum ein je
professionsspezifisches Lernort- und Bildungsverständnis mitbringen. Überwiegend wird hier der Lernortbegriff im Sinne des formalisierten Bildungssystems verwendet, und zwar sowohl als konkreter physischer Lernort als
auch als Kontext, dem eine spezifische pädagogische Funktion zugeschrieben wird (vgl. verschiedene Beiträge im Alfa-Forum 2008). Dies ist nicht
verwunderlich, denn die Vermittlung von Schriftsprache ist genuiner Aufga-
benbereich des formalisierten Bildungssystems, und Diskurse zur (nachholenden) Alphabetisierung entstammen vorrangig der Erwachsenenbildung.
Demgegenüber ist das zuletzt beschriebene breite Lernortverständnis in solchen Ansätzen zur Alphabetisierung enthalten, die aus einem sozialarbei-
terischen Kontext heraus entwickelt wurden (vgl. z.B. Schneider/Gintzel/
Wagner 2008).

Aus einer unreflektierten Vermischung dieser verschiedenen Lernortverständnisse können nun Missverständnisse mit entsprechenden Folgen für
die Praxis der Alphabetisierung resultieren. Dies wird im Zusammenhang
mit der im Folgenden diskutierten Frage deutlich, wie in Alphabetisierungsdiskursen die Suche nach neuen Lernorten begründet wird. Dabei wird
hier – wie auch in den weiteren Überlegungen dieses Beitrags – das in der
Sozialen Arbeit verwendete breite Lernortverständnis zugrunde gelegt.[10]

---

9   Dabei ist die Gefahr nicht von der Hand zu weisen, dass informelle Lernorte gewisser-
    maßen pädagogisch vereinnahmt werden.
10 Abweichend von dem Verständnis neuer Lernorte *außerhalb* des institutionalisierten
    Bildungssystems, auf das sich der Beitrag im Folgenden bezieht, kann auch von neuen
    Lernorten *innerhalb* des Bildungssystems gesprochen werden (vgl. dazu den Beitrag von
    Dorschky/Hein in diesem Band), und zwar im Zusammenhang mit der schulischen Or-
    ganisation des Lese- und Schreibunterrichts. So ist Lesen/Schreiben lediglich in den
    ersten Schuljahren Lerngegenstand; in der Sekundarstufe I und vor allem in der Se-
    kundarstufe II werden grundlegende Lese-/Schreibkenntnisse i.d.R. vorausgesetzt und
    nicht mehr systematisch vermittelt bzw. gefördert (vgl. hierzu u.a. Philipp 2010: 253;
    Bundesministerium für Bildung und Forschung 2007: 69). Dies kann dazu führen, dass
    SchülerInnen, bei denen der Einstieg in das Lesen und Schreiben – aus welchen Grün-
    den auch immer – nicht gelang, auch in höheren Klassen (noch) nicht hinreichend lesen
    und schreiben können und Schriftsprachprobleme über die Schuljahre ‚mitschleppen‘.
    Das System Schule mit seinem expliziten Bildungsauftrag produziert paradoxerweise
    also selbst Leerstellen bei der Schriftsprachvermittlung und muss hierauf eigene Ant-
    worten (etwa Schriftsprachförderung auch in höheren Klassen) entwickeln.

3 Zur Suche nach neuen Lernorten für das Lesen und Schreiben: Einige Begründungszusammenhänge

Ausgehend von der zentralen Bedeutung der Schule als Lernort für das Lesen und Schreiben wird im Folgenden idealtypisch unterschieden zwischen (a) Lernorten im Vorschulbereich, (b) Lernorten parallel zur Schule sowie (c) Lernorten im nachschulischen Bereich. Diskurse zu neuen Lernorten zum Schriftspracherwerb beziehen sich auf alle drei Bereiche. Dabei lassen sich folgende Begründungsmuster identifizieren:

(a) *Neue Lernorte im Vorschulbereich* sollen die Voraussetzungen für den schulischen Schriftspracherwerb verbessern. So wird davon ausgegangen, dass Kinder bereits vor ihrer Einschulung einen grundlegenden Zugang zur Schriftsprachkultur erworben haben müssen, um im schulischen Prozess des Lesen- und Schreibenlernens mitkommen zu können.[11] Kinder, die zum Zeitpunkt ihrer Einschulung diese Voraussetzung nicht mitbringen, etwa weil sie in ihrem (v. a. familiären) Umfeld Lesen und Schreiben nicht als bedeutsame und in den Alltag integrierte Kulturtechnik kennengelernt haben, hätten also von vornherein ungünstigere Startchancen in der Schule.

Um Benachteiligungen entgegenzuwirken, geht es einerseits in Family-Literacy-Programmen darum, die Bildungswirksamkeit des informellen Lernorts Familie zu verbessern (vgl. den Beitrag von Noack/Stölting/Wendschek in diesem Band). Andererseits sollen Kindertageseinrichtungen als non-formaler Lernort für das Lesen und Schreiben fungieren und Kindern ermöglichen, elementare Erfahrungen mit der Schriftkultur zu sammeln – ergänzend zum Lernort Familie und möglicherweise auch an dessen Stelle. Ziel ist es hier, dass die Kinder im Rahmen eines kontinuierlichen Prozesses ihren Weg in die Schrift finden können (vgl. hierzu Ramseger in diesem Band). Dieses Verständnis von Schriftspracherwerb als kontinuierlichem Prozess ist insofern praktisch folgenreich, da Schriftsprachförderung in Kindertageseinrichtungen dann eben nicht bedeutet, schulische Lernformen zeitlich nach vorne zu verlagern. Stattdessen soll hier Schriftsprachförderung im Modus des informellen und non-formalen Lernens erfolgen.

---

11 Nach Dehn (2008) knüpft schulisches Lesen- und Schreibenlernen an elementaren Voraussetzungen an: „Literacy am Schulanfang ... umfasst zum Beispiel das Interesse für Schilder und Aufschriften, das Betrachten von Bilderbüchern, das Zuhören beim Erzählen, beim Vorlesen oder bei Hörbüchern, das Spielen mit Sprache wie bei Reimen, Abzählversen oder Zungenbrechern, das Hantieren mit Schreibwerkzeugen beim Kritzeln und Malen, bei ersten Schreibversuchen – auf Papier, im Sand, am Computer, insgesamt die Aufmerksamkeit auf Schriftgebrauch, also auch das Nachfragen und Nachahmen" (ebd.: 29).

(b) *Neue Lernorte parallel zur Schule* sollen dazu beitragen, den schulischen Schriftspracherwerb zu unterstützen. Die bereits erwähnte Expertise zur Förderung der Lesekompetenz (Bundesministerium für Bildung und Forschung 2007) begründet den Bedarf an außerschulischen Lernorten wie z.b. der Kinder- und Jugendarbeit und ihrer Kooperation mit der Schule damit, dass es sich bei dem in der Schule erworbenen Wissen oftmals um ‚träges Wissen' handele, d.h. um Wissen, das von den SchülerInnen nur schwer in Verbindung mit ihrem außerschulischen Alltag gebracht werden könne: „Die Inhalte und Formen der Auseinandersetzung mit schulischen Inhalten im Unterricht bleiben mit der ursprünglichen Lernsituation ‚verschweißt', und der Transfer auf andere Anwendungsbereiche findet nicht statt bzw. wird nicht unterstützt" (ebd.: 70).

Weitere Schwierigkeiten schulischer Schriftsprachvermittlung könnten dadurch entstehen, dass Lernprozesse im schulischen Kontext immer auch mit mehr oder weniger sichtbaren Selektionsprozeduren verbunden sind. So könne im Zusammenhang mit früh kumulierten Misserfolgserlebnissen bei der schulischen Schriftaneignung Lesen und Schreiben bei Kindern und Jugendlichen negativ besetzt sein und als etwas Bedrohliches empfunden werden (vgl. Dehn 1990). Schließlich vermutet Philipp (2010), dass Lesen und Schreiben insbesondere von männlichen Hauptschülern bzw. schuldistanzierten Jugendlichen „als die (ungeliebte) schulische Pflichtaktivität par excellence" (ebd.: 252) empfunden und daher abgelehnt bzw. als ‚Strebertätigkeit' entwertet werden könnte.

(c) *Neue Lernorte im nachschulischen Bereich* sollen das bestehende Kursangebot der Erwachsenenbildung ergänzen und funktionale AnalphabetInnen erreichen, die die herkömmlichen Angebote nicht in Anspruch nehmen. Daher soll Schriftsprachförderung in verschiedene Einrichtungen/Soziale Dienste oder auch in die arbeitsplatzbezogene Qualifizierung integriert und somit dorthin gebracht werden, wo ein entsprechender Förderungsbedarf vermutet wird oder sich auch konkret abzeichnet.[12] Dieser Ansatz zielt zum einen darauf ab, Zugangsschwellen zu Bildungsangeboten des nachholenden Schriftspracherwerbs abzubauen, die möglicherweise aus negativen

---

12 Dieses Verfahren muss als äußerst ambivalent beurteilt werden: Einerseits ist damit eine erhebliche Stigmatisierungsgefahr verbunden, etwa wenn AdressatInnen bestimmter Einrichtungen nahezu dem Generalverdacht fehlender Grundbildung und Schriftsprachkenntnisse ausgesetzt werden. Andererseits kann es auch die Möglichkeit einer integrierten Schriftsprachförderung eröffnen, wie dies im Zusammenhang mit arbeitsplatzbezogener Grundbildung versucht wird (vgl. dazu die Beiträge in Klein/Reutter/Zisensis 2011).

Erfahrungen im Bildungssystem resultieren: „Vielleicht [könnte] mancher Interessent, der eine klassische Bildungsstätte nicht aufgesucht hätte, durch ein Bildungsangebot an einem ungewöhnlichen Ort durchaus angesprochen" werden (Neidhardt 2006: 41). Zum anderen ist hier auch die Frage des Transfers angesprochen, d.h. die Frage, wie Schriftsprachförderung im Hinblick auf die Alltags- bzw. beruflichen Kontexte der AdressatInnen anschlussfähig gemacht werden kann bzw. – aus der Perspektive der NutzerInnen –, ob und wie sich Schriftsprache im jeweiligen Lernkontext als unmittelbar nützlich erweist.

Eine Zusammenschau der hier dargestellten Begründungszusammenhänge zeigt: Während neue Lernorte im Vorschulbereich primär eine Antwort auf (vermeintliche) Defizite im informellen Lernkontext (Lernort Familie) geben sollen, sind in Lernkontexten parallel zur Schule sowie in nachschulischen Lernorten auch und gerade Grenzen und Probleme des institutionalisierten Bildungssystems bei der Vermittlung von Schriftsprache angesprochen. Ganz allgemein sollen neue Lernorte dazu beitragen, Schriftsprachvermittlung und kulturelle Alltagspraxen näher zusammenzubringen und auf diese Weise Lese- und Schreibkenntnisse zu fördern – sei es präventiv, parallel zum Schulunterricht oder auch bei einer nachholenden Alphabetisierung.

Speziell im Hinblick auf die außerschulischen Lernorte parallel zur Schule ist allerdings unklar, wie das Verhältnis von schulisch erworbenem Wissen und kulturellen Alltagspraxen genauer zu verstehen ist und worauf (die Förderung von) Lesen und Schreiben im außerschulischen Kontext konkret abzielt. Soll hier Leselust geweckt und dazu beigetragen werden, dass Kinder und Jugendliche Interesse an Büchern und speziell am literarischen Lesen entwickeln? Oder handelt es sich darum, Jugendliche im Hinblick auf diejenigen Schriftsprachkompetenzen zu fördern, von denen angenommen wird, dass sie im Zusammenhang mit den Anforderungen des Arbeitsmarktes relevant sind? Sollen sich schließlich Überlegungen zur Schriftsprachförderung im außerschulischen Kontext am „Konzept des gesellschaftlich handlungsfähigen Subjekts" (Hurrelmann 2006 und 2009: 31) orientieren, d.h. daran, dass Kinder und Jugendliche die Lese- und Medienkompetenz erwerben, die für ihre gesellschaftliche Handlungsfähigkeit unverzichtbar ist bzw. dafür gehalten wird (vgl. Hurrelmann 2009: 31)? Und mit diesen Fragen zusammenhängend: Soll es sich um Möglichkeiten des Kompetenzerwerbs oder um Bildungsarbeit handeln? Geht es um das ‚klassische' Lesen und Schreiben oder um ein erweitertes Verständnis von Literacy im Sinne der New Literacies (vgl. Alvermann 2009), d.h. um Lesen und Schreiben im

Kontext der neuen Kommunikationstechnologien und der damit verbundenen Modalitäten? Letztlich verweisen all diese Fragen jedoch auf eine zentrale Unklarheit im Konzept der Schriftsprachförderung in neuen Lernorten: Sollen gleichsam schulische, d.h. strukturierte und methodisch geplante Formen der Alphabetisierung in neue Lernkontexte implementiert werden, um hier AdressatInnen anzusprechen, die durch klassische Angebote schwer zu erreichen sind? Oder handelt es sich darum, non-formale Modalitäten zur Förderung von Lesen und Schreiben zu entwickeln – nicht zuletzt, um den informellen bzw. non-formalen Charakter der angesprochenen Lernkontexte nicht zu gefährden? Damit wird deutlich, mit welchen widersprüchlichen Erwartungen neue Lernorte in diesem Zusammenhang möglicherweise konfrontiert sind.

Vor diesem Hintergrund sollen im Folgenden einige Überlegungen zur Schriftsprachförderung in der außerschulischen Kinder- und Jugendarbeit angestellt werden. Dabei ist auch zu fragen, wie eine Förderung von Lesen und Schreiben konzeptionell gedacht werden müsste, damit sie an das pädagogische Selbstverständnis dieses Handlungsfeldes anschlussfähig ist.

4 Außerschulische Kinder- und Jugendarbeit

Die außerschulische Kinder- und Jugendarbeit ist ein differenziertes Handlungsfeld mit verschiedenen Einrichtungs- und Angebotsformen in unterschiedlicher Trägerschaft. AdressatInnen sind prinzipiell *alle* Kinder und Jugendliche, also nicht nur eine bestimmte Zielgruppe (,benachteiligte Jugendliche') unter ihnen.

Genutzt werden diese Angebote von einem großen Anteil von Kindern und Jugendlichen.[13] Jungen sind unter den NutzerInnen überrepräsentiert; ferner überwiegen seit etlichen Jahren Kinder und jüngere Jugendliche (vgl. Deinet/Nörber/Sturzenhecker 2002: 661). Der ursprünglich als Jugendarbeit konzipierte und auch entsprechend gesetzlich verankerte Bereich hat sich demnach faktisch zur Kinder- und Jugendarbeit (weiter-)entwickelt.

---

13 Angenommen wird, dass etwa zwei Drittel aller 15-Jährigen mehr oder weniger häufig diese Angebote nutzen (vgl. Bundesministerium für Bildung und Forschung 2004: 219), wenn auch mit abnehmender Tendenz (vgl. Sturzenhecker/Richter 2010: 470).

Pädagogisches Selbstverständnis: Kinder- und Jugendarbeit als Bildungsort

Angesichts vielfältiger und – je nach Problemkonjunktur – wechselnder Erwartungen an die Kinder- und Jugendarbeit[14] wird in zahlreichen Fachbeiträgen zur Jugendarbeit dafür plädiert, das spezifische Leistungsprofil der Kinder- und Jugendarbeit mit seiner Bildungsorientierung zu begründen. Dabei wird auf den entsprechenden Passus im Kinder- und Jugendhilfegesetz[15] Bezug genommen, der einen expliziten Bildungsanspruch beinhaltet. In diesem Gesetz werde als Ziel von Jugendarbeit „ein demokratischer Bürger als ein selbstbestimmtes, aber auch sozial verantwortliches und engagiertes Individuum entworfen" (Deinet/Nörber/Sturzenhecker 2002: 649) bzw. ziele Jugendarbeit auf die „Bildung des politisch mündigen Subjekts" (Bundesministerium für Bildung und Forschung 2004: 210) ab. Andere Autoren fassen diesen Bildungsanspruch allerdings weiter (etwa – wie Böhnisch – als Bildung zur Lebensbewältigung); auch ist umstritten, ob Bildung als alleiniger Leitbegriff für die Kinder- und Jugendarbeit angemessen sei (vgl. Müller/Schmidt/Schulz 2008: 35).

Gemeinsam ist den verschiedenen konzeptionellen Überlegungen zu einer bildungsorientierten Kinder- und Jugendarbeit jedoch, dass sie, wenn auch in unterschiedlicher Weise, auf ein eigenständiges Bildungsverständnis für diesen Bereich mit seinen spezifischen Strukturmerkmalen abzielen. Das wohl wesentlichste Strukturmerkmal besteht in der freiwilligen Inan-

---

14 Sie soll beispielsweise zur Integration von MigrantInnen, zur Prävention von Suchtmittelmissbrauch, von Gewalt und Rechtsextremismus etc. beitragen (vgl. Sturzenhecker 2004: 147) oder sie soll schlicht als nachmittäglicher Aufbewahrungsort dienen, eventuell verbunden mit Hausaufgabenhilfe u.ä. (vgl. ebd.: 153 f.). Entsprechend den bisherigen Überlegungen in diesem Beitrag ist anzunehmen, dass sich solche Erwartungen nun verstärkt auf die Prävention von Bildungsdefiziten konzentrieren (werden). Dabei konkurrieren Projekte zur Schriftsprachförderung mit anderen bildungsbezogenen Projekten (z.B. Gesundheitsbildung, Förderung sozialer Kompetenzen etc.) um die öffentliche Anerkennung als ‚besonders vordringlich zu bearbeitendes Problem'.

Dass „allzu viele [...] allzu viel und allzu Verschiedenes von uns [wollen]" (Hornstein, zit. nach Müller/Schmidt/Schulz 2008: 12), hänge jedoch nicht nur mit der strukturellen Offenheit dieses Handlungsfeldes zusammen, sondern auch mit dem Umstand, dass sich MitarbeiterInnen der Kinder- und Jugendarbeit vielfach schwer täten, ein eigenes berufliches Selbstverständnis zu entwickeln und das Feld entsprechend zu konturieren.

15 „Jungen Menschen sind die zur Förderung ihrer Entwicklung erforderlichen Angebote der Jugendarbeit zur Verfügung zu stellen. Sie sollen an den Interessen junger Menschen anknüpfen und von ihnen mitbestimmt und mitgestaltet werden, sie zur Selbstbestimmung befähigen und zu gesellschaftlicher Mitverantwortung und zu sozialem Engagement anregen und hinführen" (SGB VIII, § 11, Abs.1, zit. nach Deinet/Nörber/Sturzenhecker 2002: 647).

spruchnahme, was einen deutlichen Unterschied zum Lernort Schule markiert. Dabei kommt Freiwilligkeit in diesem Kontext eine doppelte Bedeutung zu: Zum einen sei sie überhaupt erst einmal die Voraussetzung dafür, dass Jugendliche zur Selbstbestimmung befähigt werden, indem sie entscheiden können, ob sie eine Einrichtung aufsuchen wollen oder eben nicht. Zum anderen bedeute dies für die JugendarbeiterInnen, dass sie zum Ausgangspunkt ihrer Arbeit die – vielfach konfligierenden – Interessen und Bedürfnisse der Jugendlichen nehmen müssen, die es jeweils herauszufinden gelte und deren Umsetzung in konkrete Aktivitäten auszuhandeln ist. Konflikte seien in diesem Zusammenhang nicht als Störfaktoren anzusehen, sondern als „idealer Stoff" der Thematisierung von Selbstbewusstsein und Selbstbestimmung" (Sturzenhecker 2003: 13); insofern seien sie also selbst bildungswirksam. Selbstorganisation und Partizipation an der Ausgestaltung der Angebote werden damit zu weiteren zentralen konzeptionellen Grundlagen und Strukturmerkmalen der Jugendarbeit (vgl. Deinet/Nörber/Sturzenhecker 2002: 649).

Diesem Verständnis entsprechend können „Problemthemen von Kindern und Jugendlichen […] selbstverständlich auch Themen der Jugendarbeit [sein], allerdings unter der Voraussetzung, dass diese durch die Kinder und Jugendlichen selber als Interessen formuliert werden" (ebd.: 650).[16] So sei denkbar, dass Jugendarbeit Jugendliche dabei unterstütze, sich „neues Wissen anzueignen, das nützlich zur Umsetzung der eigenen Interessen ist[,] und z.B. Kompetenzen von Sprache, Schreiben und Lesen zu erwerben, wenn diese ebenfalls eng an den bearbeiteten Themen liegen und die Selbstbestimmungs- und Partizipationspotenziale erweitern können" (Sturzenhecker 2004: 157). Damit können also *auch* Angebote zur Hausaufgabenhilfe gemeint sein, die jedoch mit ihrer Förderlogik in einem engeren Sinne nicht den konzeptionellen Kern der offenen Kinder- und Jugendarbeit ausmachen. Wie Jugendarbeit also konkret ausgestaltet werden und auf welche Bedarfslagen sie Antworten finden müsse, sei vor diesem Hintergrund jeweils vor Ort zu entwickeln. Von außen an die Jugendlichen herangetragene Förderprogramme – gleich welcher Art – würden also diesem Bildungsverständnis nicht entsprechen und wären, sofern sie nicht an die Interessen und Be-

---

16 Unter Verweis auf die gesetzlichen Grundlagen der Jugendarbeit betonen Deinet/
Nörber/Sturzenhecker (2002), dass prinzipiell jedoch „der Jugendarbeit ausdrücklich
nicht die Aufgabe zugewiesen ist, sich um Not-, Konflikt- oder Krisensituationen von
Kindern und Jugendlichen zu kümmern, Benachteiligungen abzubauen oder Prävention
und Jugendschutz zu leisten" (ebd.: 650).

dürfnisse der Jugendlichen anschlussfähig sind, in diesem Kontext wohl zum
Scheitern verurteilt.

Non-formale Bildung als Förderung informeller Bildungsprozesse

In verschiedenen Konzeptionen, mit denen versucht wurde, den Bildungsanspruch der Jugendarbeit theoretisch zu fundieren[17] und für die Praxis der
Jugendarbeit fruchtbar zu machen, wird Jugendarbeit als Ort informeller
Selbstbildung verstanden; die non-formale Förderung von Selbstbildungs-
prozessen sei dann die Aufgabe der JugendarbeiterInnen. Müller/Schmidt/
Schulz (2008) gingen in ihrer empirischen Studie „zur Alltagspraxis von Jugendarbeit" (ebd.: 37) der Frage nach, worin „die *spezifischen* Bildungschancen gerade von offener Jugendarbeit" (ebd.: 47; Hervorhebung i. Orig.) liegen
könnten und wie eine non-formale Förderung informeller Bildungsprozesse
aussehen könne. Dabei gehen die AutorInnen davon aus, dass Bildungsorientierung in der Jugendarbeit viel mehr bedeute als (nur) die Entwicklung von
expliziten Projekten mit einem Bildungsbezug. Diese seien in ihrer Grund-
struktur noch relativ schulnah und würden auf einem Konzept von Bildungsförderung basieren, nach dem „Pädagogen [...] etwas *anbieten* oder *aufgreifen*
[müssen]" (ebd.: 18; Hervorhebung i. Orig.), wenn auch „das ‚Was‘ des An-
gebotes und das ‚Wie‘ des Mitmachens [...] offener als in der Schule" (ebd.)
sei.[18] Demgegenüber richtet sich das Interesse von Müller/Schmidt/Schulz
auf informelle Bildungsgelegenheiten in ganz alltäglichen Situationen der
Jugendarbeit, beispielsweise bei der Nutzung von Freizeitangeboten oder
beim Umgang mit Konflikten (vgl. ebd.: 48). Dabei lägen „Bildungschancen
[...] oft gleichzeitig auf sehr unterschiedlichen Ebenen" (ebd.: 54), und zwar
vor allem dann, „wenn diese Vielfalt der Ebenen nicht pädagogisch verplant
werde, sondern der freien spielerischen Aneignung überlassen bleibt" (ebd.).
Non-formale Bildung im Sinne einer „pädagogisch intendierte[n] Förderung
solcher informellen Prozesse der Selbstbildung" (ebd.: 12) setze als ersten
Schritt eine sehr genaue Wahrnehmung informeller Bildungsprozesse durch

---

17   Zu diesen Konzeptionen siehe u. a. Sturzenhecker (2003) sowie Müller/Schmidt/Schulz
     (2008).
18   Ein Beispiel für ein *Angebot* ist ein Theaterprojekt, von dem angenommen wird, dass es
     für Jugendliche attraktiv sein könnte und zugleich verschiedenste Bildungsmöglichkei-
     ten beinhaltet. Bei einem Vorhaben, in dem eine aktuelle Thematik der Jugendlichen
     aufgegriffen und in ein Bildungsprojekt transformiert wird, kann es sich z. B. um einen
     Konflikt im Jugendhaus handeln (vgl. dazu verschiedene Beiträge in Sturzenhecker/
     Riemer 2005).

die JugendarbeiterInnen voraus, um darauf bildungsfördernde Antworten
geben zu können. Diese dürften allerdings nicht ,überpädagogisiert' werden,
da sie sonst Gefahr liefen, an den Jugendlichen vorbeizugehen.
Als *Beispiel* für diesen Ansatz mag folgende von den Autoren beobachtete Szene in einem Jugendhaus dienen. Ein Mädchen traut sich zunächst
nicht, den Computerraum zu betreten, da er bereits von älteren Jungen besetzt ist. Die Sozialpädagogin deutet das zögerliche Verhalten des Mädchens,
überprüft ihre Deutung („traust Du Dich nicht zu fragen, ob Du auch ran
darfst?") und unterstützt das Mädchen, indem sie ,einfach nur' mit ihm zu
dem Computerraum geht und ohne weiteren Kommentar in der Tür stehen
bleibt. Alles Weitere macht dann das Mädchen allein (vgl. ebd.: 48). Unter
dem Aspekt von Selbstbildung und der Förderung von Selbstbildungsprozes-
sen sehen die AutorInnen in dieser Szene eine Reihe von Anknüpfungspunkten wie beispielsweise: sich Hilfe holen können, Zugang zu dem Medium
Computer finden, sich gegenüber den älteren Jungen behaupten lernen.

Das hier vertretene Verständnis von Bildungsförderung weicht deutlich
von einer Bildungsförderung im schulischen Sinne ab, also von einem Verfahren, in dem „explizit Bildungsziele gedacht, geplant und in geeigneten Projekten und Lernarrangements umgesetzt werden" (ebd.: 48). Ausgangspunkt
sind zudem nicht Defizite, die es durch geeignete Förderung zu lindern oder
zu beheben gilt (und insofern unterscheidet sich dieses Verständnis auch
von einem präventionsorientierten Ansatz), sondern die spezifischen Aneignungsweisen von Kindern und Jugendlichen, die nach Müller/Schmidt/
Schulz behutsam zu begleiten sind. Die besondere Chance non-formaler Bildung und gleichzeitig die pädagogische Herausforderung bestehe nun darin,
Kindern und Jugendlichen ihre im Alltag erworbenen Aneignungspraxen
im Umgang mit verschiedenen Angeboten zu ermöglichen, ihnen darüber
hinaus jedoch auch „Impulse für die Erschließung neuer Wissensbestände,
Handlungsoptionen und capabilities zu geben und dazu anzuregen, Neues
auszuprobieren" (Kutscher/Otto 2006: 104).

5   Lesen und Schreiben (fördern) in der außerschulischen Kinder- und Jugendarbeit? Einige Anmerkungen

Vor dem Hintergrund des pädagogischen Selbstverständnisses der Kinder-
und Jugendarbeit sollen abschließend einige Überlegungen zur Förderung
von Lesen und Schreiben in diesem Kontext skizziert werden. Sie lassen sich
in vier Punkten bündeln.

Erstens: Auch wenn in einzelnen Einrichtungen Angebote zur Hausaufgabenhilfe sinnvoll sein können und durchgeführt werden: Prinzipiell ist
Kinder- und Jugendarbeit *nicht* als Ort systematischer Förderung von Lesen
und Schreiben zu verstehen, denn zu dem non-formalen Bildungsverständnis
passen direkte, gleichsam schulische Formen der Förderung von Lesen und
Schreiben nicht. Diese Position wird auch in der vom Bundesministerium für
Bildung und Forschung herausgegebenen Expertise zur Förderung der Lesekompetenz vertreten. Die AutorInnen der Expertise halten eine Ausweitung
schulischer Logiken für kontraproduktiv. Es gelte vielmehr, „den informellen Charakter vieler Lerngelegenheiten der Jugendhilfe nicht zu unterlaufen"
(Bundesministerium für Bildung und Forschung 2007: 75) und „die Vorteile
der informellen Lerngelegenheiten in Bezug auf die Förderung von Lesekompetenz" (ebd.) aufrechtzuerhalten. Dazu kommt: Ob Jugendliche entsprechende Förderangebote überhaupt wahrnehmen würden, ist fraglich. So
berichten JugendarbeiterInnen von Jugendlichen, die im Jugendtreff einfach nur ihre Freizeit verbringen und in Ruhe gelassen werden wollen. Alles
Schulische weisen sie in diesem Kontext ausdrücklich zurück: „Schule gehört
hier nicht hin ...".

Tatsächlich jedoch – so wird es in der Expertise für denkbar gehalten –
sei in der Kinder- und Jugendarbeit mit einer zunehmenden Übernahme von
Logiken und Handlungsansätzen des formalen Bildungssystems zu rechnen.
Diese Tendenz zur Verschulung wird vor allem dort vermutet, wo Jugendhilfe und Schule unmittelbar zusammenarbeiten, nämlich im Kontext von
Ganztagsschulen. Hier könnten schulische Handlungslogiken dominant
werden, indem „alles, was Schule anfasst, [...] zu Schule [wird]" (ebd.: 75).[19]

Zweitens: Wie man sich anstelle quasi schulischer Formen zur Schriftsprachförderung non-formale und informelle Lerngelegenheiten zum Lesen
und Schreiben vorzustellen hätte, ist den im letzten Abschnitt skizzierten
konzeptionellen Ansätzen einer bildungsbezogenen Kinder- und Jugendarbeit zu entnehmen. Entscheidend ist hier das Verständnis einer indirekten
Bildungsförderung. Es zielt darauf ab, herausfordernde Lerngelegenheiten und -anlässe zu schaffen und auf diese Weise Kinder und Jugendliche
zu einem Umgang mit Schriftsprache anzuregen. Denn damit Lesen (und

---

19 Die Expertise greift dabei ein Zitat von Bielenberg (2002, zit. nach Bundesministe-
    rium für Bildung und Forschung 2007: 75) auf, das auf die Sage von König Midas Be-
    zug nimmt (Alles, was König Midas anfasste, wurde zu Gold). – Zu dieser Vermutung
    passt auch die in diesem Beitrag beschriebene schulpädagogische Perspektive, nach der
    ein außerschulischer Kontext erst dann zu einem Lernort wird, wenn er in Beziehung zu
    didaktisch strukturiertem schulischen Lernen gesetzt wird.

Schreiben) zu einer Tätigkeit wird, „die sich aus sich selbst heraus bestätigt und verstärkt" (Winkler 2004: 17), müssen Kinder und Jugendliche immer wieder erkennen können, „dass und wie es Probleme löst" (ebd.). Speziell bei negativ besetzten schulischen Erfahrungen in der Schriftaneignung hieße dies im Idealfall, dass die außerschulische Jugendarbeit den Ort darstellt, an dem Jugendliche positive ‚Gegenerfahrungen' zur Schule sammeln und ein Interesse am Umgang mit Schriftsprache entwickeln können.

Solche Überlegungen zu einer non-formalen Förderung von Lesen und Schreiben können an folgende Handlungsansätze zur Bildungsförderung im Kontext der Kinder- und Jugendarbeit anknüpfen:

a) *Projekte mit einem Bildungsbezug:* Ein erster Handlungsansatz besteht in der Entwicklung von Projekten. Speziell mit einem Bezug zum Lesen und Schreiben liegen dazu verschiedene Projektideen und auch -erfahrungen vor. So wurde beispielsweise empfohlen, Geschichtenwettbewerbe und Schreibwochenenden anzubieten (vgl. Nickel 2001: 9), Projekte, die das Interesse von Kindern und Jugendlichen am literarischen Lesen (und Schreiben) wecken bzw. vertiefen sollen. Andere Überlegungen beziehen sich darauf, anstelle von Projekten zu einer isolierten Leseförderung breit angelegte Angebote zu entwickeln, die eben *auch* einen Schriftsprachbezug haben und – beiläufig und auf spielerische Weise – zum Lesen und Schreiben anregen sollen. Bildungschancen würden sich demnach gleichzeitig auf verschiedene Bildungsdimensionen beziehen. In diesem Zusammenhang ist hier insbesondere an Vorhaben im Kontext der neuen Medien zu denken (vgl. Dehn/Hoffmann/Lüth/Peters 2003).[20]

b) *Förderung informeller Selbstbildungsprozesse:* Ein zweiter Ansatz nonformaler Bildungsarbeit besteht in der – von Müller/Schmidt/Schulz beschriebenen – Förderung informeller Selbstbildungsprozesse im Alltag der Kinder- und Jugendarbeit. Soll er für das Lesen und Schreiben fruchtbar gemacht werden, ist Voraussetzung dafür, dass in den Einrichtungen der außerschulischen Kinder- und Jugendarbeit vielfältige Gelegenheiten und Möglichkeitsräume zum Lesen und Schreiben vorhanden sind, wobei neben den klassischen Medien auch und gerade neue Medien eine wesentliche Rolle spielen. Die verschiedenen Aneignungspraxen der Kinder und Jugend-

---

20   Zur möglichen Problematik einer pädagogischen Funktionalisierung jugendkultureller Praktiken vgl. den Beitrag von Stephan Hein in diesem Band.

lichen im Umgang mit diesen Medien wären dann Ausgangspunkt für die Bildungsförderung.[21]

Drittens: Diese hier nur angedeuteten Ansatzpunkte non-formaler Bildungsarbeit in Bezug auf Lesen und Schreiben können sicher pädagogisch weiterentwickelt und ausgearbeitet werden. Die zentrale Frage lautet dabei allerdings: Ist die in der Expertise des Bundesministeriums für Bildung und Forschung formulierte Erwartung, dass informelle Lerngelegenheiten im Kontext außerschulischer Kinder- und Jugendarbeit zu einer Förderung von Lesekompetenz beitragen sollen, nicht zu hoch gegriffen? Oder anders formuliert: Was kann Kinder- und Jugendarbeit realistischerweise leisten?

Zu erinnern ist an dieser Stelle nochmals daran, dass freiwillige Inanspruchnahme für die außerschulische Kinder- und Jugendarbeit konstitutiv ist, was Chance und Begrenzung zugleich beinhaltet. So müssen prinzipiell alle Angebote in der Kinder- und Jugendarbeit an die Interessen der AdressatInnen anschlussfähig sein, sich als nützlich und/oder spannend erweisen. Wenn diese Anschlussfähigkeit nicht gelingt, werden die Kinder und Jugendlichen entsprechende Angebote kaum annehmen und nutzen. Mit Projekten wie mit Geschichtenwettbewerben und Schreibwochenenden dürften vor allem solche Kinder und Jugendliche erreicht werden, die ohnehin schon Interesse am (literarischen) Lesen und Schreiben haben, während sich dies gerade bei denjenigen als schwierig erweisen kann, denen Lesen und Schreiben als kulturelle Praxis fremd ist.[22] Demgegenüber werden Vorhaben im Kontext neuer Medien von Jugendlichen eher an literale Praxen anschließen können, denen die meisten Jugendlichen in ihrer Freizeit regelmäßig nachgehen: „SMS schreiben und lesen, rappen, chatten, im Internet surfen etc."

---

21 In ihrer Studie beschreiben Müller/Schmidt/Schulz (2008) zahlreiche Gelegenheiten für Selbstbildungsprozesse, die sie in den von ihnen untersuchten Einrichtungen der Kinder- und Jugendarbeit beobachteten und die sich auf unterschiedliche Bildungsbereiche beziehen. Daneben zeigte die Studie, dass Einrichtungen der Kinder- und Jugendarbeit auch Aneignungsorte für verschiedene Kompetenzen wie Medienkompetenz oder alltagspraktische Problemlösungskompetenz sein können. Schriftsprachkompetenzen werden in diesem Zusammenhang explizit nicht genannt. Nur sehr vereinzelt werden Situationen beschrieben, in denen Lesen oder Schreiben eine Rolle spielt – so bei einem Scrabble-Spiel, beim Chatten etc. Inwieweit dies mit den vorhandenen Angeboten in den untersuchten Einrichtungen, den Interessen und Aktivitäten der Jugendlichen oder auch mit der Wahrnehmung durch die Forschergruppe zusammenhängt, kann hier allerdings nicht beurteilt werden.

22 Ein empirischer Beleg für das hier angesprochene Präventionsdilemma (Bauer 2006) in der Lese- und Schreibförderung ist die Studie von McElvany (2008). – Vgl. dazu auch Rauschenbach 2009: 91.

(Schneider 2009a: 212). Jedoch fassen diese Jugendlichen[23] die meisten dieser Tätigkeiten nicht als ‚richtiges' Lesen und Schreiben auf und sehen zudem keinen Bezug zum schulischen Unterricht (vgl. ebd.). In gewisser Weise korrespondiert diese Einschätzung mit der Abwertung, die solche Praxen häufig durch Schule und Lehrer (und wohl auch im Rahmen verschiedener Studien zum Leseverhalten) erfahren. Gleichzeitig wird hier auch deutlich, in welchem Ausmaß schulische Anforderungen und literale Freizeitpraxen (zumindest aus Schülersicht) voneinander abweichen. In der Konsequenz heißt dies: Fähigkeiten, die über diese Tätigkeiten erworben werden, können „die schulischen Motivationen und Leistungen kaum beeinflussen" (ebd.), da die Jugendlichen keinen Bezug dazu herstellen können. In eine ähnliche Richtung weist auch das Argument von Winkler (2004), dass es keineswegs gleichgültig sei, durch welche Textsorten Kinder zum Lesen motiviert wurden (vgl. ebd.: 22). Ein Transfereffekt auf andere Textsorten sei nicht zu erwarten, d.h., das Interesse am Lesen bleibe an die jeweilige Textsorte gebunden. Dies bedeutet: Eine Förderung literaler Freizeitbeschäftigungen, die an die Interessen der Jugendlichen anknüpft, eröffnet also nicht zwangsläufig den Zugang zu schulischer Schriftaneignung und trägt somit auch nicht unbedingt zu besseren schulischen Erfolgen bei.[24] Umgekehrt wirken „Motivationen und entsprechende Lesepraxen [...] vor allem dann schützend, wenn die Lesetätigkeit als nützlich für die Schule begriffen wird" (Schneider 2009a: 212). Wenn Kinder und Jugendliche also für sich die Bedeutung von Schriftlichkeit entdecken und mit Schule in Verbindung bringen können, können im Sinne literaler Resilienz auch schwierige Startbedingungen des Schriftspracherwerbs ausgeglichen werden.

Viertens: Aus diesen Ergebnissen können drei Schlussfolgerungen abgeleitet werden.

a) Zunächst einmal ist zu empfehlen, im Kontext der Kinder- und Jugendarbeit zurückhaltend mit Begriffen wie dem der ‚Förderung' von Lesen und Schreiben oder auch dem einer ‚Prävention' von Schriftsprachproblemen umzugehen. Denn gemessen an schulischen Maßstäben scheint hier deutliche Bescheidenheit angebracht zu sein.

---

23 Grundlage ist hier eine empirische Studie von Schneider, Bertschi-Kaufmann u. a. (2008), zit. in Schneider 2009a: 206 ff.

24 Dies widerspricht der Auffassung beispielsweise von Hössl (2006), der ganz generell davon ausgeht, dass „nonformale und informelle Formen des Freizeitlernens" (Hössl 2006: 180 f.) ein nicht zu unterschätzendes Anregungspotenzial „für eine Förderung der Motivation bei schulischen Lernprozessen und damit für eine Verbesserung des schulischen Bildungserfolges" (ebd.) darstellen.

b) Zugleich jedoch kann sich Kinder- und Jugendarbeit mit ihrem non-formalen Bildungsansatz durchaus bestätigt fühlen. Denn insbesondere mit dem Konzept der non-formalen Förderung informeller Selbstbildungsprozesse besteht immerhin die Möglichkeit, dass Kinder und Jugendliche einen eigenen Zugang zur Schriftkultur entwickeln können. Folgt man Schneider (2009a), wäre es (trotz der bereits angesprochenen Schwierigkeiten) dann auch Aufgabe von JugendarbeiterInnen, das Verhältnis von alltagsliteralen Praxen und Schule zu thematisieren und mit den Jugendlichen nach entsprechenden Bezügen zu suchen.

Darüber hinaus ist Kinder- und Jugendarbeit gut beraten, sich bewusst zu machen bzw. nicht zu vergessen, dass sie auch ein Ort jugendkulturellen Eigensinns ist. Und so wäre es fatal, wenn Kinder- und Jugendarbeit mit dazu beitrüge, „junge Leute in literalen Praktiken zu schulen, die die Vitalität ihres eigenen literalen Lebens und die Bedürfnisse missachtet, die sie hinsichtlich ihrer literalen und sozialen Zukunft zu Hause, bei der Arbeit und in ihren Gemeinschaften haben" (Lewis/Fabos 2005: 498, zit. nach Alvermann 2009: 95).

c) Schließlich: Wenn die literale Alltagspraxis von Kindern und Jugendlichen und der schulische Unterricht derart auseinanderklaffen, dass beides für viele Kinder und Jugendliche nicht mehr zusammenzubringen ist, dann ist hier auch – und gerade – der Lernort Schule angesprochen. Schneider (2009b) empfiehlt in diesem Zusammenhang u.a., „außerschulische literale Erfahrungen in der Schule wahr[zu]nehmen und wert[zu]schätzen" sowie die „Interessen der SchülerInnen [zu] berücksichtigen" (ebd.: 39). Solche Forderungen sind keineswegs neu (vgl. etwa Hurrelmann 2006: 174), und es wird eine Reihe von Schulen geben, die dies längst tun. Wenn an dieser Stelle dennoch daran erinnert wird, dann soll damit darauf aufmerksam gemacht werden, dass neue Lernorte strukturell überfordert sind, wenn sie Probleme lösen sollen, die direkt im schulischen Kontext angesiedelt und dort auch zu bearbeiten sind. Damit führen diese Überlegungen zurück zum Anfang dieses Beitrags, in dem Schule als *der* zentrale Lernort für das Lesen und Schreiben beschrieben wurde.

6 Literatur

Alfa-Forum. Zeitschrift für Alphabetisierung und Grundbildung (2008): Lernorte in der Alphabetisierung. Frühjahr 2008, Nr. 67.

Alvermann, Donna E. (2009): New literacies. Schnittmengen der Interessen von Heranwachsenden und der Wahrnehmungen von Lehrerinnen und Lehrern. In: Bertschi-Kaufmann, Andrea/Rosebrock, Cornelia (Hg.): Literalität. Bildungsaufgabe und Forschungsfeld. Weinheim/München: Juventa, S. 91–103.

Bayer, Mechthild/Heimann, Klaus (2009): Lernorte nutzen. In: Faulstich, Peter/Bayer, Mechthild (Hg.): Lernorte. Hamburg: VSA, S. 155–174.

Bauer, Ullrich (2005): Das Präventionsdilemma. Potenziale schulischer Kompetenzförderung im Spiegel sozialer Polarisierung. Wiesbaden: VS Verlag für Sozialwissenschaften.

Bundesjugendkuratorium (2001): Zukunftsfähigkeit sichern! – Für ein neues Verhältnis von Bildung und Jugendhilfe. Eine Streitschrift des Bundesjugendkuratoriums. Bonn/Berlin. http://www.bundesjugendkuratorium.de/pdf/1999-2002/bjk_2001_stellungnahme_zukunftsfaehigkeit_sichern.pdf (16.08.2012).

Bundesministerium für Bildung und Forschung (Hg.) (2004): Konzeptionelle Grundlagen für einen Nationalen Bildungsbericht – Non-formale und informelle Bildung im Kindes- und Jugendalter. Berlin: Bundesministerium für Bildung und Forschung.

Bundesministerium für Bildung und Forschung (Hg.) (2007): Förderung von Lesekompetenz – Expertise. Bildungsforschung Band 17. Bonn/Berlin: Bundesministerium für Bildung und Forschung.

Dehn, Mechthild (1990): Acquisition of Writing and Reading Skills at School: Cultural Technique or Elementary Writing Culture? In: Higher Education in Europe 15, S. 35–47.

Dehn, Mechthild (2008): Literacy und Lernvoraussetzungen am Schulanfang. In: Die Grundschulzeitschrift. 22. Jg., Nr. 215-216, S. 28–33.

Dehn, Mechthild/Hoffmann, Thomas/Lüth, Oliver/Peters, Maria (2003): Programm „Kulturelle Bildung im Medienzeitalter" der Bund-Länder-Kommission für Bildungsplanung und Forschungsförderung (BLK). Hamburger BLK-Modellversuch „Schwimmen lernen im Netz – Neue Medien als Zugänge zu Schrift und (Schul-)Kultur". In: Brinkmann, Erika/Kruse, Norbert/Osburg, Claudia (Hg.): Kinder schreiben und lesen. Beobachten – Verstehen – Lesen. Freiburg i. Br.: Fillibach, S. 292–295.

Deinet, Ulrich/Nörber, Martin/Sturzenhecker, Benedikt (2002): Kinder- und Jugendarbeit. In: Schröer, Wolfgang/Struck, Norbert/Wolff, Mechthild (Hg.): Handbuch Kinder- und Jugendhilfe. Weinheim/München: Juventa, S. 647–667.

Deutscher Bildungsrat (Hg.) (1974): Zur Neuordnung der Sekundarstufe II. Konzept für eine Verbindung von allgemeinem und beruflichem Lernen (13./14. Febr. 1974). Empfehlungen der Bildungskommission. Bonn: Dt. Bildungsrat.

Faulstich, Peter (2009): Lernorte – Flucht aus der Anstalt. In: Faulstich, Peter/Bayer, Mechthild (Hg.): Lernorte. Hamburg: VSA, S. 7–27.

Faulstich, Peter/Haberzeth, Erik (2010): Integrative Lernorte. Über die Inszenierung von Lernmöglichkeiten. In: Erwachsenenbildung 56 (2010), H. 3, S. 130–135.

Hössl, Alfred (2006): Die Bedeutung nonformaler und informeller Bildung bei Schulkindern. Ergebnisse einer Studie zu Freizeitinteressen. In: Tully, Claus (Hg.): Lernen in flexibilisierten Welten. Weinheim/München: Juventa, S. 165–182.

Hurrelmann, Bettina (2006): Ein erweitertes Konzept von Lesekompetenz und Konsequenzen für die Leseförderung. In: Auernheimer, Georg (Hg.): Schieflagen im Bildungssystem. Die Benachteiligung der Migrantenkinder. 2. überarb. und erw. Aufl. Wiesbaden: VS Verlag für Sozialwissenschaften.

Hurrelmann, Bettina (2009): Literalität und Bildung. In: Bertschi-Kaufmann, Andrea/Rosebrock, Cornelia (Hg.): Literalität. Bildungsaufgabe und Forschungsfeld. Weinheim/München: Juventa, S. 21–42.

Klein, Rosemarie/Reutter, Gerhard/Zisensis, Dieter (Hg.) (2011): Bildungsferne Menschen – menschenferne Bildung? Grundlagen und Praxis arbeitsbezogener Grundbildung. Göttingen: Institut für angewandte Kulturforschung e.V.

Kutscher, Nadia/Otto, Hans-Uwe (2006): Ermöglichung durch kontingente Angebote. In: Tully, Claus, J. (Hg.): Lernen in flexibilisierten Welten. Wie sich das Lernen der Jugend verändert. Weinheim/München: Juventa, S. 95–109.

McElvany, Nele (2008): Förderung von Lesekompetenz im Kontext der Familie. Münster/New York/München/Berlin: Waxmann.

Müller, Burkhard/Schmidt, Susanne/Schulz, Marc (2008): Wahrnehmen können. Jugendarbeit und informelle Bildung. 2. akt. Aufl. Freiburg/Br.: Lambertus.

Neidhardt, Heike (2006): Orte der Lernermöglichung. In: DIE Magazin IV/2006, S. 39–41.

Nickel, Sven (2001): Prävention von Analphabetismus: vor, in, nach und neben der Schule. In: Alfa-Forum Nr. 47, S. 7–10.

Nuissl, Ekkehard (2006): Der Omnibus muss Spur halten. In: DIE Magazin IV/2006, S. 29–31.

Overwien, Bernd (2006): Informelles Lernen – zum Stand der internationalen Diskussion. In: Rauschenbach, Thomas/Düx, Wiebken/Sass, Erich (Hg.): Informelles Lernen im Jugendalter. Vernachlässigte Dimensionen der Bildungsdebatte. Weinheim/München: Juventa, S. 35–61.

Overwien, Bernd (2009): Informelles Lernen. Definitionen und Forschungsansätze. In: Brodowski, Michael/Devers-Kanoglu, Ulrike/Overwien, Bernd/Rohs, Matthias/Salinger, Susanne/Walser, Manfred (Hg.): Informelles Lernen für eine nachhaltige Entwicklung. Beiträge zur Theorie und Praxis. Opladen und Farmington Hills, MI: Barbara Budrich, S. 23–34.

Pätzold, Günter/Goerke, Deborah (2006): Lernen und Arbeiten an unterschiedlichen Orten? In: DIE Magazin IV/2006, S. 26–28.

Philipp, Maik (2010): Peers und Lesen. In: Harring, Marius/Böhm-Kasper, Oliver/Rohlfs, Carsten/Palentien, Christian (Hg.): Freundschaften, Cliquen und Jugendkulturen. Peers als Bildungs- und Sozialisationsinstanzen. Wiesbaden: VS Verlag für Sozialwissenschaften, S. 243–259.

Rauschenbach, Thomas (2009): Zukunftschance Bildung. Familie, Jugendhilfe und Schule in neuer Allianz. Weinheim/München: Juventa.

Schneider, Hansjakob (2009a): Literale Resilienz. Wenn Schriftaneignung trotzdem gelingt. In: Bertschi-Kaufmann, Andrea/Rosebrock, Cornelia (Hg.): Literalität. Bildungsaufgabe und Forschungsfeld. Weinheim/München: Juventa, S. 203–216.

Schneider, Hansjakob (2009b): Wenn Wörter LAUT werden. Vortrag auf der Jahrestagung des SIKJM, Centre Loewenberg, 11. September 2009. http://www.sikjm. ch/d/pdf/tagungen_kjm2009_referat_schneider.pdf (10.7.2012).

Schneider, Johanna/Gintzel, Ullrich/Wagner, Harald (2008): Sozialintegrative Alphabetisierungsarbeit. Münster/New York/Berlin/München: Waxmann.

Sturzenhecker, Benedict (2003): Bildungsorientierung in der Offenen Jugendarbeit. In: Corax, 12. Jg., H. 9, 7–15.

Sturzenhecker, Benedict (2004): Zum Bildungsanspruch von Jugendarbeit. In: Otto, Hans-Uwe/Rauschenbach, Thomas (Hg.): Die andere Seite der Bildung. Zum Verhältnis von formellen und informellen Bildungsprozessen. Wiesbaden: VS Verlag für Sozialwissenschaften, S. 147–165.

Sturzenhecker, Benedict/Richter, Elisabeth (2010): Die Kinder- und Jugendarbeit. In: Thole, Werner (Hg.): Grundriss Soziale Arbeit. Ein einführendes Handbuch. 3. überarb. und erw. Aufl. Wiesbaden: VS Verlag für Sozialwissenschaften, S. 469–475.

Sturzenhecker, Benedikt/Riemer, Christoph (Hg.) (2005): Playing Arts. Impulse ästhetischer Bildung für die Jugendarbeit. Weinheim/München: Juventa.

Thüringer Schulportal (o.J.): Lernorte aus schulischer Sicht. http://www.schulportal-thueringen.de/web/guest/lernorte/lernorteundschule (25.7.2011).

Winkler, Michael (2004): Was ist Lesen? Vortrag auf dem tlv Lesekongress am 12.3.2004 in Erfurt. http://alt.tlv.de/daten/pdf/040422reden.pdf (12.12.2008).

Family Literacy – Lernort Familie

Christina Noack, Galina Stölting & Aline Wendscheck

> „Unterricht kann Schrift nicht gegen die Alltagswelt der Kinder
> durchsetzen." (Dehn 1996, S. 12)

1 Problemaufriss

Die Familie ist nachweislich die erste und wirkungsvollste Instanz für die
Ausbildung der kindlichen Literalität (vgl. Groeben/Hurrelmann 2004).
Kulturelle Orientierungen und symbolische Praktiken werden in ihr durch
beiläufiges Lernen erworben. Außerdem stellt sie einen bedeutenden kulturellen Raum für die Literalität als soziale Praxis dar. Es werden Briefe
gelesen und geschrieben, Merknotizen und Einkaufszettel gemacht, beim
Telefonieren wichtige Informationen aufgeschrieben und vieles mehr. Dabei
ist mit Familie nicht nur das klassische Modell der Eltern als Hauptbe-
zugspersonen gemeint. An ihre Stelle können auch Großeltern, Geschwister, Tanten, Onkel und alle anderen wichtigen Personen der Alltagswelt des
Kindes treten.

Die familialen Erfahrungen im Umgang mit Schrift im Alltag sind für
Kinder schon lange vor ihrem Schuleintritt prägend und wirken lange über
den Zeitraum des eigenen Schriftspracherwerbs hinaus nach. Zusätzlich
zum funktionalen Zweck von Schrift im Alltag können Eltern bereits sehr
früh die literale Entwicklung ihrer Kinder gezielt fördern.

Durch das gemeinsame Betrachten und interaktive Vorlesen von Bilderbüchern lernen Kinder unbewusst die narrativen Strukturen und die dra-
maturgischen Prozesse in den Geschichten kennen. Sie entwickeln so das
„Vorleseregister" und begegnen zunächst in mündlicher Form einer konzeptionellen Schriftlichkeit, die sich als „eine kontrolliertere, formellere
Sprache" stark von der situationsabhängigen Alltagssprache unterscheidet
(Apeltauer 2004: 148). Durch eine bewusstere Wahrnehmung von Schriftzeichen im Alltag lernen Kinder, ihnen Bedeutung beizumessen. Auf diese
Weise entwickeln sie eine Schriftbewusstheit, die ihnen später beim Lesen-
und Schreibenlernen hilft. Frühe Erfahrungen mit Kritzeln, Zeichnen und
Buchstabenmalen bringen Kinder dazu, Hypothesen darüber zu entwickeln,

wie Schrift funktioniert. Und schließlich lernen Kinder durch Reime, Lieder, Alliterationen etc. auf eine spielerische Art, die Aufmerksamkeit von der Bedeutung des Wortes auf seine Form zu lenken, und trainieren so ihre phonologische Bewusstheit. Die entfaltete Form der phonologischen Bewusstheit, also die Fähigkeit, Wörter in Laute zu segmentieren, hilft den Kindern bei der Entwicklung der für das Schreiben-Lernen notwendigen alphabetischen Strategie. Holger Brandes verweist in seinem Beitrag in diesem Band auf den Zusammenhang zwischen solchen bildungsorientierten Aktivitäten und der kognitiven und intellektuellen Entwicklung der Kinder unabhängig von den sozioökonomischen Voraussetzungen in den Familien.

Fehlt dieser selbstverständliche Umgang mit Schriftlichkeit (z. B. wenn die Eltern selbst nicht gut lesen und schreiben können und es demzufolge nicht tun), bleibt den Kindern der Sinn der Konzepte und Funktionen, die hinter dem Schriftbild stehen, lange verborgen. Die Wahrscheinlichkeit, dass diesen Kindern bei Schuleintritt wichtige präliterale Erfahrungen – die Voraussetzung für den Schriftspracherwerb sind – fehlen, steigt.

Das kann in der heutigen literal geprägten Gesellschaft schwerwiegende Folgen für ihren gesamten Bildungsverlauf und ihr Selbstbild haben – Folgen, die sich meist in ihrer späteren ökonomischen Situation und nicht zuletzt in ihrem daraus resultierenden sozialen Status widerspiegeln (vgl. Parsons/Bynner 2005). Mit hoher Wahrscheinlichkeit werden sie später auch als Eltern nur eingeschränkt in der Lage sein, ihren eigenen Kindern als Modell im Umgang mit literalen Praktiken im Alltag zu dienen und deren Literalität zu fördern. In der Literatur werden solche Transmissionprozesse von Bildungsbiografien beschrieben (vgl. Bynner/Parsons 2006; Coulon/Meschi/ Vignoles 2008).

Schriftspracherwerb aus systemischer Perspektive

Während der Einfluss der Eltern auf die frühkindliche Entwicklung recht gut erforscht ist, ist über die Rolle der Kinder im Bildungsprozess ihrer Eltern nur wenig bekannt. Die Familie stellt aus systemischer Sicht ein Geflecht dar, bei dem alle Mitglieder in Wechselwirkung zueinander stehen. Wenn es gelingt, Erwachsenen einen (Wieder-)Einstieg in die Schriftlichkeit zu ermöglichen, der z. B. im Sinne einer sozialen Praxis auch in den familialen Alltag allmählich integriert wird, bleibt dies nicht ohne Auswirkungen auf die Kinder. So haben sie in ihrem Alltag lesende und schreibende Vorbilder. Sie verstehen nach und nach das Konzept und die Funktion von Schrift und fangen an, sich die Welt der Schrift zu erschließen. Und umgekehrt ist auch aus der Praxis bekannt, dass Eltern oft durch den Wunsch, den eigenen Kindern helfen zu können, einen Weg in Alphabetisierungskurse finden (Elfert/Rabkin 2007: 7). Wenn Eltern die Frühförderung der kindlichen Literalität mitgestalten, wird der Lernort „Familie" (wieder-)entdeckt. Er ist aus lebenswelttheoretischer Perspektive[1] ein wichtiger Lernort, unabhängig davon, ob die literalitätsbezogenen Interaktionen zu Hause oder an einem anderen Ort stattfinden. In diesem Zusammenhang stehen keine leistungsbezogenen Aktivitäten im Vordergrund, sondern vor allem informelle Bildung. Somit geht es nicht um die von manchen Eltern, aber auch ErzieherInnen so oft befürchtete „Verschulung der Kindheit", sondern um die Nutzung des enormen Entwicklungspotenzials, welches Kinder in den ersten drei bis fünf Lebensjahren haben (Apeltauer 2004: 5).

2   Das Konzept *Family Literacy*

Die Rolle, die die Familie aus der Sicht der Forschung für den Schriftspracherwerb und die literale Entwicklung der Kinder spielt, hat sich aus Sicht der Forschung kontinuierlich verändert. In der Mitte des 19. Jahrhunderts wurde kindliche Bildung fast ausschließlich als formale Bildung betrachtet. Man ging davon aus, dass die Schule der Ort ist, an dem Kinder beginnen, lesen und schreiben zu lernen. Bildungsforscher postulierten sogar, dass es schädlich für Kinder sein könnte, unterrichtet zu werden, bevor sie dafür physisch bereit seien. Damit waren Eltern aus dem Lernprozess ihrer Kinder ausgeschlossen. Die Wichtigkeit der Familie und der sozialen Gemeinschaft für die literale Entwicklung von Kindern wurde dennoch schon in den 1960ern und 1970ern beschrieben (Wasik/Herrmann 2004: 6). Während der 1980er Jahre wurde die Rolle der Familie für die Sprach- und Literalitätsentwicklung von Kindern vielfach untersucht. Den Begriff der *Family Literacy* prägte Denny Tayler 1983. Sie beschrieb damit die wechselseitigen Beziehungen des literalen Umgangs innerhalb der Familie. Die Familie wurde somit offiziell als Bildungsinstitution und Lernort wahrgenommen.

---

1   Dies bedeutet, dass neue Lernorte durch andere Orte, aber auch durch eine neue symbolische Aufladung bestehender/bekannter Räume entstehen können (vgl. Harald Wagner, Vortrag auf der Tagung „Teilhabe durch Grundbildung – Abschlusstagung des Projekts EQUALS" 17. bis 18. Juni 2010 in Bonn [unveröff.]).

Betrachtet man die Entwicklung in England, ist zu sehen, dass auch dort erst in den 1970er Jahren die Eltern aktiv in den Bildungsprozess der Kinder involviert wurden. Elternmitarbeit wurde als Instrument der Verringerung dauerhafter Bildungsunterschiede gesehen. Als Bildungsort galt jedoch die Schule. Das Elternhaus als Bildungsstätte blieb zunächst ohne Beachtung. Jedoch wurde die Rolle der Eltern im formalen Bildungsprozess der Kinder erkannt. So wurden erste *Family-Literacy*-Programme in der Vorschulpädagogik etabliert, deren Hauptadressaten die Kinder waren. Dabei konnten anstelle der Eltern auch Großeltern oder Tanten diese Rolle übernehmen.

Die Erwachsenenbildung konnte erst über die Entwicklung einer gemeinschaftlicheren und wertfreieren Atmosphäre in Alphabetisierungskursen den Weg zu *Family Literacy* ebnen. Eltern erlangten im Rahmen dieser Kurse auch ein erweitertes Verständnis für die Entwicklung des Schriftspracherwerbs ihrer Kinder. Durch die Kürzung von Programmen in der Erwachsenenbildung wurden gemeindeorientierte Ansätze und damit auch *Family-Literacy*-Modelle begünstigt. Von der Erwachsenenbildung und der Vorschulpädagogik gemeinsam angegangene Bestrebungen zur Grundbildung wurden erst in den frühen 1990ern realisiert. Verschiedene Organisationen starteten *Family-Literacy*-Programme mit unterschiedlichen Konzepten und Inhalten. Am bekanntesten ist die Basic Skills Agency[2]. So konnte sich im angelsächsischen Raum in den letzten vierzig Jahren eine Tradition entwickeln, die der Familie als Lernort ihren Stellenwert einräumt. Zahlreiche *Family-Literacy*-Programme wurden durchgeführt und teilweise sehr gut erforscht (vgl. Brooks et al. 1996, 1997, 2008; Nutbrown et al. 2005).

Auch in anderen Teilen der Welt konnten *Family-Literacy*-Programme etabliert werden (z.B. Türkei, s. Bekman 2007; für Südafrika s. Desmond 2007; Hussain 2009). In Deutschland ist der *Family-Literacy*-Ansatz trotz einiger gut funktionierender Projekte (vgl. Brandenburg 2006) noch wenig etabliert. Der Begriff *Family Literacy* wird nach Wasik, Dobbins und Herrmann (2002) in drei Kontexten benutzt: Er beschreibt (a) gelebte Schriftkultur in den Familien (die auch als *Home Literacy* bezeichnet wird, vgl. Nickel 2010), (b) die Zusammenarbeit von Schule und Familie sowie (c) generationenübergreifende Interventionsprogramme. Diese Programme sind als spezielle familienorientierte Bildungsprogramme (*Family-Literacy*- Programme) bekannt, die darauf abzielen, eine Verstärkung häuslicher literaler Aktivitä-

---

2 Heute „Skills for Life" http://www.skillsforlifenetwork.com (21.04.2011).

ten zu bewirken und so die Chancen der Kinder auf Schulerfolg zu erhöhen.[3] Das meint folgende Ziele: die literalen Kompetenzen der Kinder weiterzuentwickeln, die Schriftsprachkompetenzen der Eltern sowie ihr Vermögen zu stärken, die literale Entwicklung ihrer Kinder zu unterstützen und literale Aktivitäten in den Familienalltag zu integrieren.

3 Berliner Pilotprojekt AlphaFamilie

Konzeptioneller Ansatz

Seit September 2009 erforscht das Projekt AlphaFamilie[4] theoretische Konzepte und praktische Gelingensbedingungen von *Family Literacy* in Berlin. Es sollen zudem flexible Programmbausteine entwickelt werden, die in verschiedenen Einrichtungen eingesetzt werden können. Zusätzlich zu den Angeboten der wenigen in Deutschland bereits laufenden *Family-Literacy-*Programme will AlphaFamilie versuchen, auch mit Familien zu arbeiten, in denen mindestens ein Elternteil nur geringe Fähigkeiten im Umgang mit der Schriftsprache hat. So werden im Rahmen des Projektes AlphaFamilie Möglichkeiten erarbeitet, die auch Eltern mit sehr geringen schriftsprachlichen Kompetenzen in die Lage versetzen, frühkindliche Prozesse des Schriftspracherwerbs zu erkennen und über mündliche und schriftliche Aktivitäten zu unterstützen. Zentral für das Projekt AlphaFamilie ist hierbei, dass es eine lustvoll-spielerische Interaktion zwischen Eltern und Kindern anstrebt, die einen positiv besetzten (Neu-)Zugang zu Literalität ermöglichen soll. Dieser Zugang soll den Kindern als Grundlage für den späteren Erwerb von Schreib- und Lesekompetenzen dienen und die Eltern ermutigen, eigene schriftsprachliche Kompetenzen auf- bzw. auszubauen, um langfristig literale Praktiken in den Familienalltag integrieren zu können. Dabei ist das Projekt AlphaFamilie nicht nur auf die Frühförderung der Kinder fokussiert, sondern berücksichtigt auch die Bildungsinteressen der Eltern. Eine zusätzliche systemtherapeutische Begleitung untersucht dabei unter anderem auch

---

3   An dieser Stelle ist darauf hinzuweisen, dass *Family-Literacy*-Programme kein Garant für Schulerfolg sind. Sie können Bedingungen verbessern, sind jedoch aufgrund der Komplexität dieses Feldes und zahlreicher anderer Faktoren nicht die Lösung aller Probleme sogenannter bildungsferner Familien.

4   AlphaFamilie ist ein Verbundprojekt. Projektpartner sind der Arbeitskreis Orientierungs- und Bildungshilfe e.V. (AOB) und die Freie Universität Berlin; www.alphafamilie.de (21.04.2011).

die Rolle, die die Kinder im Lernprozess ihrer Eltern spielen. Das Projekt ist an eine Erwachsenenbildungseinrichtung angebunden und stellt somit einen Versuch dar, das Konzept des generationenübergreifenden Lernens (GüL) in der Erwachsenenbildung zu etablieren. Generationenübergreifendes Lernen meint hier, dass beide Generationen gemeinsam an einem Gegenstand lernen, allerdings mit unterschiedlichen Schwerpunktsetzungen.

AlphaFamilie orientiert sich hauptsächlich am britischen Modell des *Family-Literacy*-Konzeptes, das von Peter Hannon (Universität Sheffield, UK) Ende der 1980er Jahre entwickelt wurde. Nach diesem Konzept werden Programme entwickelt, die besonders auf Kinder in bildungsbenachteiligten Lebenssituationen fokussiert sind. Im Mittelpunkt steht das spontane und von dem direkten Interesse und Bedürfnis der Kinder geleitete Lernen innerhalb der Familie. So soll die Chancengleichheit in der Bildungsteilhabe von Familien aus verschiedenen Milieus gefördert werden. Die inhaltlichen Kernpunkte im Projekt AlphaFamilie sind die vier Stränge der frühkindlichen Literalitätsentwicklung: Welt der Bücher, Schrift im Alltag, frühes Schreiben und (Meta-)Sprache (Hannon 2005; Nickel 2007). In Zusammenhang mit der gezielten Förderung der vier Stränge der Literalität identifizierte Hannon Bedingungen, die die Eltern erfüllen sollten, um die Wirksamkeit der Förderung zu gewährleisten. Sie sollten den Kindern (1) Anregungen geben und Möglichkeiten schaffen, um Texte zu lesen, zu schreiben und (2) um über die Schrift und Sprache zu sprechen, (3) frühe Lese- und Schreibversuche der Kinder wertschätzen und schließlich (4) Vorbild für den Gebrauch der geschriebenen Sprache in Alltagssituationen sein. Die letztgenannte Bedingung erfordert von den Eltern ein gewisses Maß an schriftsprachlichen Fähigkeiten. Aus diesem Grund ist das Angebot von AlphaFamilie doppeladressiert, einerseits richtet es sich an Eltern, die über geringe schriftsprachliche Kompetenzen verfügen und andererseits an Kinder im Vorschulalter.

Säulen der Family-Literacy-Arbeit

Die Doppeladressierung spiegelt sich in den drei Säulen der *Family-Literacy*-Arbeit wider: einer *Elternzeit*, einer *Kinderzeit* und einer *Familienzeit*.

Die *Elternzeit* ist dafür da, die Kompetenzen der Eltern im Hinblick auf die Frühförderung ihrer Kinder zu stärken. Durch den weiteren Bestandteil der Elternzeit – *Erwachsenenbildung* – erhalten die Eltern die Möglichkeit, eigene Bildungsbedürfnisse zu thematisieren, die Grundlage für den Ausbau ihrer schriftsprachlichen Kompetenzen sein können. Die *Kinderzeit* widmet sich den sprachlichen, kreativen und literalen Aktivitäten mit Kindern. Das konzeptionelle Kernstück des Programms ist die *Familienzeit*. In dieser Zeit geht es darum, dass mindestens zwei Generationen gemeinsam am gleichen Gegenstand lernen. Die Motivation der Eltern (Großeltern, Tanten etc.) speist sich zunächst oft nicht aus einem selbst verspürten Lernbedürfnis, sondern daraus, dass sie etwas mit den bzw. für die Kinder tun wollen.

Durch den generationenübergreifenden Charakter, so Nickel, erzielen *Family-Literacy*-Programme potenziell eine höhere Qualität als jede der einzelnen Komponenten für sich getrennt (Nickel 2007: 73). Entsprechend sind in *Family-Literacy*-Programmen auch Formate erfolgreich, die keine getrennten Zeiten vorsehen („Books for Babys"[5] etc). Variabel ist ebenfalls die Länge der einzelnen Aktivitäten und deren Frequenz (denkbar ist hier wöchentlich oder dreimal wöchentlich, je nach den Bedürfnissen der Teilnehmenden und der Struktur des jeweiligen Programms). Wichtig ist, dass alle partizipieren können. Im Mittelpunkt steht das gemeinsame, lustvolle (Lern-)Erlebnis. So werden die bekannten emotionalen Faktoren für Lernen und Lernmotivation genutzt (vgl. Hüther 2007).

Mehrsprachigkeit

Bei der Arbeit mit mehrsprachigen Familien wird die Frage aufgeworfen, ob in der Herkunftssprache oder in der Zielsprache Deutsch gearbeitet werden soll. Anders als beim Zweitspracherwerb[6] sind die Konzepte über die Schriftsprache sprachenübergreifend, d.h. von der einen in die andere Sprache übertragbar. Es erscheint sinnvoll, wenn der Zugang zur konzeptionellen Schriftlichkeit zuerst in der besser beherrschten Sprache erfolgt. Die Familiensprachen werden aus diesem Grund im Programm wertschätzend mit einbezogen. Die Eltern werden darin ermutigt, den Kindern zuerst in ihrer Erstsprache vorzulesen (bzw. Geschichten zu erzählen) und über die Inhalte zu sprechen. „Im Optimalfall lernen Kinder diese Kommunikationsformen in beiden Sprachen kennen. Die Förderung von Literalität wird dabei durchaus als Element der Sprachförderung diskutiert" (Nickel 2007: 77; vgl. Apeltauer 2003).

---

5   http://www.famlit.ca/programs_and_projects/programs/babies.html (21.04.2011).
6   Hier müssen Wortschatz und Grammatik sprachspezifisch speziell gefördert werden vgl.
    Schroeder 2009.

4   Familiy Literacy in der deutschen Bildungslandschaft

Literacy is a Right

Die grundlegende Rolle, die Eltern im Bildungsverlauf ihrer Kinder einnehmen, ist im wissenschaftlichen Diskurs zwar längst anerkannt. Jedoch hat die deutsche Bildungspolitik diese Erkenntnis bisher noch nicht in ausreichendem Maße berücksichtigt. Ein erstes Beispiel für einen auf bildungspolitischer Ebene explizit geforderten Einbezug der Eltern in die Literacy-Erziehung der Einrichtungen findet sich im Bayerischen Bildungs- und Erziehungsplan für Kinder in Tageseinrichtungen:

„Eine bewusste Literacy-Erziehung muss stets die Eltern und die Familiensprachen der Kinder miteinbeziehen." (2006, S. 216)

In der Praxis sind mittlerweile einige Familienbildungs- bzw. *Family-Literacy*-Programme entstanden. Neben den überregionalen Programmen HIPPY (seit 1991), Opstapje (seit 2005), Rucksack (seit 1999) und FLY (seit 2005) gibt es auch zahlreiche kleinere Projekte und Initiativen. Trotz der relativ großen Vielfalt und ihrer Fokussierung auf die Frühförderung kognitiver Fähigkeiten sowie auf die Sprech- und Sprachentwicklung der Kinder gibt es in Deutschland keine Programme (Ausnahmen: das Kieler Modell, vgl. Apeltauer 2004 und FLY, vgl. Elfert/Rabkin 2007), die die Förderung von Literalität explizit in den Vordergrund stellen. Außerdem ist allen Programmen in Deutschland gemeinsam, dass sie durch ihre Arbeit mit den Eltern in erster Linie die Kinder erreichen wollen, um deren spätere Bildungschancen zu erhöhen.

Dennoch gibt es bis zum heutigen Zeitpunkt in Deutschland leider viel zu wenige Bestrebungen, dem Lernort Familie in der Bildungspolitik seinen angemessenen Platz einzuräumen. Viele der existierenden familienorientierten Bildungsprogramme sind auf einzelne Regionen konzentriert und finden bildungspolitisch noch viel zu wenig Anerkennung, obwohl sie eine wichtige Arbeit leisten. Sie agieren oft ohne gesicherte finanzielle Grundlage, mit allen daraus resultierenden Schwierigkeiten.

Der verstärkte Ausbau von Einrichtungen zu Familienzentren sowie neu entflammte Diskussionen um Eigenverantwortung und Leistungen von Familien lassen sich jedoch als erste Anzeichen dafür werten, dass Familien wieder verstärkt in ihrer Funktion als primäre Bildungsinstanz von Kindern wahrgenommen werden. Es besteht die Hoffnung, dass sich hier eine dringend notwendige gesellschaftspolitische Trendwende andeutet. Zu deren

Gelingen könnte das Konzept *Family Literacy* vieles beitragen. Die folgenden Abschnitte gehen somit zukunftsweisend der Frage nach, an welche bereits bestehenden oder auch zukünftigen Einrichtungen *Family-Literacy*-Programme in Deutschland sinnvoll angebunden werden könnten. Um auch bildungsbenachteiligte Familien erreichen zu können, wird es erforderlich sein, in einem ersten „aufsuchenden Schritt" bisher vernachlässigte Lernorte zu entdecken, die diesen Familien bereits vertraut sind.

Ein Dialog zwischen Home und School Literacy

Kindergärten und Schulen haben mehrheitlich erkannt, dass die Partizipation von Eltern an den Bildungsprozessen ihrer Kinder unverzichtbar ist. Folglich wurden vielfältige Bestrebungen unternommen, um partizipative Eltern-Angebote für bildungsbenachteiligte Familien weiter auszubauen. Die Beobachtungen von Erzieherinnen und Lehrerinnen in der Praxis zeigen jedoch, dass die Angebote in erster Linie von den Eltern angenommen werden, die bereits an anderen Stellen in den Einrichtungen engagiert sind. Von den möglichen Gründen hierfür sollen an dieser Stelle nur zwei Teilaspekte angesprochen werden. Zum einen bleiben die Bemühungen, die vielfältigen Lebenswelten von Familien mit Migrationshintergrund in den Kontext von Schule und Kindergarten einzubeziehen, trotz der Bekenntnisse zur Anerkennung der multikulterellen Wirklichkeit unserer Gesellschaft unzureichend. Es existiert erfreulicherweise eine wachsende Zahl ermutigender Ausnahmen, die sich gegen eine solche generelle Aussage ins Feld führen ließen.[7] Zum anderen verspüren manche Eltern, die einen eingeschränkten Zugang zu formaler Bildung hatten, Ängste gegenüber den traditionellen Bildungseinrichtungen. Bei sogenannten funktionalen Analphabeten, die in der Regel sehr negative Bildungserfahrungen gemacht haben, kann noch ein tiefsitzendes Misstrauen gegenüber Institutionen hinzukommen. Menschen mit geringen Lese-Schreib-Fertigkeiten sind oft bereits durch die Art der Ansprache und die Inhalte, die fast nie auf Menschen mit geringen literalen Kenntnissen zugeschnitten sind, überfordert oder zumindest eingeschüchtert.

---

7 Auf zwei solcher ermutigender Beispiele soll hier stellvertretend verwiesen werden: Der Dokumentarfilm *Es war einmal ein Zebra* (Gerburg Rohde-Dahl, 2009) zeigt, wie es der Lenau-Grundschule in Berlin-Kreuzberg gelingt, Eltern aus den verschiedensten Kulturen für partizipative Angebote der Schule zu begeistern. Ein weiteres gelungenes Beispiel für die Arbeit mit Eltern ist das Kieler Modell, das sich auf den Lernort Kindergarten bezieht (vgl. Apeltauer 2004).

Dabei schließen geringe Lese- bzw. Schreibfertigkeiten der Eltern nicht aus, dass in ihren Familien ein reicher Schatz an oral tradierter Literalität besteht, an den auch Kindergarten und Schule wirkungsvoll anknüpfen könnten, um Brücken zu bauen.

Partizipative *Family-Literacy*-Konzepte können als ebensolche Brücken zwischen einer informellen, individuellen *Home Literacy* und einer für bestimmte Familien zunächst fremden, oft auch angstbesetzen *School Literacy* dienen. Sie gehen nicht von einem defizitorientierten Ansatz aus, sondern erkennen an, dass alle Menschen, auch Menschen mit sehr geringen Lese-Schreib-Kenntnissen, über Formen von Literalität verfügen. Eine persönliche, mündliche Einladung durch vertraute LehrerInnen, ErzieherInnen, kulturelle MittlerInnen oder auch bereits partizipierende Eltern zu lustvoll-spielerischen Aktivitäten mit den Kindern, die nicht unmittelbar an notwendige Lese-Schreib-Fertigkeiten geknüpft sind, hat sich hierbei als erfolgversprechend erwiesen[8]. Von diesen Aktivitäten ausgehend werden bestehende literale Familienpraktiken in den Mittelpunkt gestellt. Sie bilden ebenso wie die von Eltern und Kindern geäußerten Bildungsbedürfnisse und Interessen einen Ausgangspunkt für die Konzeption der Programme.

An Kindergärten und Schulen angebundene *Family-Literacy*-Programme können Raum für einen Austausch von Erfahrungen mit *Home* und (aufkeimender) *School Literacy* schaffen. Sie können als besondere Einheiten, während derer die Eltern ihre Kinder begleiten, in den Unterricht bzw. die Betreuungszeit integriert sein. Sie ließen sich jedoch auch als zusätzliche Zeiten konzipieren, wobei es sich anbietet, bereits bestehende, gut frequentierte Angebote in den jeweiligen Einrichtungen wie Eltern-Cafés, Eltern-Kind-Gruppen o.ä. als Ausgangspunkt zu nutzen. Als niedrigschwellige Angebote[9] können sie dazu beitragen, dass Eltern und Kinder aus bildungsbenachteiligten Familien einen positiv besetzen (Neu-)Zugang zu Literalität finden. Zugleich stellen sie geschützte familiäre Erfahrungs- und auch Entfaltungsräume innerhalb von Schule und Kindergarten dar. Sie bieten den Einrichtungen selbst die Chance, vermittelt durch die literalen Familienpraktiken mehr über die vielfältigen Lebenswelten von Familien zu erfah-

---

8   Dennoch sollten *Family-Literacy*-Angebote, so Wasik, nicht nur defizitorientiert eine bestimmte Zielgruppe adressieren und so zu einer Stigmatisierung der Teilnehmenden beitragen (2004: 394).

9   „Aktivitäten, die mit dem Kita- oder Schulbesuch des Kindes in Verbindung stehen, werden eher von der Familie und dem sozialen Umfeld akzeptiert. Gerade bei Frauen mit Migrationshintergrund sind niedrigschwellige und unkomplizierte Bildungsangebote wichtig, um die Frauen für die Teilnahme zu gewinnen" (Elfert/Rabkin 2007: 7).

ren: über ihren Alltag, ihr tradiertes Wissen, ihr kulturelles und historisches Bewusstsein sowie mehr darüber, inwieweit sich *Home* und *School Literacy* in den einzelnen Familien gegenseitig ergänzen oder auch bei fehlender Kommunikation in einen unproduktiven Widerspruch zueinander treten können (vgl. Gregory 2003). Erfahrungen aus dem angelsächsischen Raum oder aus dem in Grundschulen in Hamburg integrierten *Family-Literacy*-Programm FLY (vgl. Elfert/Rabkin 2007) zeigen, dass *Family-Literacy*-Programme einen authentischen Austausch auf Augenhöhe zwischen Eltern, Kindern und Lehrkräften fördern können und damit auch zu einem tieferen gegenseitigen Verständnis und einer für alle Beteiligten gewinnbringenden Kooperation beitragen können.

Mit Family Literacy alte Lernorte neu besetzen

Allen Glaubenszentren, ob Kirchengemeinden, Moscheen, Tempeln oder anderen religiösen Treffpunkten, ist gemein, dass sie von ihren Anfängen bis heute vertraute Lernorte für die Gläubigen darstellen, die sich fast immer der Familie als Einheit zuwenden. In einigen Epochen – für bestimmte Regionen gilt das bis heute – stellten sie für manche sogar den einzigen Zugang zu formaler Bildung dar. Unabhängig davon, ob eine Religion schriftzentriert ein heiliges Buch auslegt oder über das gesprochene Wort oral tradiert wird: Literalität in all ihren vielfältigen Formen ist das Hauptmedium, durch das Glaubenssätze, Gebete, Gleichnisse und Geschichten, in die das kulturelle und historische Erbe einer Gemeinschaft eingebettet ist, erlebt und weitergegeben werden. Auch mündlich geäußert handelt es sich hierbei um Wendungen und Strukturen, die sich von der Alltagssprache bewusst abheben und eher schriftsprachlichen Charakter haben.

Im angelsächsischen Raum wurden verschiedene *Family-Literacy*-Programme in Kooperation mit Glaubenszentren entwickelt und auch innerhalb ihrer Räumlichkeiten durchgeführt. Über das vertraute Setting und den wertschätzenden Einbezug der jeweiligen literalen Traditionen können sie viele Eltern erreichen, die sich von anderen Bildungsangeboten nicht angesprochen fühlen. Die Erfahrungen aus diesen Programmen haben unter anderem gezeigt, dass dies jedoch nur dann gelingt, wenn solche Programme wichtige Akteure der religiösen oder kulturellen Gemeinschaft von der Planungsphase bis zur Verwirklichung als enge Kooperationspartner miteinbeziehen.

Doch nicht nur Kultur- und Glaubenszentren, auch viele andere Orte im Sozialraum, wie beispielsweise die im Entstehen begriffenen Familienzentren[10], Bibliotheken, Krankenhäuser bis hin zu Gemeinschaftsgärten, können inspirierende Anknüpfungspunkte für *Family-Literacy*-Programme sein.

5   Ausblick: Family Literacy als bundesweite Literacy-Strategie

Anders als im angelsächsischen Raum ist *Family Literacy* bisher in Deutschland kaum verbreitet und wird somit bisher auch politisch noch nicht als Bildungskonzept wahrgenommen.

Führt man sich vor Augen, dass laut *leo. – Level-One Studie* (2011: 5) über siebeneinhalb Millionen Erwachsene in Deutschland im Hinblick auf ihre Lese- und Schreib-Kompetenzen als sogenannte funktionale Analphabeten eingestuft werden müssen, dass aber ein verschwindend geringer Teil von ihnen an einem Alphabetisierungskurs teilnimmt, liegt es auf der Hand, dass die Suche nach neuen Zugängen zu Alphabetisierung und Grundbildung intensiviert werden muss. Auf die deutsche Bildungspolitik bezogen wäre

„den politisch Verantwortlichen zu raten, sich dem Querschnittsthema literacy interdisziplinär anzunehmen. Sinnvoll ist die Gründung einer nationalen Literacy-Agentur und die Erarbeitung einer wissenschaftlich fundierten, nationalen Literacy-Strategie, die verschiedene Bildungs- und Sozialisationsinstanzen ebenso zusammenbringt wie die Verantwortlichkeit unterschiedlicher politischer Ressorts und Ebenen innerhalb unserer föderalistischen Struktur" (Nickel 2007: 79).

Die Konzeption und Verwirklichung partizipativer *Family-Literacy*-Programme wie auch die soziokulturelle Erforschung der vielfältigen bestehenden *Home Literacy* stellen unverzichtbare Grundbausteine einer solchen bundesweiten *Literacy*-Strategie dar. Aus dem angelsächsischen Raum vorliegende Langzeitstudien zeigen, dass *Family-Literacy*-Programme zu einer weiterwirkenden Förderung literaler Praktiken in bildungsbenachteiligten Familien und somit zu deren Teilhabe an der heutigen schriftbasierten Gesellschaft beitragen (vgl. Brooks et al. 1996). Sie könnten, Intervention und

---

10   Im angelsächsischen Raum werden seit Längerem Angebote, die gerade auch für sozioökonomisch benachteiligte Familien Relevanz haben, wie bspw. gesundheitliche Dienste, Schuldenberatung, Kinderbetreuung etc., in sogenannten Familienzentren gebündelt. Sie haben sich als feste Anlaufstellen für Familien etabliert und bieten auch *Family-Literacy*-Programme, sowohl als feste Kurse als auch als offene Angebote – sogenannte „Drop-ins" – an.

Prävention vereinend, erste Schritte auf dem Weg zu einer nachhaltigen Bildungspolitik sein, die von einer systemischen Perspektive aus mehrere Generationen in den Blick nimmt.

6   Literatur

Apeltauer, Ernst (2003): Literalität und Spracherwerb. Flensburger Papiere zur Mehrsprachigkeit, Heft 32. Flensburg: Universität Flensburg
Apeltauer, Ernst (Hg.) (2004): Sprachliche Frühförderung von zweisprachig aufwachsenden türkischen Kindern im Vorschulbereich. Bericht über die Kieler Modellgruppe (März 2003 bis April 2004), Sonderheft 1. Flensburg: Universität Flensburg
Bayerischen Bildungs- und Erziehungsplan für Kinder in Tageseinrichtungen (2006): Verfügbar unter: http://www.ifp.bayern.de/imperia/md/content/stmas/ifp/bildungsplan_endfassung.pdf (21.04.2011).
Bekman, Sveda (2007): Family Literacy Programme: Beispiele aus der Türkei. In: Elfert, Maren/Rabkin, Gabriele (Hg.): Gemeinsam in der Sprache baden: Family Literacy. Internationale Konzepte zur familienorientierten Schriftsprachförderung. 1. Aufl., Hamburg/Stuttgart: Ernst-Klett Sprachen (FörMig Förderung von Kindern und Jugendlichen mit Migrationshintergrund), S. 107–116.
Brandenburg, Mirja (2006): Family Literacy in Deutschland. Die Alphabetisierungsdekade der Vereinten Nationen (UNLD) und ihre Auswirkungen auf die Alphabetisierungsarbeit in Deutschland. Hamburg: Verlag Dr. Kovač.
Brooks, Greg/Gorman, Tom/Harman, John/Hutchison, Dougal/Wilkin, Anne (1996): Family Literacy Works: The NFER Evaluation of the Basic Skills Agency's Family Literacy Demonstrations Programms. London: The Basic Skills Agency
Brooks, Greg/Gorman, Tom/Harman, John/Hutchison, Dougal/Kinder, Kay/Moor, Helen/Wilkin, Anne (1997): Family Literacy Lasts: The NFER Follow-up Study of the Basic Skills Agency's Demonstrations Programms. London: The Basic Skills Agency
Brooks, Greg Brooks, Greg, Pahl, Kate, Pollard, Alison, Rees, Felicity 2008) Effective and inclusive practices in family literacy, language and numeracy: a review of programmes in the UK and internationally. Final report, University of Sheffield.
Bynner, John/Parsons, Samantha (2006): New light on literacy and numeracy. Results of the literacy and numeracyassessment in the age 34 follow-up of the 1970 cohort study (BCS70). Preliminary report. London: Institute of Education.
Coulon, Augustin de/Meschi, Elema/Vignoles, Anna (2008). Parents' Basic Skills and their children's test scores. Research Summary. London: National Research and Development Centre for adult literacy and numery.
Dehn, Mechthild (1996): Einleitung: Elementare Schriftkultur. In: Dehn, Mechthild/Hüttis-Graff, Petra/Kruse, Norbert (Hg.): Elementare Schriftkultur. Schwierige Lernentwicklung und Unterrichtskonzept. Weinheim/Basel: Beltz, S. 8–14.
Desmond, Snoeks (2007): Family Literacy in Südafrika. In: Elfert, Maren/Rabkin, Gabriele (Hg.): Gemeinsam in der Sprache baden: Family Literacy. Internatio-

nale Konzepte zur familienorientierten Schriftsprachförderung. 1. Aufl., Hamburg/Stuttgart: Ernst-Klett Sprachen (FörMig Förderung von Kindern und Jugendlichen mit Migrationshintergrund), S. 129–136.

Elfert, Maren/Rabkin, Gabriele (2007): Das Hamburger Pilotprojekt Family Literacy (FLY). In: Elfert, Maren/Rabkin, Gabriele (Hg.) (2007): Gemeinsam in der Sprache baden: Family Literacy. Internationale Konzepte zur familienorientierten Schriftsprachförderung. 1. Aufl., Hamburg/Stuttgart: Ernst-Klett Sprachen (FörMig Förderung von Kindern und Jugendlichen mit Migrationshintergrund). S. 32–57.

Gregory, Eve (2003): Getting to Know Strangers: A Sociocultural Approach to Reading, Language, and Literacy. Verfügbar unter: http://www.readingonline.org/international/inter_index.asp?HREF=edinburgh/gregory/index.html (21.04.2011).

Groeben, Norbert/Hurrelmann, Bettina (2004): Lesesozialisation in derMediengesellschaft. Ein Forschungsüberblick. Weinheim, München: Juventa (Reihe: Lesesozialisation und Medien).

Grotlüschen, Anke/Riekmann, Wibke (2011): leo. – Level One Studie. Literalität von Erwachsenen auf den unteren Kompetenzniveaus. Kurzbericht Hamburg

Hannon, Peter/Brooks, Greg/Bird, Viv (2007): Family Literacy in England. In: Elfert, Maren/Rabkin, Gabriele (Hg.): Gemeinsam in der Sprache baden: Family Literacy. Internationale Konzepte zur familienorientierten Schriftsprachförderung. 1. Aufl., Hamburg/Stuttgart: Ernst-Klett Sprachen (FörMig Förderung von Kindern und Jugendlichen mit Migrationshintergrund), S. 11–31.

Hurrelmann, Bettina/Hammer, Michael/Nieß, Ferdinnand (1993): Lesesozialisation. Band 1. Leseklima in der Familie. Studien der Bertelsmannstiftung Gütersloh: Bertelsmann.

Hussain, Sabina (2009): Das Konzept der Family Literacy. Good Practices aus Südafrika, Bonn: Deutsches Institut für Erwachsenenbildung. Verfügbar unter: http://www.die-bonn.de/doks/hussain0902.pdf.

Hüther, Gerald (2007): Neurobiologische Grundlagen intrinsisch und extrinsisch motivierter Lernprozesse. Verfügbar unter: http://www.wetterau-evangelisch.de/download/ges_%20verantwortung/bildung_jugend/lust_am_lernen.doc (28.07.2011).

Nickel, Sven (2007): Family Literacy in Deutschland – Stand der Entwicklung und Gedanken zur konzeptionellen Weiterentwicklung. In: Elfert, Maren/Rabkin, Gabriele (Hg.): Gemeinsam in der Sprache baden: Family Literacy. Internationale Konzepte zur familienorientierten Schriftsprachförderung. 1. Aufl., Hamburg/Stuttgart: Ernst-Klett Sprachen (FörMig Förderung von Kindern und Jugendlichen mit Migrationshintergrund), S. 65–84.

Nickel, Sven (2009): Funktionaler Analphabetismus/Illiteralität: Begrifflichkeit, Genese, didaktische Ansätze und familienorientierte Prävention. In: Verbundprojekt Pro-Grundbildung, Basisqualifizierung Alphabetisierung/Grundbildung, Studientexte Modul II. München: ProGrundbildung. S. 15–76.

Nickel, Sven (2010): Familiale Schriftkultur und generationenübergreifende Bildung: Schlüsselkonzepte der Förderung von Literalität. In: Hessische Blätter für Volksbildung (Schwerpunkt: Alphabetisierung und gesellschaftliche Teilhabe), H. 3, S. 226–231.

Nutbrown, Cathy/Hannon, Peter/Morgan, Anne (2005): Early literacy work with families: policy, practice and research. London/Thousand Oaks/New Delhi: Sage.

Parsons, Samantha/Bynner, John (2005): Does Numeracy Matter More? London: Institute of Education. Verfügbar unter: http://eprints.ioe.ac.uk/4759/1/parsons-2006does.pdf (21.04.2011).

Philipps, Linda M./Hayden, Ruth/Norris, Stephen P. (2006): Family Literacy Matters. A Longitudinal Parent-Child Literacy Intervention Study. Calgary: Detselig.

Schroeder, Christoph (2009): Erstsprache, Zweitsprache, Schriftsprache. Initiativreferat zur Panel-Diskussion: „Sprache – Schlüssel zur Integration"? GAL-Jahreskonferenz, 16.-18.09.2009, Mannheim (unveröffentlichtes Manuskript).

Sticht, Tom: Multiple Life Cycles Education Policy. Verfügbar unter: http://www.nald.ca/library/research/sticht/06dec/06dec.pdf (21.04.2011).

Taylor, Denny (1983): Family literacy. Young children learning to read and write. Exeter N.H.: Heinemann Educational Books.

Wasik, Barbara Hanna/Dobbins, Dionne R./Herrmann, Suzannah (2002): Intergenerational Familiy Literacy: Concepts, Research and Practice. In Neumann, Susan/Dickinson, David K. (Ed.): Handbook of Early Literacy Research. New York: Guliford, S. 444–458.

Wasik, Barbara Hanna (Ed.) (2004): Handbook of Family Literacy. London/Mahwah, N.J.: Lawrence Erlbaum Associates.

Wasik, Barbara Hanna/Herrmann, Suzannah (2004): Family Literacy: History, Concepts, Services. In: Wasik, Barbara Hanna (Ed.): Handbook of Family Literacy. London/Mahwah, N.J.: Lawrence Erlbaum Associates, S. 3–22.

„Geballte Kompensation"? – Lesen und Schreiben im Berufsvorbereitungsjahr[1]

Lilo Dorschky & Stephan Hein

1 Einleitung

Problemstellung

Vor etwa zehn Jahren erschien in einem Sammelband zum Thema ‚Leseförderung' ein Beitrag, der sich mit Leseförderung im Kontext des Berufsvorbereitungsjahres (BVJ) beschäftigte (vgl. Genuneit/Spaughton 2000). Ausgangspunkt ist hier die – allerdings nicht weiter begründete – Annahme, dass es „trotz vermehrter Anstrengungen […] der allgemeinbildenden Schule in neun bis zehn Schuljahren immer weniger [gelinge], den Schüler/innen das Lesen in einem umfassenden Sinne zu vermitteln und sie darin auszubilden" (Genuneit/Spaughton 2000: 304). Vor diesem Hintergrund halten die Autoren das BVJ für die oft „letzte Chance", im schulischen Rahmen „die ‚Defizite' im Lesen zu beseitigen" (ebd.), und sie begründen damit zugleich die Notwendigkeit einer diesbezüglichen systematischen Leseförderung.

Anders als in vielen der gegenwärtigen Diskussionen zur Lese- und Schreibförderung bzw. zur ‚Alphabetisierung' in außerschulischen Kontexten, die dabei als ‚neue Lernorte' bezeichnet werden (vgl. Dorschky in diesem Band), gerät bei den Autoren des referierten Beitrages die Schule als Kontext der Vermittlung elementarer schriftsprachlicher Fertigkeiten in den Fokus, und dies unter der Prämisse der *Kompensation* diesbezüglicher Defizite, die in der bisherigen Schulkarriere nicht bzw. nicht erfolgreich bearbeitet wurden.

Dieser kompensatorische Ansatz entspricht prinzipiell der bildungspolitischen Programmatik des BVJ bzw. in einem weiteren Sinne der des ‚beruf-

---

1 Dieser Beitrag entstand im Rahmen des Dresdner Projekts im Verbundvorhaben PRO-FESS (Professionalisierung in der Alphabetisierungs- und Grundbildungspädagogik), das vom Bundesministerium für Bildung und Forschung (BMBF) im Förderschwerpunkt ‚Alphabetisierung/Grundbildung' gefördert wird.

lichen Übergangssystems'[2]. Letzteres umfasst gemäß dem Ersten Nationalen Bildungsbericht Bildungsmaßnahmen an der Schnittstelle von Schule und Ausbildung bzw. Erwerbsarbeit, die „unterhalb einer qualifizierten Berufsausbildung liegen bzw. zu keinem anerkannten Ausbildungsabschluss führen, sondern auf eine Verbesserung der individuellen Kompetenzen von Jugendlichen zur Aufnahme einer Ausbildung oder Beschäftigung zielen und zum Teil das Nachholen eines allgemeinbildenden Schulabschlusses ermöglichen" (Konsortium Bildungsberichterstattung 2006: 79).

Das BVJ gehört zu den schulischen Maßnahmen des Übergangssystems;[3] es ist Teil des berufsbildenden Schulsystems und stellt hier wiederum diejenige Schulform dar, die in diesem System ‚am weitesten unten' angesiedelt ist, da sie ohne Hauptschulabschluss zugänglich ist. Je nach Bundesland ist das BVJ inhaltlich und organisatorisch etwas unterschiedlich konzipiert. Im Wesentlichen sollen jedoch Defizite in zentralen allgemeinbildenden Fächern aufgearbeitet, Jugendliche zur sogenannten Ausbildungsreife gebracht, und schließlich soll in manchen BVJs nachträglich der Zugang zum Hauptschulabschluss eröffnet werden.

Ein weiterer Schwerpunkt besteht in der Berufsorientierung, teilweise auch in der Vorbereitung auf ein bestimmtes Berufsfeld oder einen spezifischen Ausbildungsberuf. Dementsprechend beinhalten BVJs neben allgemeinbildenden Fächern fachpraktischen und -theoretischen Unterricht in einem spezifischen Berufsfeld, Angebote zur Berufswahl sowie teilweise auch betriebliche Praktika.[4]

In programmatischer Hinsicht könnte das BVJ also als ‚genuiner Ort' für kompensatorische Lernangebote, sozusagen als Ort ‚geballter Kompensation', begriffen werden. Die Überlegung, gerade in diesem Kontext Lerninhalte so

---

2   Zur Größenordnung des Übergangssystems vgl. Grgic/Leu 2010: IV sowie Autorengruppe Bildungsberichterstattung 2010: 96 ff. Zwar nimmt mittlerweile erstmals seit 2000 der Neuzugang von Jugendlichen in Maßnahmen des Übergangssystems ab. Jedoch findet sich noch immer mehr als ein Drittel eines Altersjahrgangs Jugendlicher, die eine berufliche Ausbildung anstreben, darunter v. a. Jugendliche ohne Hauptschulabschluss, in solchen Überbrückungsangeboten wieder.

3   Neben den an Berufsschulen angesiedelten Formen des Übergangssystems gibt es eine Vielzahl weiterer Maßnahmen, die von sogenannten Bildungsträgern außerhalb des Schulsystems durchgeführt werden.

4   Dass das BVJ darüber hinaus noch weitere Zwecke erfüllen soll (der Besuch eines BVJ ist für berufsschulpflichtige Jugendliche ohne weiterführenden Schulbesuch, Ausbildung bzw. Erwerbsarbeit obligatorisch, um die Berufsschulpflicht zu absolvieren), kann hier nur angedeutet werden (vgl. dazu Braun/Richter/Marquardt 2007: 40).

zu erweitern und auszugestalten, dass sie zu verbesserten Leseleistungen von Schülern[5] beitragen, erscheint auf den ersten Blick also durchaus plausibel. Die Autoren des oben referierten Beitrages deuten allerdings auch Probleme an, die mit dem Anspruch einer kompensatorischen Leseförderung verbunden sind. So beschreiben sie vor dem Hintergrund eigener Beobachtungen die Unterrichtssituation im BVJ als „schwierig" und die BVJ-Schüler als „häufig völlig demotiviert" (ebd.: 275). Um dennoch die Lesemotivation der Schüler zu fördern, seien Unterrichtsmaterialien zu verwenden, „die die Jugendlichen selbst betreffen" (ebd.: 283), indem sie sich auf deren Freizeitinteressen oder auch auf Fragen der „gegenwärtigen und zukünftigen schulischen und außerschulischen Alltagsbewältigung" (ebd.: 283) beziehen.[6] Diese Empfehlung basiert also auf der Annahme, dass den angesprochenen Schwierigkeiten durch die Auswahl der ‚richtigen' Lehrwerke[7] zu begegnen sei.

Demgegenüber gehen wir davon aus, dass zunächst einmal das angesprochene Problem in seiner (möglichen) Vielschichtigkeit zu konturieren ist, und das bedeutet zu fragen, woher die Demotivation der Schülerinnen kommt, und weiter, welchen Anteil die Schule möglicherweise selbst daran hat.

Vor diesem Hintergrund ist unsere Perspektive, auf der unsere Untersuchungen[8] und dieser Beitrag basieren, eine soziologische. In einem sehr viel grundsätzlicheren Sinne haben wir versucht, die Lehr-/Lernkontexte von BVJs (allgemein und in Bezug auf Lesen und Schreiben) zu beschreiben, indem wir der Frage nachgingen, wie sich das BVJ aus *der Sicht der daran Beteiligten* (d.h. von Lehrern, Schulsozialarbeitern und den Schülern) darstellt, welche Probleme und Widersprüche dabei von den Beteiligten selbst zur Sprache gebracht werden, und nicht zuletzt: welche Probleme und Widersprüche in der Gegenüberstellung der verschiedenen Perspektiven sichtbar werden, die den Beteiligten möglicherweise nicht bewusst sind.

---

5 Aus Gründen der besseren Lesbarkeit haben wir uns in diesem Beitrag gegen die Schreibweise ‚SchülerInnen' (‚LehrerInnen', ‚SozialarbeiterInnen' ...) entschieden; stattdessen wechseln wir zwischen der männlichen und weiblichen Form.
6 Als geeignet dafür nennen die Autoren hier das Verfassen von Bewerbungsschreiben oder das Lesen von Gebrauchsanweisungen.
7 Dazu enthält der Beitrag Hinweise auf geeignete Lehrwerke für den Deutsch- und Englischunterricht.
8 Im Rahmen des Dresdner Teilprojektes PROFESS bearbeiteten wir Problemstellungen der Lese- und Schreibförderung bzw. der Alphabetisierung in außerschulischen Kontexten sowie im beruflichen Übergangssystem. Die Beschäftigung mit dem BVJ nahm dabei einen besonders großen Raum ein, nicht zuletzt, weil das BVJ in diesen Diskussionszusammenhängen eine gewisse Popularität erlangt hatte.

Auf den zweiten Blick – und darauf deuten unsere Ergebnisse hin – stellt sich eine kompensatorische Programmatik allerdings keineswegs als so einleuchtend dar.

Vorgehen

Für unser Vorhaben wurden BVJs in drei Berufsschulzentren verschiedener Bundesländer ausgewählt:[9] in Erbenfurth, Thiefenstein und Thalstadt.[10] Die Auswahl wurde v. a. durch die Unterschiedlichkeit der Einrichtungen hinsichtlich ihrer Organisationsform bzw. ihrer konzeptionellen Ausrichtung, der beruflichen Fachrichtung sowie der Zusammensetzung der jeweiligen Schülerschaft (Merkmale ‚Geschlecht' und ‚Migrationshintergrund') bestimmt.

Das *Erbenfurther* Berufsschulzentrum hat ein technisches Profil und ist in einer ostdeutschen Großstadt angesiedelt. Unter dem Dach dieses Zentrums sind neben dem BVJ mit dem Schwerpunkt ‚Metall- und Elektrotechnik' eine Reihe weiterer Schulformen mit sehr unterschiedlichen Zugangsvoraussetzungen und Abschlussmöglichkeiten (bis hin zur Studienberechtigung) untergebracht. Das BVJ ist in diesem Kontext das ‚niedrigschwelligste' Angebot; es richtet sich an Schüler ohne Hauptschulabschluss und beinhaltet die Möglichkeit, nachträglich den Hauptschulabschluss zu erwerben. Bei den 20 Schülern des BVJ handelt es sich ausschließlich um männliche Schüler im Alter zwischen 15 und ca. 18 Jahren; einer der Schüler hat einen Migrationshintergrund. Die Schüler kommen aus unterschiedlichen Schulformen und Schulen, die sie ohne Hauptschulabschluss verlassen haben; darunter ist ein Schüler, der eine Förderschule besucht hat.

Thiefenstein ist eine Großstadt in den alten Bundesländern. Das Thiefensteiner Berufsschulzentrum ist auf den Bereich ‚Ernährung und Hauswirtschaft' spezialisiert, wobei die Bandbreite der angebotenen Bildungsgänge derjenigen Erbenfurths entspricht. Das BVJ ähnelt in seiner Organisationsform dem Erbenfurther BVJ und führt bei Vorliegen entsprechender Leistungen ebenfalls zum Hauptschulabschluss. Dabei ist das BVJ in diesem Bundesland als Vorbereitungsjahr für das sogenannte Berufsgrundbildungs-

---

9   Ergänzend führten wir Interviews und Gespräche mit Mitarbeitern eines schulischen Modellprojektes für ‚Schuldistanzierte' sowie an einer Berufsförderschule (betriebliche Ausbildung im Rahmen von Rehabilitation) durch, auf die wir in diesem Beitrag aus Platzgründen nicht eingehen können.
10 Anonymisiert.

jahr konzipiert und wird somit von vornherein als Teil einer weiteren schulischen Laufbahn verstanden, mit der über den Hauptschulabschluss hinausgehende Berechtigungen erworben werden sollen. Zusätzlich werden, sozusagen ‚unterhalb' des BVJ ‚Maßnahmen' in Kooperation mit Bildungs-trägern durchgeführt, die allerdings lediglich der Erfüllung der Berufsschul-pflicht dienen und keine weiteren Schulabschlüsse zum Ziel haben. Im BVJ nehmen ca. 20 Schüler teil, darunter sind acht junge Männer. Der Anteil der Schüler mit Migrationshintergrund liegt bei knapp der Hälfte.

Thalstadt ist eine ostdeutsche Kleinstadt in ländlicher Region. Das Thalstädter Berufsschulzentrum hat sowohl ein technisches Profil als auch einen Schwerpunkt im Bereich ‚Gesundheit, Ernährung, Hauswirtschaft' und bietet ebenfalls die ganze Bandbreite berufsschulischer Bildungsgän-ge an. Das BVJ ist hier auf die Dauer von zwei Jahren angelegt (sogenanntes ‚gestrecktes' BVJ) und somit Teil eines Modellversuchs, der aktuell an meh-reren Orten dieses Bundeslandes erprobt wird. Curricular orientiert es sich am einjährigen BVJ, enthält jedoch mehr Praxis durch einen höheren Anteil an fachpraktischem Unterricht sowie durch betriebliche Praktika. Eine wei-tere Besonderheit dieses BVJ besteht in seiner räumlichen Anbindung: Die Schulklassen zur Berufsvorbereitung sind aus dem Hauptgebäude des Be-rufsschulzentrums ausgelagert und zusammen mit der berufsbildenden För-derschule in einem eigenen Schulgebäude in der Nähe des Hauptgebäudes untergebracht. Die beiden BVJ-Klassen (mit einem technischen und einem hauswirtschaftlichen Schwerpunkt) setzen sich aus jeweils ca. zwölf Schü-lern zusammen – relativ kleine Gruppen, die durch den Modellversuch er-möglicht werden.

Entsprechend unserem Ziel, ein mehrperspektivisches Bild zu gewin-nen, führten wir im Rahmen unserer ein- oder auch mehrmaligen Schul-besuche leitfadengestützte Interviews, aber auch ‚informelle' Gespräche mit Schulleitern, Lehrern und Schulsozialarbeitern durch. So können wir auf eine Reihe transkribierter Einzel- und Gruppeninterviews bzw. auf entspre-chende Gedächtnisprotokolle[11] aus den verschiedenen Berufsschulzentren zurückgreifen. Daneben fanden – so wir dazu die Gelegenheit bekamen – Gruppendiskussionen mit Schülern statt, zu denen uns jedoch keine Tran-

---

11 Nicht alle Gespräche konnten aufgenommen werden, da einige der befragten Lehrer eine Aufnahme ausdrücklich ablehnten, während andere wiederum nichts gegen eine Aufnahme einzuwenden hatten. Über die Gründe für diese Vorbehalte können wir nur Mutmaßungen anstellen, für die hier nicht der richtige Ort ist.

skripte, sondern nur Gedächtnisprotokolle vorliegen.[12] Über die geplanten Interviews und Gruppendiskussionen hinaus stellten sich etliche zufällige Beobachtungsmöglichkeiten auf den Fluren oder in der Schulmensa ein, und es fanden flüchtige Begegnungen mit Schülern statt. Die Beobachtungen und Eindrücke hielten wir in Notizen fest und zogen sie ergänzend zur Auswertung der Gesprächsprotokolle heran.

Aufbau des Beitrages

In den beiden nächsten Abschnitten folgt eine ausführliche Darstellung von Eindrücken und Befunden aus unseren empirischen Materialien. Daran schließt sich ein Diskussionsteil an, in dem diese Befunde zu einer Dimensionierung der Problemstellung ‚(Schriftsprach-)Förderung im schulischen Kontext' verdichtet und einige weiterführende Überlegungen vorgestellt werden.

2 Beschreibungen und Befunde: Lesen und Schreiben

Im Folgenden geht es darum, wie die von uns befragten Pädagoginnen die Lese- und Schreibkenntnisse der BVJ-Schüler thematisieren. Besonders fokussiert werden die dabei zutage tretenden Interpretationen hinsichtlich der Ursachen und Folgen entsprechender Defizite für die Jugendlichen. In diesem Zusammenhang ist auch von Interesse, ob und wie die Möglichkeit einer pädagogischen Bearbeitung solcher Defizite im Rahmen des schulförmig organisierten BVJ von den Pädagogen gesehen und beurteilt wird.

Allgemein ist zunächst festzuhalten, dass bei der Frage, wie die Lehrer und Sozialarbeiter die Lese- und Schreibkenntnisse der BVJ-Schüler einschätzen, erhebliche Unterschiede deutlich werden, und zwar nicht nur zwischen den verschiedenen Berufsschulzentren, sondern teilweise auch innerhalb ein- und derselben Schule.

So wird im Thalstädter Berufsschulzentrum zu Beginn des Schuljahres mit den BVJ-Schülern ein kurzer Deutschtest durchgeführt. Dabei habe sich

---

12 Auf eine Aufnahme haben wir hier bewusst verzichtet, um die durch unsere Anwesenheit ohnehin schon hervorgerufenen Befremdungseffekte nicht noch zusätzlich zu verstärken. – Immer da, wo wir die Gespräche nicht aufzeichnen konnten oder wollten, fertigten wir jeweils parallel Gesprächsprotokolle an und glichen sie anschließend miteinander ab.

gezeigt, dass die Abschlussnoten aus der Sekundarstufe I nicht unbedingt aussagekräftig in Bezug auf die realen Fertigkeiten der Schüler seien – wie im Beispiel eines Schülers, der faktisch kaum habe lesen und schreiben können, obwohl er aus der vorher besuchten allgemeinbildenden Schule eine befriedigende Deutschnote mitbrachte.

Insgesamt werden in dieser Schule die Lese- und Schreibkenntnisse der BVJ-Schüler als eher problematisch eingestuft, und die Schulsozialarbeiterin konstatiert hier einen großen Bedarf an Förderung. Ein Lehrer schätzt, dass etwa jeder zweite Absolvent des 10. Schuljahres Schwierigkeiten mit dem Lesen und Schreiben habe, wobei diese Probleme bei einigen Schülern sehr groß seien. Auch liege bei einem Teil der Schüler eine ‚attestierte Lese-Rechtschreib-Schwäche' vor (d.h., es handelt sich um Schüler, die in ihrem dritten Schuljahr eine spezifische LRS-Förderklasse besucht haben). Worin sich die angesprochenen Schriftsprachprobleme konkret ausdrücken, beschreibt ein Fachlehrer in Bezug auf seinen fachpraktischen Technikunterricht: Die BVJ-Schüler hätten oft Schwierigkeiten, den Inhalt schriftlicher Aufgaben zu verstehen und versuchten ihn dann zu erraten. Damit werde es zur Aufgabe der Fachlehrer, nicht nur die Herangehensweise an die Aufgabenstellung, sondern zunächst auch das Textverständnis zu überprüfen.

Im Berufsschulzentrum in Erbenfurth gehen die Einschätzungen der Lehrkräfte deutlich auseinander. Während die Lehrer für den fachpraktischen Unterricht nicht beurteilen können, ob bzw. in welchem Ausmaß Schüler Schwierigkeiten mit dem Lesen und Schreiben haben, da im fachpraktischen Unterricht *„nie etwas geschrieben"* worden sei, konstatieren Lehrer der allgemeinbildenden Fächer z.T. erhebliche Probleme. Manche Schüler hätten Schwierigkeiten, etwas von der Tafel abzuschreiben. Zwar würden alle Schüler schreiben, so die Beobachtung eines Lehrers, aber eben auf defizitäre Weise, die hier als *„SMS-Stil"* bezeichnet wird.

Gleichzeitig ist jedoch auch die Rede davon, dass Lese- bzw. Schreibkenntnisse durchaus ausreichen würden, wenn der Inhalt eines Textes vermittelt werden könne – und dies funktioniere eigentlich bei den meisten Schülern. Im Rahmen einer Gruppendiskussion reicht ein Lehrer eine schriftliche Abschlussarbeit zur Hauptschulprüfung eines Schülers herum und verweist auf die darin enthaltenen zahlreichen Rechtschreibfehler. Auch wird von Schülern berichtet, die in dieser Abschlussprüfung ein leeres Blatt abgegeben hätten. Bemerkenswert ist in diesem Zusammenhang die zwischen den Lehrern entstehende Kontroverse (und die sich darin ausdrückende differenzierte Haltung) zur Frage: *Können* oder *wollen* diese Schüler nicht schreiben? Da hier Schüler darunter sind, die – nach der Beobachtung eines

Lehrers – zu Beginn des BVJ noch geschrieben hätten, könne vermutet werden, dass hier eine Verweigerungshaltung zum Ausdruck komme.[13]
Unterschiedliche Wahrnehmungen zu den Lese- und Schreibkenntnissen der Schüler werden auch im Berufsschulzentrum in Thiefenstein berichtet. Nach Einschätzung einer Lehrerin stellen sich Lese- und/oder Schreibprobleme der Schüler als nicht sonderlich dramatisch dar:

„Die lesen halt unterschiedlich ... Und die lesen auch ganz gut vor. [...] Also da hab ich wirklich nicht so den Eindruck, dass da ganz große Defizite sind. Das sind Ausnahmen."

Schwierigkeiten mache den Schülerinnen eher der Umgang mit weniger gebräuchlichen Wörtern, die sie noch nie gehört hätten. Auch sei die Rechtschreibung bei den meisten Schülern nicht gut, was die gleiche Lehrerin allerdings letztlich für *„nicht so schlimm"* hält. Ganz anders hingegen ist die Sicht einer Kollegin:

„... also da sitzen definitiv Leute, die zum Beispiel einfach Grundlagen des Lesens und Schreibens noch nicht richtig gelernt haben. Die haben ein Schreiben, wenn überhaupt, auf so einem Level vielleicht eines Drittklässlers. Sie haben überhaupt keine Schriftsprach-Grammatik verinnerlicht. Man kann Texte wirklich nur laut lesend nachvollziehen. Was dann gemeint ist. Und dementsprechend schwach ist auch die Lesekompetenz. Und ich hab den Eindruck, dass das einfach auch Leute sind, die außer diesen paar Textchen in der Schule sonst nichts lesen."

Dabei fällt auf, dass solche gegensätzlichen Einschätzungen auch im Hinblick auf einzelne Schüler formuliert werden. In allen drei Berufsschulzentren werden Schüler mit Migrationshintergrund hinsichtlich ihrer Schriftsprachkompetenzen nicht als ‚besonders problematische' Gruppe beschrieben. Eine Lehrerin, die in Thiefenstein, einem Berufsschulzentrum mit einem hohem Anteil von Schülern mit Migrationshintergrund, tätig ist:

„Ich finde, das kann man nicht daran [am Migrationshintergrund – d.A.] *festmachen. [...] Ich meine, die sind auch betroffen, aber ich glaube, das ist einfach eine Schwierigkeit, die noch auf andere Ursachen zurückzuführen ist."*

Allenfalls, so eine andere Lehrerin dieses Berufsschulzentrums, sei der Wortschatz dieser Schüler geringer, was wiederum die oben angesprochene

---

13   Mehr zu diesem Punkt in Abschnitt 3.

Schwierigkeit im Umgang mit ungebräuchlichen Wörtern verschärfen könne. Ähnlich gehen auch die BVJ-Lehrkräfte aus den neuen Bundesländern nicht davon aus, dass Lese- und/oder Schreibprobleme ein spezifisches Problem von Schülern mit Migrationshintergrund darstellen. Geschildert wird lediglich der Fall eines Spätaussiedlers, der „nichts lesen" könne, aber an dieser Situation auch nichts ändern wolle – etwa durch den Besuch eines entsprechenden Volkshochschulkurses, den ihm die Lehrer empfahlen.

Insgesamt berichten also die meisten Pädagogen von mehr oder weniger ausgeprägten Schwierigkeiten der BVJ-Schüler beim Lesen und Schreiben, und dies in differenzierter Weise, d.h., ohne dabei in einseitige Dramatisierungen zu verfallen. Interessant ist deshalb weniger der Umstand, *dass* Defizite thematisiert werden, vielmehr sind die *verschiedenen Akzentsetzungen in den Problembeschreibungen* aufschlussreich.

So sind in den Beschreibungen der Pädagogen zu den Schriftsprachkompetenzen der Schüler häufig dort, wo diese als defizitär wahrgenommen werden, implizite Deutungen zu möglichen *Ursachen* eingelagert. Diese Deutungen beziehen sich vor allem auf die fehlende bzw. ‚falsche' Schriftkulturpraxis im Alltag der Schüler: Aus Sicht von Pädagogen eines Berufsschulzentrums lesen die Schüler in ihrer Freizeit kaum Bücher, sondern allenfalls *„die Bildzeitung".* Oder, wie dies ein Sozialarbeiter des Erbenfurther BVJ ausdrückt:

„Also Lesen als Kulturtechnik, ja? Die gucken sich ihre Videos an und die sind völlig anders geschnitten."

Auf Grund dieser, gemessen an den Wertvorstellungen der Lehrer und Sozialarbeiter, defizitären kulturellen Alltagspraxis der Schüler wird dann davon ausgegangen, dass Schüler keine Motivation hätten, sich mit Schriftkultur auseinanderzusetzen. Nicht hinreichende Lese- und Schreibkompetenzen werden jedoch auch als Folge fehlgeschlagener schulischer Bildungskarrieren sowie struktureller Mängel des allgemeinbildenden Schulsystems selbst gedeutet. Beispielsweise sei es versäumt worden, in den beiden ersten Grundschuljahren Fördermöglichkeiten anzubieten, wenn sich zeige, dass ein Kind Schwierigkeiten mit dem Lesen- und Schreibenlernen habe.

Bemerkenswert ist nun, wie die Lehrer und Sozialarbeiter die von ihnen konstatierten Defizite im Lesen und Schreiben bewerten und wie sie sie hinsichtlich der möglicherweise damit verbundenen *Folgen* für die Schüler deuten. Man könnte im Kontext der Institution ‚Schule' durchaus erwarten, dass diese Defizite fraglos als ‚Problem' definiert werden und dass daraus ein entsprechender schulischer Handlungsbedarf abgeleitet wird. Dies ist jedoch nicht der Fall. Vielmehr lassen sich anhand des vorliegen-den Materials sehr differenzierte Einschätzungen der Pädagogen identi-fizieren, und zwar je nachdem, welche (impliziten) Bezüge in der jeweili-gen Argumentation angesprochen werden. Zu unterscheiden sind hier drei verschiedene Bezüge: 1) ein bildungsbezogener Diskurs, 2) ein ‚arbeitswelt-bezogener' Kompetenzdiskurs (Schulabschluss/Berufsausbildung/Erwerbs-arbeit) sowie 3) ein ‚alltagsweltlich/lebenspraktischer' Kompetenzdiskurs (Alltagsorganisation/Partizipation).

1) Gemessen an allgemeinen Vorstellungen von ‚Bildung' und den Aufga-ben eines Bildungssystems erscheint es ‚eigentlich' nicht hinnehmbar, wenn Schüler das Schulsystem ohne fundierte Schriftsprachkompetenzen verlas-sen. Ein Schulsozialarbeiter:

„Ja, also ich witzle immer und sage, ich stamm' noch aus einer der letzten Generationen, die lesen und schreiben können. [...] Aber letztlich, es fehlt, sagen wir mal, an unserer traditionellen Kulturkompetenz. "

Gerade in diesem ‚Witzeln' drückt sich eine gewisse ‚Dramatik' aus (‚unsere' aussterbende traditionelle Kultur sowie Schüler, die außerhalb dieser Kultur stünden). Zwar spricht der Schulsozialarbeiter von ‚neuen Kulturtechniken', über die die Schüler verfügten. Dies mindert jedoch die Dramatik nicht, da die neuen Kulturtechniken keineswegs den traditionellen gleichwertig er-scheinen, sondern vom Sozialarbeiter nur als ‚exotische' anerkannt werden – wohl nicht zuletzt deshalb, weil diese Kompetenzen offensichtlich auch dazu dienen, den schulischen Rahmen (und damit: die Vermittlung traditioneller Kulturkompetenzen) subversiv zu unterlaufen:

„Was die alles können [...] da kommt kein Lehrer mit. Wir begreifen nicht mal mehr, dass die Jungs im Unterricht mit einem Stöpsel dasitzen und ein Mikro an den Kehlkopf hal-ten und sich dann in der Stunde unterhalten können. Das heißt, die haben durchaus Kul-turtechniken. Die nur mit unseren traditionellen nicht mehr so sehr viel zu tun haben. "

2) Bezogen auf arbeitsweltbezogene Anforderungen an schriftsprachliche Fertigkeiten stellt sich aus der Perspektive der Lehrkräfte die Situation v.a. folgendermaßen dar: Um im Rahmen des BVJ zunächst einmal den Haupt-schulabschluss zu erlangen – in den verschiedenen Bundesländern ist dies unterschiedlich geregelt –, reichten nach Einschätzung der Lehrkräfte in

der Regel die vorhandenen Lese- und Schreibkenntnisse aus (genannt werden in diesem Zusammenhang auch Möglichkeiten des Notenausgleichs sowie Ausnahmeverfahren). Auch seien Anlerntätigkeiten *(„Hilfsarbeiten")* ohne verbesserte Lese- und Schreibkompetenzen möglich. Problematischer werde es hingegen, wenn eine betriebliche Ausbildung angestrebt wird. Hier seien höhere Anforderungen an entsprechende Fähigkeiten zu stellen. Eine Lehrerin:

„Die müssen nicht druckreif schreiben, aber jemand, der nicht lesbar schreibt und überhaupt keine Möglichkeit hat, sich einigermaßen auszudrücken, der ist auch nicht ausbildungsfähig. Das ist doch klar."

Dies tritt in einen auffälligen Widerspruch zu der Aussage eines anderen Lehrers, dass die Deutschnote für die Abschlussprüfung einer betrieblichen Ausbildung vor der zuständigen Kammer (Handwerkskammer bzw. IHK) keine Rolle spiele.

3) Schließlich gehen nahezu alle Pädagogen, mit denen wir sprachen, davon aus, dass die Schüler über hinreichende Schriftsprachkompetenzen für ihren Alltag verfügten. So wird u. a. davon berichtet, dass die Schüler kein Problem hätten, den Führerschein (und in diesem Zusammenhang auch die theoretische Prüfung) zu machen. Auch kämen sie mit technischen Geräten zurecht, indem sie den Umgang damit ausprobieren und ihr Wissen darüber untereinander austauschen würden. Bemerkenswert ist in diesem Zusammenhang die Erklärung der Lehrer, warum die Schüler mit diesen Anforderungen zurechtkommen: *„Weil es ihnen wichtig ist."*
Wie wird nun in den BVJs damit umgegangen, wenn Lese- und Schreibprobleme in Bezug auf schulische Anforderungen auftreten? Der Rahmen, an den man in diesem Zusammenhang als erstes denken könnte, ist der Deutschunterricht. Eine Lehrerin berichtet, dass sie im Deutschunterricht neben vorgegebenen Inhalten wie ‚Briefe schreiben', ‚Telefonieren üben', ‚Übungen zum Textverstehen und Erstellen von Inhaltsangaben' etc. auch an der Erweiterung des Wortschatzes der Schüler arbeite. Eine etwas spezifischere Förderung einzelner Schüler, die im regulären Unterricht nicht vorgesehen ist, scheint am ehesten in dem als Schulmodell angelegten zweijährigen BVJ in Thalstadt vorstellbar zu sein: Man habe *„mehr Zeit und kleine Gruppen"*. Ein darüber hinausgehender zusätzlicher Förderunterricht werde allerdings von den meisten Schülern dieses BVJ abgelehnt: Einerseits würden sie nicht aus ihrer Gruppe herausgelöst werden wollen, was bei der Bil-

dung entsprechender ‚Fördergruppen' der Fall wäre, andererseits seien die Schülerinnen aber auch nicht bereit, zusätzlich Zeit für Förderangebote in Ergänzung zum regulären Unterricht zu investieren.[14]

In diesem Zusammenhang sollte auch der Umstand Erwähnung finden, dass wir in keinem der von uns besuchten Berufsschulzentren einen systematischen fachlichen Austausch unter den beteiligten Lehrkräften zu Fragen des Lesens und Schreibens bzw. konzeptionelle Ansätze zu einem Umgang mit Schriftsprachdefiziten vorfanden. Das bedeutet, dass die Lehrer jeweils in Bezug auf ihren eigenen Unterricht sehen müssen, wie sie mit entsprechenden Schwierigkeiten zurechtkommen und zudem für sich klären müssen, ob und inwieweit sie es als ihre Aufgabe definieren, in diesem Kontext das Lesen und Schreiben zu fördern. Eine Sozialkundelehrerin sagt dazu:

„Mir ist erst mal wichtig, die überhaupt zu ermutigen. Sich zu äußern, zu schreiben. Das ist schon bei einigen ein Kampf, die haben so eine Hemmschwelle, das ist dann immer, ich hab keinen Stift. Ach, jetzt hab ich kein Blatt. Und also es ist immer so eine Inszenierung. Also vermeiden, vermeiden, nun irgendetwas aufs Papier zu bringen. Also es ist ein richtiger Kampf, die überhaupt dazu zu bringen, irgendwas aufs Papier zu bringen. Und also bestimmte Schüler. Und ja, insofern, also reglementiere ich das gar nicht. Ich frag dann immer nur ganz trocken, wenn ich es gar nicht entziffern kann, was es heißt. Aber versuche alles weitgehend so stehen zu lassen. Also das geht gar nicht mehr. Das wäre nur noch Frust dann."

Bemerkenswert ist hier, dass die Lehrerin von einer ‚Inszenierung' spricht, d.h., sie geht davon aus, dass sich die Schüler v.a. gegen eine pädagogische Absicht zur Wehr setzen – was nicht zwangsläufig auch bedeutet, Lesen und Schreiben vermeiden zu wollen. Ähnlich beschreibt auch ein Lehrer eines anderen Berufskollegs die Aufforderung zum Schreiben als Auftakt zu einem zähen Kampf. Wenn er im Unterricht etwas an die Tafel schreibe, dann komme von den Schülern die Frage, ob dies auch abgeschrieben werden müsse. Und wenn er nach einer halben Stunde die Tafel abwischen wolle, hätten die Schüler es noch immer nicht notiert. Andere Lehrkräfte lassen in ihrem Fachunterricht entsprechende Passagen aus Fachbüchern abschreiben:

---

14 Zur sozialen Bedeutung dieses ‚Herauslösens' i.S. der Symbolisierung eines Sonderstatus im Rahmen einer ohnehin stattfinden Zuschreibung von Defiziten siehe Abschnitt 3.

„Oder ob man einfach etwas Allgemeines aus Büchern abschreiben lässt. Damit sie auch schreiben lernen. Weil sie ja eben auch nicht, zum Teil gar nicht schreiben können."

Im Laufe des Schuljahres würden dann die Schüler *„etwas schneller"* schreiben können. Demgegenüber halten sich Fachpraxislehrer des Erbenfurther Berufsschulzentrums explizit weder dafür fachlich kompetent noch dafür ‚zuständig', Lese- und Schreibschwierigkeiten von BVJ-Schülern zu ‚beheben'. Sie verweisen dabei auf ihren eigentlichen Auftrag, nämlich die Vermittlung fachspezifischer Kenntnisse und Fertigkeiten als Basis für eine Ausbildung im entsprechenden Berufsfeld. In einem noch weitergehenden Sinne stellen einige Fachlehrer der Berufsschulzentren in Erbenfurth und Thalstadt infrage, ob im Rahmen des BVJ etwas geleistet werden solle, was eigentlich Aufgabe der allgemeinbildenden Schule sei: *„Wir sind nicht die Reparaturbrigade der Mittelschule."* Neben dieser grundsätzlichen Infragestellung eines solchen umfassenden ‚Kompensationsauftrages' wird jedoch auch gefragt, ob es im Rahmen des BVJ prinzipiell möglich sei, Situationen zu schaffen bzw. das Unterrichtsgeschehen entsprechend so zu rahmen, dass Lesen und Schreiben – bzw. in einem weiteren Sinne: Lernen überhaupt – als sinnvoll erfahren wird. Vor diesem Hintergrund ist die Frage eines Lehrers zu verstehen: *„Macht es Sinn, pro Woche drei Stunden mehr Deutschunterricht anzubieten? Aber was soll der dann anders machen als bisher?"*

3 Beschreibungen und Befunde: Unterrichten und Lernen

Um die Schwierigkeiten besser zu verstehen, vor die sich Lehrer bei der Gestaltung des Unterrichts und Schüler hinsichtlich ihres Lernens gestellt sehen können, werden im Folgenden einige zentrale Befunde zu den unterschiedlichen Perspektiven der Beteiligten auf das BVJ dargestellt.

‚Ganz unten'? Zur sozialen Positionierung der Schüler

Einige unserer Beobachtungen deuten darauf hin, dass der Besuch eines BVJ mit einer spezifischen sozialen Positionierung bzw. deren systematischen Zuschreibung verbunden ist. So berichteten uns Erbenfurther BVJ-Schüler im Rahmen einer Gruppendiskussion, dass es außerhalb ihrer Klasse keine Kontakte zu anderen Schülerinnen und Schülern im Schulzentrum gebe. Als

BVJ-Schüler seien sie in der ‚Schulhierarchie' *„ganz unten"* angesiedelt;[15] von
Schülern der anderen Klassen würden sie herablassend behandelt. In diesem
Zusammenhang diskutieren die Schüler, wie sie sich selbst gegenüber ihres-
gleichen verhalten würden, wenn sie anstelle der anderen ‚normalen' Schüler wären. Ein Schüler: *„Du würdest es doch auch nicht anders machen, wenn
Du selber einmal ‚oben' bist* [beispielsweise als Berufsschüler im Rahmen einer
betrieblichen Ausbildung – d. A.]". Dem widerspricht ein anderer Schüler
(und zwar ein Schüler mit einem Förderschulhintergrund) heftig: Er wisse
ja jetzt, wie es sei, so behandelt zu werden, und deshalb würde er sich anders
verhalten. Die hier angesprochenen Fragen der sozialen Positionierung und
der (vorenthaltenen) Anerkennung scheinen für die Schüler dieses BVJ von
hoher Bedeutung zu sein. Sie kommen in dieser Gruppendiskussion (für uns
ganz unerwartet und unter hoher Beteiligung) zur Sprache. Mit dieser Beobachtung korrespondiert in gewisser Weise die Beschreibung der Lehrer dieses BVJ, dass sich die Schüler durch ihren ausgeprägten Gerechtigkeitssinn
und eine hohe Empfindlichkeit, ferner durch ihr ‚Loser-Verhalten' von anderen Schülergruppen des Berufsschulzentrums unterscheiden würden.

Demgegenüber glaubt die Schulsozialarbeiterin in Thalstadt nicht, dass
sich die BVJ-Schüler die Frage stellen, ob es eine Hierarchie innerhalb des
Berufsschulzentrums gebe und wo sie innerhalb dieser Hierarchie stünden.
Nach ihrer Einschätzung empfänden sich die Schüler als *„ganz normal"*, da
sie zusammen mit Berufsförderklassen in einem Nebengebäude des Schulzentrums untergebracht seien. Die Schüler blieben hier unter sich und würden sich nicht *„unter das Volk"* mischen. Der Referenzrahmen dieser Schüler,
so könnte man sagen, ist derjenige einer Förderschule, womit der Vergleich
mit Schülern anderer Schultypen innerhalb des Berufsschulzentrums, zumindest in der Schärfe wie in Erbenfurth, entfällt. Dass sich die BVJ-Schüler jedoch mit einem Sonderstatus als ‚Benachteiligte' nicht ohne weiteres
abfinden, lässt sich aus dem etwas später von den Lehrern und der Sozialarbeiterin berichteten Umstand schließen, dass etliche Schüler eine ‚geför-
derte' Ausbildung ablehnten – dies sei ein *„rotes Tuch"* für sie. Stattdessen
strebten einige von ihnen nur eine ‚normale' Ausbildung an, auch wenn dies
nicht realisierbar sei und daran letztlich eine Ausbildung scheitere.

Auch im Thiefensteiner BVJ mit seiner hauswirtschaftlichen Ausrichtung
treffen wir diese Thematik wieder – hier unter der Überschrift ‚man traut

---

15   ‚Ganz unten' bezieht sich hier auf die Lage des Klassenraums im Erdgeschoss und wird
      für die BVJ-Schüler zur Metapher für ihre soziale Positionierung im berufsschulischen
      Kontext.

uns nichts zu'. Eine Schülerin berichtet uns, dass BVJ-Schüler generell nicht in der Schulmensa mitarbeiten dürften – dies im Unterschied zu den anderen Klassen mit einem hauswirtschaftlichen Schwerpunkt. Später finden wir diese Einschätzung durch Äußerungen einer Fachlehrerin bestätigt:

„Nein, das hatten wir ein Jahr mal gehabt [die Mitarbeit von BVJ-Schülern – d. A.]. *Das war eine Katastrophe. Also das läuft nicht.* […] *Und deshalb – den einen oder anderen könnte man da einsetzen. Aber insgesamt gesehen, nein."*

Zwar unterstellt die Lehrerin keineswegs pauschal allen BVJ-Schülern, für die Arbeit in der Schulmensa ungeeignet zu sein; dennoch wird latent ein solches Bild erzeugt, und zugleich bleiben pädagogische Möglichkeiten (beispielsweise eine schrittweise Mitarbeit einzelner BVJ-Schüler in der Schulmensa) ungenutzt. Die folgende, von uns in der Schulmensa während der Mittagszeit zufällig beobachtete Begebenheit zeigt ebenfalls, wie soziale Positionen interaktiv hergestellt, ‚soziale Zensuren' verteilt werden. An der Essensausgabe stehen vor uns zwei BVJ-Schülerinnen. Sie fragen die Küchenhilfe, ob sie das Essen (und damit auch das Geschirr) aus der Mensa heraus mitnehmen könnten. Die Küchenhilfe, eine ältere Frau, lehnt dies mit folgender Begründung ab: *„Dem BVJ dürfen wir kein Geschirr herausgeben. Wenn wir das täten, dann sähen wir das Geschirr nicht wieder."* Die beiden Mädchen ziehen darauf hin unverrichteter Dinge und kommentarlos wieder ab. Zwar scheint diese Regel für alle Nutzer der Mensa zu gelten – begründet wird sie hier jedoch mit einer spezifischen Unzuverlässigkeit der BVJ-Schüler. Die Wahrnehmung der Schüler, nicht anerkannt zu sein, ist also nicht einfach einer besonderen ‚Sensibilität' oder ‚Überempfindlichkeit' geschuldet, sondern entspricht auch sehr realen Erfahrungen, die sie im Kontext des Schulzentrums machen.

Das BVJ als ungeeigneter Lernkontext für ‚schulmüde' Jugendliche?

In allen Berufsschulzentren thematisieren die Lehrer, dass sie es im BVJ überwiegend mit ‚unmotivierten' Schülern zu tun hätten. So wird in etlichen Interviews geschildert, dass und wie sich Schüler dem Unterrichtsgeschehen entziehen: Die Bandbreite entsprechender Taktiken reicht dabei von ‚Wegbleiben' über symbolische, also ‚lediglich physische Anwesenheit im Unterricht' bis hin zum ‚Stören'. Dieses Verhalten der Schüler wird von den Lehrern unterschiedlich interpretiert. So gehen einige Lehrer davon aus, dass

die Schüler ‚Vermeidungs- bzw. Verweigerungsstrategien' praktizieren, die
sie bereits in ihrer bisherigen Schullaufbahn gelernt und angewendet hätten:
Um etwa durch die Mittelschule ‚durchzukommen', habe es gereicht, lediglich anwesend zu sein. Aus einer anderen Perspektive interpretiert eine Sozialarbeiterin die Motivationslosigkeit von BVJ-Schülerinnen als Antizipation
fehlender beruflicher Perspektiven. Warum solle man sich im BVJ anstrengen,
so würden sich die Schüler wohl fragen, *„wenn schon Abiturienten arbeitslos
werden"*?[16] Weiterhin werden Probleme genannt, die in Defiziten der Schüler
selbst verortet werden, wie z. B. ‚Antriebslosigkeit', ‚fehlende Selbstständigkeit' oder auch entwicklungsbedingte ‚Unreife' (die Schüler *„verkennen ihre
Lage bzw. nehmen sie nicht ernst"*). Am häufigsten interpretieren die Lehrer
jedoch die fehlende Motivation von Schülern als Reaktion auf die Schulförmigkeit des BVJ. ‚Schule', so der Kern dieser Argumente, sei ‚für diese Schüler' eigentlich nicht der geeignete Rahmen für Lernprozesse. Die Schüler
seien mehr oder weniger unfreiwillig hier: *„Sie wollen keine Schule mehr"*, sie
würden lieber arbeiten und *„es ist für sie wie eine Bestrafung"*. Für einige Schüler sei ein anderer, z. B. berufspraxisbezogener Lernkontext grundsätzlich angemessener *(„Im Betrieb würden sie gut mitlaufen")*. In eine ähnliche Richtung
zielt auch die folgende Äußerung einer Thiefensteiner Lehrerin:

„Am Anfang sind die immer sehr motiviert. […] Und das lässt dann <u>natürlich</u> [Hervorhebung: d. A.] *auch irgendwann wieder nach. Wenn sie sehen, also es ist eigentlich auch
nur Schule."*

Insbesondere die im Lehrplan enthaltenen allgemeinbildenden Fächer
– ‚klassische' Schulfächer also, die unmittelbar mit ‚Schule' assoziiert werden – seien kaum zu unterrichten, jedenfalls dann nicht, wenn damit kein
für die Schüler erkennbarer praktischer Nutzen verbunden sei. Ähnlich wird
in einem anderen Berufsschulzentrum berichtet, dass Motivationsprobleme
der Schüler vor allem in allgemeinbildenden Fächern aufträten, während der
fachpraktische Unterricht nicht in diesem Ausmaß davon betroffen sei. Hier
gebe es weniger Fehlzeiten, und es sei vergleichsweise einfacher, die Schüler
zu einer Mitarbeit zu bewegen. Allerdings wird diese Erfahrung im Thiefensteiner Berufsschulzentrum in dieser Form nicht geteilt.

---

16   Ob und inwieweit es sich hierbei um die Rationalisierung einer Haltung handelt, die auf
der Suspendierung von Zukunftserwartungen und diesbezüglichen Plänen beruht, kann
hier nur vermutet und nicht mit Material belegt werden.

Dass sich die Frage nach der ‚Motivation' differenzierter darstellt und nicht lediglich am ‚Praxisbezug' von Unterrichtsfächern festzumachen ist, deutet sich auch in einigen unserer Diskussionen mit den Schülerinnen an. So zeigt sich hier, dass der Besuch des BVJ eine sehr unterschiedliche Bedeutung für Schüler haben kann, je nachdem, ob sie ihn als ‚Warteschleife', als Möglichkeit eines ‚Aufstiegs' bzw. der ‚Normalisierung' (im Falle eines Förderschülers) oder auch als eine Korrektur einer vom Scheitern bedrohten Bildungskarriere (wie im Falle ehemaliger Gymnasiasten) auffassen. Auf unsere Frage, was den Schülern das BVJ bringe, machen zwei Schüler deutlich, dass sich diese Frage eigentlich erübrige: Das BVJ sei notwendig, um den Hauptschulabschluss zu absolvieren, ohne den eine Ausbildung nun einmal nicht möglich sei.

Es gibt also immer auch – und darauf verweisen auch einige wenige Berichte von Lehrern – einzelne Schüler im BVJ, die *„etwas wollen"* und erkannt hätten, *„dass es nicht weitergehen kann wie bisher"*; allerdings *„seien sie* […] *dann ablenkbar"*. Was in dieser Aussage eines Lehrers als personenbezogenes Defizit erscheint (‚ablenkbar sein') lässt sich aus unserer Sicht ebenso als Folge eines Kontextes verstehen, in dem es auch für prinzipiell motivierte Schüler anstrengend sein dürfte, sich zu konzentrieren und überhaupt zu lernen.[17]

Insgesamt jedoch dominiert in den Berichten der Lehrer und Sozialarbeiter die geschilderte ‚Schulmüdigkeit' von BVJ-Schülern, die wiederum für die Lehrer einen erheblichen Aufwand bedeutet, um Unterricht zu ermöglichen. So erscheint beispielsweise im Bericht eines Lehrers Unterrichten als ein ständiger und zermürbender Kampf um Disziplin: *„Es macht mich krank"*.

Was im BVJ (‚eigentlich') gelernt werden soll

Worauf ein BVJ abzielt und was die Schüler lernen sollen, wird durch – je nach Bundesland etwas unterschiedliche – bildungspolitische Ziele und Unterrichtspläne festgelegt. Fragt man Lehrer danach, was aus ihrer Sicht wichtige Ziele und Inhalte des BVJ sind, wird zunächst auf diese ‚offiziellen' Zielsetzungen Bezug genommen, so z.B. in der Aussage einer Lehrerin für Sozialkunde:

---

17 Hier deuten sich möglicherweise Bezüge zu neueren Studien zum ‚Lern- und Entwicklungsmilieu' von Hauptschulen an, vgl. dazu beispielsweise Zaborowski/Breidenstein 2010.

„Also aus meiner Sicht wäre erst mal ein Erfolg, wenn ein Teil jetzt wirklich natürlich diesen Hauptschulabschluss erreichen würde. Das ist ganz klar."

In allen drei Berufsschulzentren formulieren die Pädagoginnen jedoch auch eigene pädagogische Vorstellungen neben und ‚unterhalb' dieser ‚offiziellen' Ziele. Nach Einschätzung der Lehrer und des Sozialarbeiters in Thalstadt gehe es entscheidend darum, die Schüler zu befähigen, *„ihr Leben meistern"* und *„auf eigenen Beinen stehen"* zu können, indem sie beispielsweise so elementare Tätigkeiten wie *„selbstständig einkaufen"* beherrschten, um auf diese Weise einmal einen eigenen Haushalt führen zu können. Darüber hinaus sollten Sekundärtugenden vermittelt werden, die im Zusammenhang mit einer Erwerbstätigkeit erforderlich seien. ‚Eigenständige Alltagsbewältigung' und ‚Beschäftigungsfähigkeit' (‚employability') erscheinen hier als die zentralen Bezugspunkte. In Thiefenstein formuliert eine Lehrerin folgende Ziele:

„Und [die Schüler – d.A.] *sind bisschen selbstständiger und können da ein bisschen mehr jetzt machen. Und haben an ihrem Verhalten gearbeitet, was ihnen bisher doch mehr so im Wege stand."*

Als weitere Zielsetzung wird in diesem Berufsschulzentrum ‚Perspektiventwicklung' genannt:

„Und bei dem anderen Teil [gemeint sind die Schüler, die den Hauptschulabschluss nicht erreichen, d.A.], *dass sie für sich eine Perspektive entwickeln. Und nicht so das Gefühl haben, ich bin hier der Loser. Und das macht eh alles keinen Sinn. […] Welche Perspektive auch immer."*

In eine ähnliche Richtung gehen auch Überlegungen der Erbenfurther Lehrer. Es sei ein *„Riesenerfolg"*, wenn ein Schüler nach dem BVJ *„sagen kann, was er will oder auch nicht will"*. Außerdem definieren es die Lehrer als ein zentrales pädagogisches Ziel, dass die Schüler verstünden, was ‚Selbstverantwortung' bedeute: Die Schüler müssten lernen, Verantwortung für ihr Leben zu übernehmen, und begreifen, dass ihr Handeln immer auch Konsequenzen habe, für die sie dann geradestehen müssten. In diesem Zusammenhang macht jedoch einer der Lehrer darauf aufmerksam, dass die Jugendlichen im Kontext des beruflichen Übergangssystems tatsächlich eine ganz andere Erfahrung machen, nämlich die, *„dass es immer irgendwie weitergeht"* (gemeint sind damit Maßnahmeangebote – d.A.) und dass sich *„irgendjemand küm-*

mert". Pädagogische Bemühungen um ‚mehr Selbstverantwortung' würden demnach durch die Logiken dieses Systems konterkariert, und dies könnte wiederum zur Folge haben, dass die Jugendlichen die ‚Vorbereitung' bzw. den ‚Übergang' als mittel- und längerfristige Lebensperspektive umdeuten.

Insgesamt zeigen die hier nur ausschnitthaft wiedergegebenen Äußerungen, dass die Lehrer im Zusammenhang mit den von ihnen identifizierten Problemlagen (‚fehlende Selbstverantwortung', ‚Antriebslosigkeit' etc.) pädagogische Vorstellungen formulieren, die neben die ‚offiziellen' Zielsetzungen des BVJ treten bzw. – so unser Eindruck in einigen der Interviews – sogar zu den primären bzw. den ‚eigentlich' relevanten Zielen werden. Für die Art der Problembeschreibung und Zielformulierung scheint wiederum der institutionelle Kontext, in dem das jeweilige BVJ angesiedelt ist, als Referenzrahmen von Bedeutung zu sein: ‚Alltagsbewältigung' wird im Förderschulkontext zu einem wichtigen pädagogischen Ziel; ‚selbstständiger werden' bzw. ‚nachreifen' ist im Kontext eines Schulsystems von Bedeutung, in dem das BVJ als Vorbereitung auf eine weitere schulische Laufbahn (im Berufsschulzentrum) konzipiert ist.

Die Schüler (irgendwie) ‚bei der Stange halten' als pädagogische Aufgabe

Unabhängig davon, was die Schüler im BVJ lernen sollen – eine entscheidende Aufgabe der Lehrer besteht zunächst einmal darin, die ‚schulmüden' Schüler überhaupt zu einer Teilnahme am BVJ und darüber hinaus zu einer aktiven Mitarbeit (i. S. einer Auseinandersetzung mit dem jeweiligen Lernstoff) zu bewegen. Die von den Lehrern thematisierten diesbezüglichen Bemühungen lassen sich als ‚Strategien' zusammenfassen, die in diesem Rahmen allerdings nur andeutungsweise beschrieben werden können.

Eine *erste Strategie* besteht darin, beispielsweise durch regelmäßige ‚Auszeiten' den Unterricht für die Schüler ‚erträglich' zu gestalten:

> *„Ich überlege mir immer, ja, wie machen wir das im Unterricht, dass die so bei der Stange bleiben können. So Gruppenarbeit machen die zum Beispiel ganz gerne. Aber eben auch, um dann so ein bisschen sich zurücknehmen zu können, weil sie sich auch nicht so gut konzentrieren können. Eine Doppelstunde können Sie in der Klasse nicht durchziehen."*

So wird hier eine Arbeitsform (Gruppenarbeit), mit der eigentlich spezifische pädagogische Zielsetzungen verbunden sind, auch (oder gar v. a.?) dazu eingesetzt, um Schülern einen phasenweisen Rückzug vom Unterrichtsgeschehen zu ermöglichen. Ferner sieht die Lehrerin einen weiteren (und bisher zu wenig entwickelten) Ansatz darin, im Unterricht Angebote zu integrieren, von denen sie vermutet, dass damit auch schulmüde Schülerinnen angesprochen werden können:

„Und dann würde ich mir auch wünschen, dass die, ja, mehr Praxis noch hätten im Unterricht. Auch, ja, Sport auf jeden Fall immer. Dann noch mehr Praxis, wo … also weniger so Theoriefächer. Fände ich schon schön. Auch ruhig mit Sozialarbeitern dann auch noch mehr, dass man auch irgendwohin fahren kann. Zu bestimmten … Ja, auch mal was besichtigen. Oder also so … Ja, vielleicht mal bestimmte Berufe angucken. Nicht unbedingt. Aber ruhig mal so … Vielleicht auch mal einen Betrieb oder irgendwas. Was sie auch mal so ein bisschen rausführt, wo sie dann was anderes kennenlernen.“

In dieser Sequenz wird deutlich, dass es primär um ein ‚Kontrastprogramm‘ zum herkömmlichen Schulunterricht geht; die Inhalte sind dabei relativ beliebig bzw. werden nicht mit der Spezifik des Lernstoffes oder mit Bezug auf bestimmte Lernziele begründet. Dasselbe Muster wird auch im Interview mit einer Fachlehrerin erkennbar:

„Ich sag mal, wenn es im Sommer schwül ist, sind die nicht zu gebrauchen. Da muss man sehen, da muss man sich was anderes einfallen lassen. Dann muss man eben den Plan ändern. Und das ist … die Möglichkeit haben wir. Da haben wir auch wirklich von der Schulleitung freie Hand. Wenn wir also sagen, wir haben was geplant und wir wollen, wir merken, das läuft heute überhaupt nicht, pff … wir drehen einfach eine Runde im Park. Und gucken mal, was für Blumen und was für Bäume da sind. Machen wir eine Bestimmung davon.“

Hier wird erkennbar, dass dieses Vorgehen auch der Entlastung des Lehrers dienen soll. Der ‚Schulmüdigkeit‘ der Schüler entspricht eine gewisse Müdigkeit aufseiten der Lehrer v.a. dabei, den schulischen Rahmen aufrechtzuerhalten.

Eine *zweite Strategie* bezieht sich darauf, die Schüler durch etwas, was man ‚Beziehungsarbeit‘ nennen könnte, im BVJ zu halten:

„Ja, und die dürfen also den Klassenlehrer jederzeit ansprechen. Und ich koordiniere das ja, die dürfen mich auch jederzeit ansprechen. […] Und die dürfen dann ja auch jederzeit kommen. Dann nehme ich mir dann auch Zeit für die. Oder wenn die mich so ansprechen auf dem Schulhof. Das macht man bei diesen schon. Denn man … Ja, die muss man irgendwie erst mal bei der Stange …“

‚Diesen Jugendlichen' wird dabei eine gewisse Sonderrolle eingeräumt, die wiederum dadurch begründ- und legitimierbar ist, dass es sich hier um ‚postpubertäre' Schüler handelt *(„ist auch ein bisschen Erziehungsarbeit immer noch bei denen")*, die zudem in der Regel keine Unterstützung durch ihre Eltern bekämen.

Die *dritte Strategie* schließlich besteht darin, den Schülern Erfolgserlebnisse zu ermöglichen, d.h., an den Bedingungen zu arbeiten, damit sich Erfolgserlebnisse einstellen können:

„Das ist ganz wichtig für die. (Dass) sie doch irgendwo merken, ah, ein bisschen was kann ich doch. Und vielleicht doch ein bisschen was gelernt schon mal."

Diese Strategie scheint nicht nur darauf abzuzielen, den Schülern zu zeigen, dass sie etwas können, wobei hier angenommen wird, dass (viele) BVJ-Schüler *„wenig Selbstwertgefühl"* hätten, sondern darüber hinaus auch, dass ihr Schulbesuch nicht ganz ergebnislos war und ist. Allerdings kann vermutet werden, dass diese Strategie mit dazu beitragen kann, eine realistische Selbsteinschätzung der Schülerinnen (deren Fehlen schließlich mehrfach beklagt wird) zu verunmöglichen:

„Die sagen ja immer, oh, das schaffe ich. Ich schaffe das. Das sagen die sich immer. Ne? Wie, ist die zweite Frage. Aber so erst mal grundsätzlich, ja, ja, ich werde ja viel besser nächstes Jahr. Und jetzt hab ich ja Fehlzeit, aber nächstes Halbjahr, dann …? Das ist halt schwierig, da so ganz realistisch das einzuschätzen. Und ich weiß auch nicht, ob man die dann ständig so vorm Kopf stoßen soll. Überleg noch mal kritisch, ob du das (leicht lachend) *wirklich schaffen kannst, ne?"*

Und an anderer Stelle:

„Also ich mache hier keine pure Rechtschreibung oder so was. Ne? Ich meine, da haben die meisten Schwierigkeiten mit. Das muss ich ihnen nicht noch mal bescheinigen."

Die hier skizzierten Strategien können zusammenfassend somit folgendermaßen charakterisiert werden: Nach außen hin – und auch gegenüber den Schülern – wird ein schulischer Instruktionsrahmen aufrechterhalten bzw. symbolisiert, der allerdings tatsächlich (auch von den Pädagogen) ‚ausgehöhlt' wird, um das BVJ für Schüler und Lehrer überhaupt erträglich zu machen. Denkbar ist, dass in der Folge verschiedene Phänomene verstetigt werden könnten, die gerade auch von den Pädagogen als kontraproduktiv empfunden werden: beispielsweise, dass Schüler ein unrealistisches Bild von Schule und den damit verbundenen Anforderungen erhalten und damit zugleich von einer realistischen Selbsteinschätzung abgeschnitten werden; dass einige Schüler sich unterfordert fühlen könnten („Lohnt es sich denn, hierher zu kommen, wenn es Leerlauf gibt?'), möglicherweise wiederum mit der Folge, dass sie dem BVJ fernbleiben; schließlich (und mit diesen beiden Punkten zusammenhängend), dass die Pädagogen ihre Rolle als Lehrerinnen und Lehrer (partiell) dementieren bzw. ihnen diese Rolle abhanden kommt.

4   Diskussion und Ausblick

Abschließend möchten wir hier unsere Befunde diskutieren und zu einer Problemstellung verdichten. Fassen wir zunächst zusammen: Dass Lese- und Schreibkenntnisse von BVJ-Schülern *prinzipiell* verbesserungsbedürftig seien, dies hat kaum einer der von uns interviewten Lehrer und Sozialarbeiter infrage gestellt. Dennoch betrachten die Pädagogen mangelhafte Schriftsprachfähigkeiten zum einen mehrheitlich *nicht* als ein zentrales Problem für die Schüler, zum anderen auch *nicht* als Problembereich, der im Rahmen des BVJ (angemessen) zu bearbeiten sei.[18]

Zum einen erscheinen *andere* Probleme der Schüler vordringlicher. Eine Sozialarbeiterin in einem außerschulischen Projekt[19] des Übergangssystems formuliert dies folgendermaßen:

„Ja, sicher merke ich, dass manche Teilnehmer sich mit dem Lesen und Schreiben schwer tun – aber im Vordergrund stehen doch ganz andere Probleme ...".

Eine ähnliche Einschätzung ist auch in den Berufsschulzentren zu finden: Viele der Schüler müssten ‚eigentlich' erst einmal ‚andere' – und zwar vor allem soziale und personale – Kompetenzen erwerben. Argumentiert wird hier insbesondere mit der Bedeutung solcher Kompetenzen für die Ausbildungsfähigkeit, aber auch für die Schulfähigkeit selbst. Defizite in den schriftsprachlichen Fertigkeiten stellen sich vor diesem Hintergrund als ein sekundäres Problem dar.

---

18   So wurden in den Interviews Schriftsprachprobleme und der Umgang damit eher wenig thematisiert, obwohl genau diese Thematik ja der Grund für unsere Kontaktaufnahme mit den Schulen war und dies im Rahmen unserer Anfragen durch uns entsprechend hervorgehoben wurde.

19   ... auf das wir hier nicht weiter eingegangen sind.

Zum anderen wird aus verschiedenen Gründen betont, dass Schriftsprachförderung nicht sinnvoll im BVJ verortet sei: ‚Es ist nicht unser Job'
bedeutet in diesem Zusammenhang, dass im BVJ fachliche Inhalte vermittelt werden müssten[20] und man sich nicht als *„Reparaturbrigade"* für all die
Defizite verstehe, die sich zuvor in anderen schulischen Einrichtungen wie
Grund- und Hauptschule aufgeschichtet hätten. Bemerkenswert ist hier aber
vor allem auch das häufig anzutreffende Argument, dass der schulische Rahmen des BVJ *der Sache nach* nicht geeignet sei, da er von den Schülern als
‚noch mehr Schule' abgelehnt werde.

Um den Lehr-/Lernkontext der BVJs umfassender, d.h in seiner Vielschichtigkeit beschreiben und interpretieren zu können, sind v.a. soziale
Merkmale der schulischen Organisation des BVJ hinzuzuziehen. Zwar unterscheiden sich die von uns besuchten BVJs in konzeptioneller und organi-
satorisch-administrativer Hinsicht voneinander; jedoch gibt es eine Reihe
soziologischer Merkmale, die (nicht nur) diese BVJ-Klassen miteinander
vergleichbar machen. Dabei ist hier v.a. die Schulförmigkeit des BVJ selbst
zu nennen, was zunächst als unwesentlich erscheinen mag, woraus jedoch etliche Besonderheiten resultieren.

So ermöglicht die Angliederung des BVJ an Berufsschulzentren eine
Symbolisierung sozialer Differenzen und Defizitzuschreibungen von außen,
d.h. zuvorderst durch andere Schulklassen bzw. deren Mitglieder, die eine
‚höherwertige' Schulform absolvieren. Die BVJ-Schüler sind hier oftmals mit
teils offenen, teils versteckten bzw. nonverbalen Botschaften über ihren besonderen Status – der oft als inferior kommuniziert und erlebt wird – konfrontiert. Als Anlass und Medium dafür scheinen allein schon räumliche
Arrangements zu dienen: das räumliche ‚ganz unten' im Schulgebäude wie in
Erbenfurth, die Separierung in einem abgesonderten Gebäude wie in *Thalstadt,* unterschiedliche Zugangsrechte zu Räumen, die eine wichtige Funktion in der Organisation des Schulalltages haben, wie im Fall der Schulmensa
in *Thiefenstein.*[21]

Wie in diesem berufsschulischen Kontext die soziale Rahmung des BVJ
als ‚ganz unten' in Interaktionen hergestellt wird, und zwar unter Beteiligung von BVJ-Schülern und Pädagogen, aber auch von anderen Schülern
und Mitarbeitern des Berufsschulzentrums – darauf geben unsere Befunde, wie etwa die weiter oben beschriebene ‚Degradierungszeremonie'[22] in der

---

20 Ein Argument, das wir v.a. bei Fachlehrern fanden.
21 Zu diesem Komplex vgl. auch Goffman 1971.
22 Vgl. dazu Garfinkel 1956.

Schulmensa[23], einige Hinweise. Indem das Verhalten der Schüler als Ausdruck ihrer Defizite interpretiert wird, werden sie auch zu dem gemacht,
was sie schon auf den ersten Blick zu sein scheinen. Auf diese Weise wird
die im BVJ ohnehin konzeptionell angelegte Defizitorientierung mit Leben
gefüllt.

Die Symbolisierung sozialer Differenzen und Defizitzuschreibungen ergibt sich auch in einer weiteren Hinsicht, und zwar in Bezug auf das ‚In-
nenleben' von BVJ-Klassen. Im BVJ finden sich Schülerinnen aus den
verschiedensten Schulformen – gescheiterte Hauptschüler, ‚abgestiegene'
Realschüler und (seltener) ehemalige Gymnasiasten – in einem einjährigen
Klassenzusammenhang wieder. Dabei ist das BVJ keineswegs für alle Schüler
durch die Perspektive einer negativen Bildungskarriere gekennzeichnet. Für
einige kann das BVJ auch durch Optionen des Aufstiegs und Erfolgs (z.B.
für ehemalige Schüler aus Förderschulen) oder auch der Reparatur bisher
fehlgeschlagener Bildungskarrieren (z.B. für Gymnasiasten) gekennzeichnet sein. Diese Verschiedenheit in der sozialen Rekrutierungsbasis und den
möglicherweise damit verbundenen positiven wie negativen Orientierungen
von Schülern in BVJ-Klassen herauszustellen ist deshalb wichtig, weil dies
im Kontext der Schulklasse mit einer nachhaltigen Symbolisierung von Sta-
tusunterschieden und Defizitzuschreibungen verbunden sein kann – wie wir
in Gruppendiskussionen mit Schülern bemerken konnten, eine durchaus relevante Größe.

Unsere Befunde verweisen weiterhin darauf, dass das BVJ oft nicht als ein
Ermöglichungskontext erlebt wird – was sich in der Übernahme bestimmter
(auch normativer) Orientierungen durch die Schüler widerspiegeln müsste –,
sondern häufig zum Anlass der Inszenierung einer schulischen Gegenwelt
genommen wird.

Diese Gegenwelt wird nicht nur im Rahmen unserer Gruppendiskussionen mit Schülern spürbar; so wird in den Interviews mit den Lehrern und
Schulsozialarbeitern immer wieder der als hoch empfundene Disziplinie-
rungsaufwand während des Schulunterrichts benannt[24]. Vor diesem Hintergrund kann vermutet werden (und unser Material deutet auch darauf hin),
dass es in diesem Kontext für Schüler besonderer Anstrengungen bedarf, um

---

23   Zu diesem Problemkomplex bestätigungsselektiver sozialer Herabstufung vgl. Goffman
     1961.
24   In einem von uns dokumentierten Fall wurde diese Disziplinierungsarbeit auch durch
     den im Unterricht anwesenden Schulsozialarbeiter mit geleistet.

hier ‚etwas zu wollen' bzw. für sich selbst eine Perspektive zu entwickeln und diese dann auch durchzuhalten (z.B. den Schulabschluss nachzumachen).[25]
    Besonders wichtig erscheint uns in diesem Zusammenhang jedoch unser Befund zur ‚Vermeidung von Schule'. In dem Bemühen der Pädagogen, das BVJ für alle Beteiligten erträglich zu gestalten und die Schüler *„bei der Stange zu halten"*, werden Strategien entwickelt, die tendenziell zu einer (Selbst-) Dementierung als Schule führen.
    Was sich schließlich in unserer Studie nur angedeutet hat (vgl. Abschnitt 3), nämlich der Stellenwert des BVJ im Kontext beruflicher Übergänge Jugendlicher, wäre bei einer umfassenderen Analyse des Lernkontextes BVJ systematisch in Rechnung zu stellen. So darf die zeitliche Beschränkung des BVJ auf üblicherweise ein Jahr nicht über den Umstand hinwegtäuschen, dass es sich für viele Schüler beim Besuch des BVJ lediglich um eine einjährige Episode *im Rahmen des Durchlaufens verschiedener teils schul-, teils projektförmiger Maßnahmen* handelt[26]. Nicht selten ist dies auch bei den Schülern selbst mit der Erwartung verknüpft, dass ein Scheitern (etwa beim nachzuholenden Hauptschulabschluss) lediglich eine weitere Maßnahme zur Folge hat. Damit besteht die reale Möglichkeit, das Übergangssystem als mittelfristige Lebensperspektive anzusehen, mit der Folge, dass Zukunftserwägungen nachhaltig suspendiert werden. Die Rede von einem ‚Übergang' – zumindest in der suggerierten Raschheit – ist daher in vielen Fällen fragwürdig, ist dieser doch nicht selten auf Dauer gestellt (und damit bereits Bestandteil prekärer Lebenslagen).
    Kommen wir zuletzt noch einmal auf unsere spezifische Ausgangsfragestellung zurück. Was bedeuten diese Befunde für die Frage nach Möglichkeiten für kompensatorische Angebote – in Bezug auf Schriftsprachdefizite, aber auch darüber hinaus – im Kontext des BVJ?
    Hier sei zunächst auf die Begrenztheit unserer Untersuchungen hingewiesen: Bei unseren Beschreibungen handelt es sich um ‚Momentaufnahmen' aus drei spezifischen Einrichtungen, nicht um eine erschöpfende Beschreibung aller relevanten soziologischen Aspekte und Probleme des BVJ. Schüler, Lehrer und Schulsozialarbeiter haben uns einen kurzen Einblick in die

---

25 Abhängig davon, wie eine BVJ-Klasse zusammengesetzt ist und welche Schüler in der Gruppe ‚etwas zu sagen haben', kann diese Problematik in einem BVJ auch einmal weniger stark ausgeprägt sein. An der grundsätzlichen Problematik ändert dies allerdings nichts.

26 Die Termini ‚Verschiebebahnhof' bzw. ‚Maßnahmekarriere' sind in diesem Zusammenhang geläufig.

Sozialwelt[27] ihres BVJ gestattet, indem sie unsere Anwesenheit zum (nach unserem Eindruck nicht unwillkommenen) Anlass des Innehaltens in ihrem Tagesgeschäft nahmen.[28]

Unsere Befunde verweisen jedoch nachdrücklich darauf, dass einfache, und damit meinen wir v.a.: sozialtechnisch ausgerichtete, Strategien und Problemlösungsversprechen (Alphabetisierung) der sozialen Wirklichkeit des BVJ nicht gerecht werden. Wenn Schüler das BVJ nicht prinzipiell als Ermöglichungskontext erleben (bzw. erleben können), sind die sicher gut gemeinten Kompensations-Programmatiken[29] unrealistisch bis kontraproduktiv. Sie drohen ins Leere zu laufen oder womöglich die ohnehin als belastend empfundenen Probleme zu verschärfen, da sie zum einen die soziale Zuschreibung des ‚ganz unten' verstärken können, indem hier das BVJ als Sammelbecken verschiedenster, im Sinne einer ‚geballten Kompensation' zu bearbeitender Defizite verstanden wird. Zum anderen folgen sie der Logik des ‚Mehr-vom-Selben', d.h., den im schulischen Kontext entstandenen Defiziten soll mit schulischen Mitteln begegnet werden (Einsatz geeigneterer Unterrichtsmaterialien). Die Schule als einen Komplex vielschichtiger sozialer Prozesse in Rechnung zu stellen, würde allerdings die Überlegung nach sich ziehen, dass jede bewusst und als solche für die Schüler sichtbare pädagogische Anstrengung latent in Gefahr gerät, von Schülern als zudringlich, vielleicht auch als Fortsetzung dessen erlebt zu werden, was aufgrund von Erfahrungen frühen oder andauernden schulischen Scheiterns abgelehnt wird.

Die Lösung komplexer Probleme setzt also mehr voraus, als lediglich einen Bedarf zu konstatieren, um dann einfach auf vorhandene technische Formen der Problembearbeitung zurückzugreifen. Daraus jedoch abzuleiten, dass man Schülern kein Angebot zur Verbesserung ihrer Lese- und Schreibkenntnisse machen solle, wäre seinerseits inakzeptabel und kann aus unseren Befunden keineswegs abgeleitet werden. Vielmehr ist hier in einem grundsätzlichen Sinne die Frage angesprochen, ob und wie es mit lediglich pädagogischen Mitteln gelingen kann, einen Lehr-/Lernkontext zu gestalten, der zu einer Entschärfung der angesprochenen Probleme beitragen kann.[30]

---

27 Wir meinen hier das Konzept der ‚social worlds' von Tamotsu Shibutani 1955 und Anselm Strauss 1991.
28 Zu den Einsichtsgewinnen, aber auch den Problemen einer auf Teilnahme basierenden Forschung in schulischen Kontexten vgl. Woods 1986.
29 Beispielsweise die eingangs referierten Überlegungen zur Leseförderung von Genuneit/ Spaughton 2000.
30 Zu den (man möchte sagen: traditionellen) Beschränkungen und Einseitigkeiten pädagogischer Kompensationsverständnisse und -programmatiken vgl. Luhmann/Schorr 1979.

Eine verkürzte Alphabetisierungsprogrammatik könnte Gefahr laufen, lediglich eine weitere Forderung zu werden, was im BVJ alles geleistet werden solle, ohne jedoch die ‚wirklichen' Probleme[31] zur Kenntnis zu nehmen. Und dies sind eben nicht nur einseitig Probleme, mit denen sich Schüler konfrontiert sehen (oder das, was als Probleme der Schüler aufgefasst wird), sondern eben auch solche der Lehrer. Eine umfassende soziologische Analyse, für die sich dieser Beitrag als Anregung versteht, steht in diesem Zusammenhang indes noch aus. Statt aus einer Außenperspektive Handlungsempfehlungen anzubieten, geben wir hier einer Lehrerin das letzte Wort, die diese konzeptionelle Überfrachtung, denen sich die Lehrer im BVJ bereits jetzt gegenübersehen, zum Ausdruck bringt:

„Und im Grunde kämpft man mit ganz anderen Problemen, ne? Und man soll dieses noch machen und jenes noch machen. Und das noch eben. Und hier noch eben und da noch das. Und Fortbildungen en masse und da sollen wir noch fix sein. Und das muss man jedes Mal machen. (lachend) *Ich weiß es nicht. Also irgendwann sagt man, hier rein, da raus. Das ist mir doch egal. Ja, also das kann man gar nicht mehr alles umsetzen. Ich finde manchmal die Leute sollten ... Also mir wäre lieb, die würden ihre berufsvorbereitenden Maßnahmen wirklich mal richtig überprüfen und richtig evaluieren. Und nicht* (leicht lachend) *immer nur so schön und so weiter."*

5 Literatur

Autorengruppe Bildungsberichterstattung im Auftrag der Ständigen Konferenz der Kultusminister der Länder in der Bundesrepublik Deutschland und des Bundesministeriums für Bildung und Forschung (Hg.) (2010): Bildung in Deutschland 2010. Ein indikatorengestützter Bericht mit einer Analyse zu Perspektiven des Bildungswesens im demografischen Wandel. Bielefeld: Bertelsmann Verlag.

Braun, Frank/Richter, Ulrike/Marquardt, Editha (2007): Unterstützungsangebote in Deutschland für bildungsbenachteiligte Jugendliche beim Übergang von der Schule in den Beruf. Expertise im Auftrag der Universität Luxemburg. DJI, Forschungsschwerpunkt ‚Übergänge in Arbeit'. München: Deutsches Jugendinstitut e. V.

Garfinkel, Harold (1956): Conditions of Successful Degradation Ceremonies. In: American Journal of Sociology 61, S. 420–424.

---

31 Solche Probleme kamen beispielsweise eindrücklich auf einer Fachtagung zum Thema ‚Alphabetisierung an Regelschulen und berufsbildenden Schulen' (3.3.2010, Bad Berka) zur Sprache. Von den anwesenden Lehrern wurden die Zustände an den Berufsschulen und im BVJ als zunehmend unerträglich dargestellt. Man sei weit davon entfernt, sinnvollen Unterricht gestalten zu können.

Genuneit, Jürgen/Spaughton, Inge (2000): Vorschläge zum Lesen im Berufsvorbereitungsjahr am Beispiel von Deutsch und Englisch. In: Stark, Werner et al. (Hg.): Von der Alphabetisierung zur Leseförderung. Stuttgart: Ev. Akademie, Bad Boll, und Ernst Klett Verlag, S. 271–306.

Goffman, Erving (1961): Asylums: Essays on the Social Situation of Mental Patients and Other Inmates. Anchor Books.

Goffman, Erving (1971): Relations in Public. Microstudies of the Public Order. New York: Basic Books.

Grgic, Mariana/Leu, Hans Rudolf (2010): Bildungsperspektiven. In: DJI Bulletin 2/2010, H. 90, DJI Bulletin PLUS, S. i–viii.

Helsper, Werner/Wiezorek, Christine (2006): Zwischen Leistungsforderung und Fürsorge. Perspektiven der Hauptschule im Dilemma von Fachunterricht und Unterstützung. In: Die Deutsche Schule, Jg. 98, H. 4, S. 436–455.

Konsortium Bildungsberichterstattung (2006): Bildung für Deutschland. Ein indikatorengestützter Bericht mit einer Analyse zur Bildung und Migration. Bielefeld: Bertelsmann Verlag.

Luhmann, Niklas/Schorr, Karl Eberhard (1979): „Kompensatorische Erziehung" unter pädagogischer Kontrolle? In: BuE 32/6, S. 551–570.

Shibutani, Tamotsu (1955): Reference Groups as Perspectives. In: American Journal of Sociology 60, S. 522–529.

Strauss, Anselm (1991) [1978]: A Social World Perspective. In: Creating Sociological Awareness. Collective Images and Symbolic Representations. Transaction Publishers, S. 233–244.

Woods, Peter (1986): Inside Schools. Ethnography in Educational Research. London u.a.: Routledge.

Zaborowski, Katrin U./Breidenstein, Georg (2010): „Geh lieber nicht hin! – Bleib lieber hier!" Eine Fallstudie zu Selektion und Haltekräften an der Hauptschule. In: Krüger, Heinz-Hermann/Rabe-Kleberg, Ursula/Kramer, Rolf-Torsten/Budde, Jürgen (Hg.): Bildungsungleichheit revisited. Bildung und soziale Ungleichheit vom Kindergarten bis zur Hochschule. Wiesbaden: VS Verlag für Sozialwissenschaften, S. 127–144.

Erwachsenenalphabetisierung an der Schnittstelle von pädagogischer und sozialarbeiterischer Kommunikation

Johanna Schneider

In der Kinder- und Jugendhilfe und generell in den Bereichen der Sozialen Arbeit ist es nicht selbstverständlich, über Alphabetisierung zu sprechen. Zu diesem Gespräch will der vorliegende Beitrag Zugänge eröffnen.[1] Er beginnt mit Ausschnitten einer biografischen Erzählung einer jungen Frau, die die Hilfeformen der Sozialen Arbeit erlebt hat. Vom Bildungssystem wird sie als funktionale Analphabetin bezeichnet, weil sie nur sehr wenig lesen und schreiben kann.

Die zwanzigjährige Frau – wir nennen sie hier Nina – erzählt ihre Biografie mit dem übergreifenden Deutungsmuster „Ich habe das erfahren gekriegt." Sie berichtet, dass sie in eine große Familie geboren wurde und dann im Heim aufwuchs. Alles, was sie über ihre Familie erzählen kann, hat sie vom Jugendamt „erfahren gekriegt". Ihrer Erinnerung nach wurde sie „vergessen". Während des Heimaufenthaltes wurde sie direkt in eine Sonderschule eingeschult und verblieb dort, ohne eine Klasse wiederholen zu müssen. Trotzdem verließ sie die Schule ohne verwertbares Abschlusszeugnis. Sie hat nur rudimentäre Schriftsprachenkenntnisse erworben. Bei ihrer Schwester scheint es sich ähnlich zu verhalten. Nach der Schulzeit wurde sie in eine Berufsvorbereitungsmaßnahme vermittelt und ist jetzt in einem einjährigen Alphabetisierungskurs, der von der ARGE veranlasst wurde. Sie selbst versteht nicht, warum sie in dieser Maßnahme ist. Nahezu einzige Be-

1   Der Beitrag greift dazu auf die empirische Forschung und die Beobachtungen im Pro-
    jekt EQUALS (Erhöhung von Effizienz und Qualität in der Alphabetisierung durch
    Lebensweltforschung und Entwicklung Sozialintegrativer Beratungs- und Lernange-
    bote) zurück, das an sechs Standorten in Deutschland die Zusammenarbeit zwischen
    SozialarbeiterInnen und ErwachsenenbildnerInnen in der Erwachsenenalphabetisie-
    rung begleitet hat. Das Projekt wurde durchgeführt von apfe e. V. an der Evangelischen
    Hochschule Dresden in Kooperation mit dem Deutschen Volkshochschul-Verband und
    gefördert durch das Bundesministerium für Bildung und Forschung von 2007 bis 2010.
    Ich danke meinen KollegInnen Harald Wagner, Alla Koval, Ulrike von Wölfel und
    Stephan Hein für die Diskussion und Anregungen.

zugsperson ist ihre Schwester, über die sie Zugang zu deren Freundeskreis erhielt und ihren Freund kennenlernte.

Die erzählte Geschichte vermittelt einen wenig hoffnungsvollen Eindruck. Es entsteht auf den ersten Blick ein Bild einer einsamen, gesellschaftlich kaum integrierten Frau. Sie lebt in einem Umfeld, in dem die Menschen ähnlich „gesellschaftlich dran" sind, zum Beispiel arbeitslos sind und von Maßnahme zu Maßnahme geschickt werden – ohne Aussicht darauf, die Dinge selbst zu entscheiden. Für die Zukunft wünscht sie sich feste Arbeit und Kinder, und einen Führerschein. Erst beim genaueren Hinsehen wird deutlich, wie diese Frau trotz des „Vergessen-worden-Seins" über ihre Schwester Beziehungen knüpft, in der Freizeit mit FreundInnen aktiv ist und sich gegebenenfalls auch wehren kann, bedrohliche Kontakte abbricht. Da ist auch eine Frau, die sich für kompetent hält, mit ihrer Schwester das Lesen zu lernen, und die Freude daran hat, ein paar Brocken Englisch zu lernen: „I love you" und „I miss you". Diese Frau steht im Fokus von Maßnahmen für sogenannte „Bildungsbenachteiligte" im Übergangssystem. Sie soll Grundkompetenzen, Lesen und Schreiben lernen, um vor allem auf dem Arbeitsmarkt ihren Lebensunterhalt verdienen zu können. Das Bildungssystem will ihr in Form eines Alphabetisierungskurses den Wert und den Gebrauch der Schriftsprache beibringen, jedoch bleiben Sinngebung und Motivation für die Frau verschlossen. Die gegenwärtige Lebenssituation und die Zukunftsplanungen sind diffus, undeutlich im Nebel von erlebter Fremdbestimmung und den Perspektiven, die ihr die Erfahrungen aus ihren sozialen Kontakten vermitteln.

Angesichts dieser Lebenssituation will der vorliegende Beitrag zwei Fragen stellen. Zum einen die aus individueller Sicht: Wie können (institutionelle) Lernprozesse wie das Schriftsprachlernen motiviert werden und Sinngebung erfahren? Zum anderen die Frage aus gesellschaftlicher Sicht: Schriftsprache ist Fähigkeit und Medium zur Persönlichkeitsentwicklung und Integration in der heutigen Wissensgesellschaft. Wie ist Soziale Arbeit an der Integrationsunterstützung beteiligt?

Um den Fragen nachzugehen, betrachten wir Lernen als sozialen Prozess, der maßgeblich durch die soziale Einbindung der einzelnen Person in Rollenbeziehungen und soziale Netzwerke bestimmt wird. Im Zusammenhang mit der Theorie des kommunikativen Handelns von Jürgen Habermas und einigen konzeptionellen Anmerkungen werden Ideen zur Weiterentwicklung der Erwachsenenalphabetisierung vorgestellt.

1   Die Dilemmata in der Erwachsenenalphabetisierung

Erwachsenenalphabetisierung entwickelt sich als Aufgabe seit den 1960er Jahren vor dem Hintergrund gesellschaftlichen Zusammenhalts. Menschen brauchen Schriftsprachkompetenz als Voraussetzung für Kommunikation und Integration in modernen Wissensgesellschaften. Für moderne Gesellschaften mit stark ausgeprägter Individualisierung und Pluralisierung (vgl. Beck 1986, 1993; Heitmeyer 1997a, b) stellt sich das Problem der Integration in grundsätzlicher Weise, da sie durch zunehmende Differenzierung und Komplexität der Institutionenlandschaft gekennzeichnet sind. Es treten durch die fehlenden kulturellen Orientierungsmaßstäbe und die Schwächung sozialer Bindungen Verunsicherungen auf. Jedes Individuum wird auf sich zurückgeworfen (vgl. Bohle u. a. 1997: 29). Dieses permanent zu lösende Problem stellt eine zentrale Herausforderung moderner Gesellschaften dar, die unter anderem durch das Bildungssystem gelöst werden soll. Menschen sollen durch pädagogische Prozesse in die Lage versetzt werden, sich Orientierung und hinreichend Kompetenzen anzueignen, um sich integrieren zu können. Während für Kinder die Schulpflicht die Beteiligung an Bildung sichern soll (das heißt noch nicht, dass sie auch lernen), müssen und können die Anschlüsse an die Erwachsenenbildung von den Erwachsenen selbst hergestellt werden.

Die eingangs geschilderte Lebenssituation weist hier nun auf zwei Dilemmata hin. Zum einen das Dilemma im Zusammenhang des Lernens: Voraussetzung für jedes Lernen ist ein von den Individuen selbst aktivierter Lernprozess, der durch Veränderungsdruck ausgelöst wird. Die Lernenden allein entscheiden und gestalten, was sie lernen. Auch wenn Lernen durch Anregung geschieht, liegt der Erfolg der verschiedenen Lernsettings allein beim aufnehmenden bzw. sich aneignenden psychischen System. Veränderungsdruck nimmt auch ein geringer Teil der funktionalen AnalphabetInnen wahr. Häufig jedoch ist die Situation davon geprägt, dass betroffene Menschen vor und während der Schulzeit nicht gelernt haben, was sie wollen bzw. nicht erlernt haben, was sie sollen. Der formelle, institutionell angelegte Bildungsprozess hat gerade nicht dazu verholfen, dass das Lernen gelernt wird, obwohl diese Fähigkeit zum Lernen allen Menschen grundsätzlich gegeben ist (vgl. Wagner 2011a, b). Hier entzünden sich grundsätzliche Fragen: Sollen sie zum Lernen gezwungen werden? Können nicht eigens initiierte Bildungsprozesse angeregt und legitimiert werden? In diesem Fall wird Erwachsenenalphabetisierung erzieherisches Handeln, denn es geht um die Arbeit an Veränderungsbereitschaft.

Diese erste Herausforderung bedarf einer eigenen Verständigung. Denn Erwachsenenalphabetisierung wird hier zur erzieherischen Kommunikation, die zu Veränderungs- und Aneignungsbereitschaft anregen will.

Das zweite Dilemma offenbart sich im Zusammenhang der wahrgenommenen sozialen Einbindung des Einzelnen. Die Erzählung zeigt keine oder nur wenig tragfähige Beziehungsmuster, durch die die Personen in ihren sozialen Räumen integriert sind: Familie, FreundInnen, MitschülerInnen und LehrerInnen, KollegInnen usw. Aus der Netzwerktheorie (vgl. Jansen 2003; Fuhse 2008) wissen wir, dass ego-zentrierte Netzwerke der Verhaltenssicherheit dienen, der individuellen Zukunftsplanung und der Motivation zum Planen und Handeln. Wie Menschen ihr Leben gestalten und beispielsweise ihre Lese- und Schreibkompetenzen im Erwachsenenalter erweitern wollen, wird wesentlich durch ihre sozial hergestellten biografischen Sicherheitskonstruktionen beeinflusst. Da Zukunft nicht plan-, geschweige beherrschbar ist, müssen die Akteure auswählen, was ihnen als handlungsrelevant erscheint und was nicht. Mit dieser Selektion stellen sie sich selbst erreichbare Handlungsziele, die sie dann konsequent verfolgen können. Dies gilt beispielsweise auch für die Bereitschaft und die Energie zum Lernen (vgl. Wagner/ Stenzel 2011: 59). Es sind nicht vordergründig die ‚inneren Motive‘ oder die sozialstrukturellen Attribute, sondern die verfestigten sozialen Relationen, d.h. insbesondere die Muster in Netzwerken, die das Handeln bedingen (vgl. Fuhse 2008). Nun ist die Familie zwar von fundamentaler Bedeutsamkeit für die Persönlichkeitsentwicklung, indem sie die primären sozialen Rahmenbedingungen des Lernens bereitstellt. In der Regel sind jedoch deren Praktiken immer ‚getragen‘ und verflochten in ein Umfeld von institutionalisierten Praktiken. Diese wirken lebensüberspannend und indirekt bei der sozialen Positionierung mit. „Die Positionierung eines jeden Menschen wird durch dieses Kräftefeld bestimmt" (Giddens 1995: 137). Das Handeln der Einzelnen ist eingebunden in diese verflochtene Positionierung und diese ist zugleich Ergebnis der aktuellen Interaktionen zwischen den Beteiligten (vgl. dazu Wagner/Stenzel 2011: 62).

Deshalb kann Erwachsenenalphabetisierung als Repositionierungsgeschehen in sozialen Beziehungen und Netzwerken verstanden und konzipiert werden. Es geht nicht nur um soziale Integration durch Schriftspracherwerb, sondern um soziale Integration als Basis zum Schriftspracherwerb.

Damit sind die Herausforderungen an die Gesellschaft und die zuständigen Systeme von Bildung und Wohlfahrt benannt, indem nach dem Umgang mit vermeintlich Schwächeren gefragt wird. Es ist die Frage nach den Möglichkeiten des Erwerbs und den Formen der Bewertung von Kompetenzen

sowie der Unterstützung des Kompetenzerwerbs. Im Rahmen der Gesellschaftstheorie wurden verschiedene Versuche unternommen, diesen Bedarf
an Orientierung und Integration für plurale Gesellschaften zu erklären. Eine
prominente Variante wurde von Jürgen Habermas vorgelegt.

2 Sozialintegratives Handeln als Kern der Erwachsenenalphabetisierung

Jürgen Habermas (1981) entwickelt in seiner Gesellschaftstheorie ein Modell der doppelten Integration: der Systemintegration und der Sozialintegration. Mit der *Systemintegration* ist die Wirkung von Kräften gemeint, die von
den Funktionssystemen der Gesellschaft getragen werden und diesen ein gegenseitig stützendes Miteinander ermöglichen. Systemintegration wird der
Komplexitätssteigerung der Gesellschaft gerecht. Sie ermöglicht über die Integration in Institutionen die notwendige Inklusion und Exklusion in Funktionssysteme (Bildung, Wirtschaft, Recht, Politik usw.). Den Systemen sind
spezifische Logiken und Systemrationalitäten eigen und Menschen werden
integriert über bestimmte Fähigkeiten, die zur Inklusion notwendig sind.
Werden diese erfüllt, geschieht Integration über die Systemrationalität. Sind
bspw. Veränderungsbereitschaft und Aneignungsinteresse vorhanden, kann
in das Erwachsenenbildungssystem integriert werden. Ein wesentliches In-
klusionskriterium wiederum in andere gesellschaftliche Systeme stellen
Bildungsabschlüsse und spezifische Kompetenzen dar. Schriftsprachkompetenzen zählen zu diesen Fähigkeiten, wobei die erreichte Ausprägung in der
Regel eher unbestimmt bleibt.

Die *Sozialintegration* hingegen fokussiert auf die Bezüge in der Lebenswelt der Menschen: „Von sozialer Integration sprechen wir im Hinblick auf
Institutionssysteme, in denen sprechende und handelnde Subjekte vergesell-
schaftet sind. Gesellschaftssysteme erscheinen hier unter dem Aspekt einer
Lebenswelt, die symbolisch strukturiert ist" (Habermas 1973: 14). Die Integration der Individuen geschieht nicht über Leistung bzw. die Erfüllung
spezifischer, systemrelativer Inklusionsvoraussetzungen, sondern ein Individuum wird integriert, weil es Teil der symbolisch vermittelten Lebenswelt
ist (vgl. dazu Wagner in diesem Band). Dies geschieht bspw. in der Familie
oder unter FreundInnen auf der Basis eines lebensweltlichen Gesprächs, d.h.
symbolischer Strukturierungen, der von ihnen geteilten, gemeinsam ver-
standenen und getragenen Bedeutungen und Deutungen. Lebenswelt kann
metaphorisch verstanden werden als ein Reservoir von Selbstverständlich-

keiten, welche Kommunikationsteilnehmende für kooperative Deutungs-
prozesse benutzen (vgl. Habermas 1981: 189). Diese Deutung schließt an
die Lebenswelttheorie von Alfred Schütz und Thomas Luckmann an. Dort
wird Lebenswelt beschrieben als „unthematisch mitgegebener Hintergrund"
(Schütz/Luckmann 1979/1984). Lebenswelt baut sich aus mehr oder weniger diffusen, stets unproblematischen Hintergrundüberzeugungen auf. Dieser lebensweltliche Hintergrund dient als Quelle für Situationsdefinitionen,
die von den Beteiligten als unproblematisch vorausgesetzt werden. „Die
Lebenswelt ist weder meine private Welt, noch deine private Welt, auch
nicht die meine und die deine addiert, sondern die Welt unserer gemeinsamen Erfahrung" (Schütz/Luckmann 1979: 98). In diesem Feld geschieht
Lebensgestaltung, Sinngebung und möglicherweise auch Sinnfindung (vgl.
Wagner in diesem Band). Über den Weg der gemeinsam geteilten und getragenen Deutungen stellt sich soziale Integration her. Soziale Integration
muss in der Erwachsenenalphabetisierung durch Sinnfindungsprozesse ermöglicht werden, sofern Sinnhaftigkeit nicht gegeben ist und den Teilnehmenden einer Gruppe die Lebenswelten des jeweils anderen fremd und
unbekannt bleiben. Für die Herstellung können wir uns an Habermas' Drei-
Welten-Modell orientieren (vgl. Habermas 1981: 141). Danach verläuft jede
Handlungssituation als Miteinander objektiver, sozialer und subjektiver
Weltbezüge:

1. *Der objektive Weltbezug* ist verbunden mit teleologischem Handeln: Er
   verhält sich „zu etwas, das in der einen, objektiven Welt entweder statthat
   oder herbeigeführt werden kann" (Habermas 1981: 183), und betrifft die
   Gesamtheit der Tatsachen, über die wahre Aussagen möglich sind, bspw.
   die Regeln der Rechtschreibung oder die allgemeine Technik des Schreibenlernens.
2. *Der soziale Weltbezug* ist verbunden mit normenreguliertem Handeln: Er
   verhält sich zu etwas, „das in der von allen Angehörigen eines Kollektivs
   geteilten sozialen Welt als gesollt anerkannt wird" (ebd.: 183) und betrifft
   die Gesamtheit legitim geregelter interpersonaler Beziehungen, bspw. in
   einer Lerngruppe.
3. *Der subjektive Weltbezug* ist verbunden mit dramaturgischem und selbst-
   darstellerischem Handeln: Er verhält sich zu etwas, das nur dem Sprecher privilegiert zugänglich ist in seiner subjektiven Welt. Der subjektive
   Weltbezug meint Erfahrungen, Gefühle und Deutungen des persönlich
   Erlebten (vgl. ebd.: 183 ff.).

Abb. 1 veranschaulicht Weltbezüge und Handeln von zwei Personen. Wenn
alle drei Weltbezüge integriert werden, d.h. wenn Handelnde (A1 und A2)
ihre Handlungen so miteinander koordinieren, dass die jeweiligen Handlungsziele entsprechend der Handlungssituation einvernehmlich abgestimmt
werden, spricht Habermas von kommunikativem Handeln. Dabei sind die
o.g. Welten argumentativ (Objektives) bzw. aushandelnd (Soziales) zu integrieren. Das jeweils Eigene (Subjektives) ist so anzuerkennen, wie es von der
einzelnen Person vorgetragen wird.

Abbildung 1 Weltbezüge und kommunikatives Handeln,
übernommen von Habermas 1985: 193

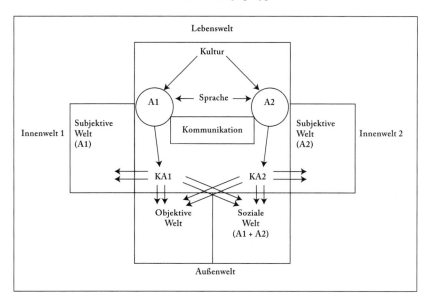

„Kommunikatives Handeln stützt sich auf einen kooperativen Deutungs-
prozess, in dem sich die Teilnehmer auf etwas in der objektiven, der sozialen und der subjektiven Welt zugleich beziehen" (Habermas 1985: 184). Der
Ertrag der Theorie des Kommunikativen Handelns mit seinem dreifachen
Weltbezug, der charakteristisch für Verständigungsprozesse in der Lebenswelt ist, besteht für uns darin, dass ein Orientierungsrahmen zur Integration abgeleitet werden kann. Dieser Rahmen zeichnet sich dadurch aus, dass
er inhaltsoffen bleibt. Zugleich bietet er pragmatische Hinweise, wie die je-

weiligen Sinnbezüge und die damit verbundenen Ansprüche miteinander vermittelt werden können: „Verständigung bedeutet die Einigung der Kommunikationsteilnehmer über die Gültigkeit einer Äußerung; Einverständnis die intersubjektive Anerkennung des Geltungsanspruches, den der Sprecher für sie erhebt" (ebd.: 184). Auf diesem Wege können gemeinsame Handlungssituationen erarbeitet werden, d. h. Äußerungen können relativiert und von anderen bestritten werden, um eine gemeinsame, einvernehmliche Lösung zu finden. Übertragen auf die Erwachsenenalphabetisierung geht es darum, die subjektiven Erfahrungen und Sichtweisen auf das Lernen anzuerkennen, die objektiven Themen zu erkunden und argumentativ auszuhandeln und eine gemeinsame Arbeitsüberschrift zwischen Lehrenden und Lernenden für den Alphabetisierungsprozess zu finden.

Mit Nina könnte es vielleicht um Folgendes gehen: (1) *objektive* Themen aufzunehmen, die sie interessieren, zu denen sie mitreden und argumentieren will und kann. Im Zusammenhang des Schriftsprachlernens sind es erst einmal nur die Liebesbotschaft oder die Inhalte der Schwesternbeziehung. (2) Im *sozialen* Weltbezug wäre es interessant, wie sie mit ihrer Schwester lernt und Regeln aushandelt. Vielleicht kann dies in die Gruppen, in denen sie lebt, aufgenommen werden. Nina könnte ermutigt und begleitet werden, ihre Wahrnehmungen mitzuteilen, das, was ihr wichtig ist, was sie nicht versteht u. v. m., um ein Miteinander zu teilen. (3) Dazu braucht sie *subjektiv* die grundlegende Anerkennung und Erlaubnis, so zu sein, wie sie jetzt ist, und damit Erfahrungen zu machen und sich entwickeln zu können. Wo die Sinngebungen für Nina und ihre LernbegleiterInnen auf dem sozialintegrativen Weg dann liegen, bleibt jedoch der Fortführung der Kommunikation vorbehalten.

3   Anmerkungen zur Konzeption sozialintegrativer Erwachsenenalphabetisierungsangebote

Das Modell des kommunikativen Handelns kann eine Handlungsorientierung für die soziale Einbindung von Lernprozessen bieten. Es hat zum Ziel, dass im Miteinander Sinn entsteht, d. h. geteilte symbolische Strukturen. Sinn muss es in alle drei Richtungen geben, zum Thema, zum Handeln in der Gruppe und der Lernende muss sich sinnvoll am Platz finden. Die drei Weltbezüge können grob in die Sach-, Gruppen- und TeilnehmerInnenorientierung übersetzt werden. Alle drei Bezüge sind gleichermaßen wichtig und interdependent. Diese Grundorientierung für Lernprozesse einzufor-

dern, ist nichts Neues. Habermas beobachtet mit seiner Theorie eine Entwicklung, die in gesellschaftlichen Bereichen wiederzufinden ist.[2] Trotz der
Einfachheit dieser Forderung erscheint die Umsetzung nicht selbstverständlich (vgl. dazu den Beitrag von Hein in diesem Band). Deshalb ist es lohnend,
zur Realisierung von Lernprozessen – wie bspw. desjenigen von Nina – einige Ideen zu diskutieren.

1. Advokatorische Bildungsarbeit

Die Integration des Modells des kommunikativen Handels braucht zuerst
eine grundlegende Vorbemerkung. Kommunikatives Handeln baut bei den
Beteiligten auf der Fähigkeit auf, argumentativ, aushandelnd und für sich
selbst und anderen gegenüber anerkennend in den Dialog zu treten. In Sozialisation und Erziehung erlernte Kommunikationsmuster ermöglichen das,
wie wir es auch bei Nina ahnen können, den KommunikationspartnerInnen
nicht in gleichem Maße. Trotzdem geben wir das Ziel des kommunikativen
Handelns nicht auf und verbinden es mit einer zweiten Orientierung, der advokatorischen Bildungsarbeit. Advokatorisch meint, dass jemand ein Mandat
zum anwaltlichen Handeln erhält. Das Ziel der Mandatsübergabe besteht
darin, für die Person eine Aufgabe zu übernehmen, die diese Person selbst
entweder nicht, noch nicht oder nicht so gut erfüllen kann wie die anwalt-
lich handelnde Person. Dies trifft auch auf Erziehung und Erwachsenenalphabetisierung zu. Die advokatorische Bildungsarbeit setzt einerseits bei
ungleichen kommunikativen Voraussetzungen die Gleichsetzung von Lernenden und Lehrenden rückhaltlos praktisch um. Andererseits reflektiert
sie die Unterschiedlichkeit in der Verfügung über spezifisches Wissen. Dies
führt zu komplementären Rollendefinitionen im Lernprozess und zugleich
zu einer Prozessrahmung im Sinne der Emanzipation. Der advokatorische
Ansatz nach Micha Brumlik (2004) bezieht emanzipatorische Bildungsprozesse direkt ein. Hier wird – im Gegensatz zur eher technizistischen Vorstellung der „Herstellung oder Verbesserung der psychischen Dispositionen

---

2   Ein interessantes Beispiel stellt der von Ruth Cohn nach dem zweiten Weltkrieg ent-
     wickelte Ansatz der Themenzentrierten Interaktion (TZI) dar (vgl. Cohn 1975, Cohn/
     Terfurth 1993, Schneider-Landolf/Spielmann/Zitterbarth 2009). Sie postulierte, dass
     die gleichwertige Beachtung von Individuen, Thema und Gruppe lebendige Lernpro-
     zesse fördert. Die Aufgabe von Lehrenden ist es, sich selbst als Person und Gegenüber
     (selektiv) authentisch einzubringen und durch Strukturen die Balance zwischen den drei
     Bezügen zu gewährleisten, wobei die Rahmenbedingungen bedacht werden müssen.

von Menschen durch andere Menschen" (Brumlik 2004: 14) – Erziehung
und Bildung im Sinne von Habermas „als Herstellen einer spezifischen
Kommunikationsstruktur" (ebd.) begriffen, an der Lehrende und Lernende
gleichermaßen beteiligt sind. Danach ist jedes Erziehungs- bzw. Bildungs-
handeln emanzipatorisch, welches Handlungsmöglichkeit nicht beschneidet,
hingegen die Möglichkeit der Selbstbestimmung fördert und schließlich die
Lernenden im Prozess – und natürlich auch danach – nicht beide folgenden
Fragen abschlägig beantworten lässt: (1) Haben Sie die Möglichkeit, das zu
tun, was Sie wollen? Und: (2) Wenn nicht, sehen Sie ein, warum Sie diese
Möglichkeit nicht haben? (vgl. ebd.: 23 f.) Für Lernende in Erwachsenen-
alphabetisierungsangeboten geht es offenbar um genau dieses Spannungsverhältnis. Werden beide Fragen abschlägig beantwortet, dann fühlen sich
die Lernenden ungerecht behandelt und entwickeln keinerlei Motivation für
die infrage stehende Form des Lernens (vgl. Wagner 2011a). Unterschwellig
verweist pädagogische Intervention auch stets auf das Fernziel des späteren
Nutzens, d. h., die Legitimität soll vom Lernenden im Nachhinein zuerkannt
werden. Lernen ist aber nicht nur ein Prozess auf Zukunft hin, sondern es ist
ein gegenwärtiges Handeln mit eigenem Recht. Darauf hat bereits Friedrich
Schleiermacher mit folgender Mahnung hingewiesen: „Die Lebenstätigkeit,
die ihre Beziehung auf die Zukunft hat, muß zugleich auch ihre Befriedigung in der Gegenwart haben; so muß auch jeder pädagogische Moment,
der als solcher seine Beziehung auf Zukunft hat, zugleich auch Befriedigung
sein für den Menschen, wie er gerade ist" (Schleiermacher, zitiert in Brumlik
2004: 168).

Im Folgenden wenden wir uns den drei Weltbezügen mit einigen konzeptionellen Gedanken zu, wobei diese nur theoretisch getrennt abzuhandeln
sind. In der Praxis sind alle drei Bezüge beteiligt, nur die Aufmerksamkeit
richtet sich je nach Anforderung schwerpunktartig dem einen oder anderem
Weltbezug zu.

2. Integration des subjektiven Weltbezuges durch Anerkennung

Die Gedanken zur advokatorischen Bildungsarbeit haben bereits auf eine
Haltung und Methode der Anerkennung hingewiesen. Anerkennung, so
Axel Honneth (2003), entwickelt sich demnach sowohl im alltäglichen so-
zialen Austausch als auch im Rahmen institutioneller Kontexte. Im alltäg-
lichen Bezug kommt Anerkennung dadurch zum Ausdruck, „dass die andere
Person Geltung besitzen soll" (Honneth 2003: 22) und „die Quelle von legi-

timen Ansprüchen ist" (ebd.: 27). Diese Verhältnisbestimmung ist zugleich interdependent, d. h., dass Anerkennung reziprok wirkt: „Die sich benötigenden Personen sind gewaltlos dazu genötigt, auch ihr soziales Gegenüber in einer bestimmten Weise anzuerkennen, um sich in dessen Reaktionen selbst anerkannt zu finden – die Anerkennung des Gegenübers wird zur Bedingung des eigenen Anerkannt-Seins" (Honneth 2011: 38). Nur eine auf Reziprozität beruhende Anerkennung ermöglicht Bildung, wenn diese per se beide Interaktionspartner einbezieht und beiden dadurch die je individuelle Selbstachtung bzw. das Anerkannt-Sein ermöglicht wird. Advokatorische Erwachsenenalphabetisierung ist somit kein technisch vermittelter Wissenstransfer, sondern es ist ein komplexer, beidseitig persönlichkeitsbildender Prozess, der auf einer komplementären Wissensbasis beruht, aber eine beidseitige Emanzipation erstrebt (vgl. Wagner/Schneider 2011).

Diesen Gedanken weiterführend findet sich in der Tradition der Sozialen Arbeit das Empowermentkonzept (vgl. Herriger 1997). Auf der individuellen Ebene beinhaltet der Begriff das Vermögen zur Autonomie und Selbstbestimmung. Personen entdecken Handlungsoptionen und eigene Stärken und gewinnen Kompetenzen zur Selbstgestaltung. Umgesetzt werden kann das Konzept bspw. mit biografischen Arbeitsformen. Biografie ist aktive Aneignungsleistung von eigener Lebensgeschichte und sie ermöglicht die Rekonstruktion vergangener Lebenszusammenhänge, der darin gelagerten Lebenserfolge und die Sicht auf fremd- und eigenbestimmtes Leben. Häufig geht es darum, mit der Sprache das eigene Leben ,an das Licht zu bringen' und anzuerkennen. Biografiearbeit als Mäeutik kann als ein „forschendes Nachvollziehen der inneren Logik von Handlungen, Deutungen, Interaktions- und Lebenskontexten" (Völter 2008) das Verstehen und Ermächtigen für den Adressaten wie für den Begleitenden anleiten.[3]

3. Integration des sozialen Weltbezuges als Basis des Aushandelns

Um dem Lernenden die Optionen zum Aushandeln zu eröffnen, bedarf es neben der Erlaubnis dazu auch des Bewusstmachens der eigenen Beziehungs- und Interaktionsmuster und des Bestärkens und Einübens neuer Kommuni-

---

3   Methodische Impulse zur biografisch-narrativen Gesprächsführung finden sich bei
     Schütze 1993, Jakob/von Wensierski 1997, Völter 2008 und konkret zur Biografiearbeit in
     der Alphabetisierung bei Egloff 2006; zur Pädagogik der Anerkennung siehe Hafener/
     Henkenborg/Scherr 2002.

kationsformen, bspw. durch das Erleben des kommunikativen Handelns. Vier Beobachtungen sind uns hier wichtig.

(1) In Kap. 1 wurde formuliert, dass Lernmuster und Motivation durch Sozialisation und Erziehung geprägt sind und durch die vergangene und aktuelle soziale Einbettung bestimmt werden. Für Nina haben wir dies exemplarisch mit einer Netzwerkkarte – die wir hier aufgenommen haben – dargestellt (vgl. Abb. 2).

Abbildung 2   Netzwerkkarte zu Ninas Lebenssituation

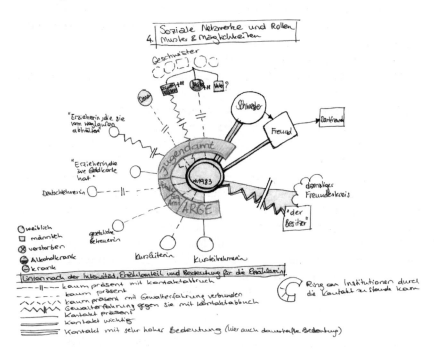

Damit wollen wir zeigen, wie in der Arbeit das egozentrierte Netzwerk des Einzelnen beachtet und einbezogen werden kann. Die Netzwerkarbeit setzt positiv an, d.h., sie unterstützt den Aufbau bzw. Erhalt des Netzwerkes, um dieses als Ressource des Lernens zur Geltung kommen zu lassen. Diese Aufgabe kann bei PädagogInnen oder SozialarbeiterInnen liegen. Ihr Auftrag besteht darin, den Lernenden ggf., beim Erkunden ihrer eigenen Netzwerke beizustehen. Der lernenden Person mag der Bezug zwischen persönlichem Netzwerk und Lernmöglichkeiten nicht immer oder nur unvollständig deutlich sein. Die begleitende Person hingegen nimmt dies explizit als Arbeitsorientierung wahr. Bei der gemeinsamen Erstellung der persönlichen Netzwerkkarte können tragende Verbindungen sichtbar gemacht, ungenutzte vor Augen geführt und potenzielle aufgespürt werden (vgl. Budde/Früchtel 2009). Diese Herangehensweise ist nicht nur ressourcenorientiert, sie ist zugleich auf die Person abgestimmt und ausschließlich über die Wahrnehmungen der Person zu realisieren. Das Advokatorische als Surplus des Handelns tritt als die Fähigkeit zur differenzierten Beobachtung auf. Die lernende Person kann sich auf diesem Weg ein Bild ihrer sozialen Bezüge machen und einzelne Beziehungen in ihrer aktuellen oder potenziellen Bedeutsamkeit abschätzen. Hier kann ihr eigenes Netzwerkhandeln einsetzen, indem sie Beziehungen reaktiviert oder aktiviert. Mitunter kann auch ein Beziehungsabbruch bzw. eine Neubestimmung einsetzen. Hier wäre insbesondere an die Etablierung symmetrischer Rollenkonstellationen zu denken.

(2) Diese Erkundung und (Neu-)Gestaltung bezieht sich auf die Beziehungen zu Personen im privaten Netzwerk, jedoch auch auf Personen in Lern- und Begleitungskontexten. Als häufiger Spezialfall erscheint bei Lernenden die Emanzipation von selbstgewählter Abhängigkeit gegenüber der kursleitenden Person. Faktisch kann es sich dabei um den Advokaten selbst handeln. Hier wäre anzustreben, das Mandat stückweise zurückzugeben und am Ende eine gleichberechtigte Stellung im Lernprozess zu etablieren. Es ist wichtig, dass sich der Begleitende oder Lehrende reflektiert zur Neubestimmung von Rollen anbietet und in die Auseinandersetzung geht. Dies braucht sicher auch für Lehrende Unterstützung und es sollte geprüft werden, wo diese Rollenneubestimmung (zusätzlich) durch therapeutische Prozesse übernommen werden muss.

(3) Die Netzwerkarbeit im Rahmen personenzentrierter Netzwerke kann sich darüber hinaus auf gesellschaftliche Inklusionschancen beziehen. Diese advokatorische Intervention setzt bei den Systemanforderungen an. Wenn es darum geht, die Chancen der Inklusion in spezifische Systeme zu verbessern, so steht zwar auch hier die selbstbestimmte Entscheidung der Person nicht zur Disposition, aber nach getroffener Entscheidung muss sie sich an den Systemanforderungen orientieren. Da sich im jeweiligen Systemkontext entscheidet, wer als Adressat interessant für die Kommunikation im System ist, kann unter dieser Perspektive Inklusion nur als Befähigung zur Erfüllung der Inklusionsvoraussetzungen gesehen werden. Hier gehören Möglichkeiten der Kompetenzvermittlung zur zielgerichteten Inklusion und der damit verbundenen Bedürfnisbefriedigung dazu (vgl. Miller 2001: 109 f.). Inklusion kann zudem gesehen werden als eine über Laienrollen (Mutter, Vater, Kind, Kunde

etc.) und Leistungsrollen (Berufsrollen mit spezifischen Qualifikationen und Kompetenzen) differenzierte. Wichtig ist ihre Überlappung: „Die Art der Leistungsrollen bedingt die Art der Laienrollen und deren Ausstattungsniveau. Inhaber von qualifizierten Leistungsrollen, die gut dotiert sind, werden wiederum Laienrollen übernehmen können, die höhere Niveaus ermöglichen [...] Umgekehrt, wenn die Niveaus der Laienrollen insgesamt sehr gering sind, hat das Folgen für die Funktionssysteme, die Leistungsrollen anbieten (Kaufkraft)" (ebd.: 106). Da die Leistungsrollen in marktwirtschaftlichen Systemen die basalen Rollen zur Existenzsicherung darstellen, kann deren nur rudimentäre Ausprägung eine Prekarisierung der Lebenssituation mit sich bringen. Die advokatorische Netzwerkarbeit auch auf entsprechende Leistungsrollen auszurichten, ist somit nicht ausgeschlossen, bedarf aber der dezidierten Beachtung der hier diskutierten Grundhaltungen.

(4) Auch Orte und Räume sind mit Deutungen und Positionierungen verbunden. Menschen und soziale Güter werden oder sind an einem Ort in bestimmter Weise angeordnet (vgl. Löw 2001: 158 f.). Durch soziales Handeln – Wahrnehmungs- und Vorstellungsprozesse – werden diese zu Räumen verbunden. Der Ort mit seinem Sinn hat zwar durch seine materielle Gegebenheit Einfluss auf die Entstehung von Räumen, er ist jedoch nicht nur der umschließende Behälter, sondern ein Bestandteil von Kommunikations- und Deutungsprozessen. Raum ist damit aktive Aneignungsleistung (vgl. Deinet 2004) und Beziehungsgeschehen. Dies wird durch Bildungsträger in der Alphabetisierung mehr und mehr berücksichtigt, indem Angebote in Stadtteilhäuser, Mütterzentren, Schuldnerberatungen oder Bibliotheken verlagert werden (vgl. Pfaff/Dölle 2011, Schumann in diesem Band). So wird bspw. die Bibliothek, der von funktionalen Analphabeten zum Teil als vermeintlicher Buchladen gemiedene Ort, in Begleitung des Kurses zum nutzbaren Raum mit neuen, über die Kurszeit hinaustragenden Rollenbeziehungen als Kunden (vgl. Rygulla/Schumann 2011).

An dieser Stelle sollen explizit die Räume der Kinder- und Jugendhilfe benannt werden, hier lohnt sich mit den Adressaten eine gemeinsame Erkundung danach, wo Relevanzen des Schriftsprachhandelns auszumachen und wie diese innerhalb des Bildungsauftrages der Sozialen Arbeit aufzunehmen sind (vgl. den Beitrag von Dorschky in diesem Band).

4 Integration des objektiven Weltbezuges als Basis der Argumentation

Die Bedeutung der Integration des objektiven Weltbezuges ist bereits im Hinblick auf den Begriff der Anerkennung besprochen worden. Technisch geht kein Weg daran vorbei, dass die Relevanzen von Individuen anzuerkennen sind. Didaktisch erproben wir hier die Kombination mit dem auf konstruktivistischen Grundgedanken beruhenden Konzept des vernetzten Lernens, das wir bei Horst Siebert (2003) finden. Siebert begreift Lernen als inneres Gespräch. Gedankengänge, Wahrnehmungsmuster und Vorstellungen sind selbstreferentielle Prozesse des Bewusstseins. Im Beobachtungs- und Kommunikationsprozess verarbeitet jeder diejenigen Informationen, die er beobachten kann und die in seine kognitiven Muster integriert werden können, die anschlussfähig sind und nutzbar erscheinen (vgl. Luhmann 1985). Das Gehirn verknüpft Erfahrungen, Gedächtnisinhalte, auch Emotionen mit Kognitionen und interagiert dabei mit seinen eigenen Zuständen. Pallasch/ Hameyer (2007) zeichnen im Rahmen ihrer Erörterungen zur Lernberatung und zum Lerncoaching diesen Prozess ähnlich nach. „Für den Lerner wäre es optimal, möglichst frühzeitig in bereits verankerten Informationen Anknüpfungspunkte zu finden, von denen er Verbindungen zu den neuen Informationen herstellen kann. Dadurch wird der Speicherungsvorgang erleichtert" (ebd.: 39). Es kommt darauf an, Techniken möglichst abgestimmt auf die bereits vorhandenen auszuwählen, um das Speichern von Informationen zu erleichtern. Da die Speicherungsbereitschaft von der jeweiligen Befindlichkeit (Stimmung, Interesse, Einsicht) maßgeblich mitbestimmt wird, ist es für den Lernenden eine Hilfe, diese für sich, ggf. mit Unterstützung des Vermittelnden, zu artikulieren. Jede gespeicherte kognitive oder emotionale Information, gleich welcher Qualität, wird mit einer emotionalen Schicht versehen. Einen entscheidenden Einfluss haben Lernumgebung, Vertrautheit, Wohlfühlen, Sicherheit sowie kontinuierliche Lernplätze. Zur Unterstützung der Erkundung von Relevanzen und Anknüpfungspunkten kann ebenfalls biografisch gearbeitet werden. Förderlich sind dann handlungs- und erfahrungsorientierte Lernansätze. Bezüglich des Schriftsprachlernens bei Kindern empfiehlt Brügelman (1992) den Spracherfahrungsansatz, dessen Übertragung auf die Erwachsenenalphabetisierung erprobt werden sollte. Dieser Ansatz lässt sich wiederum in Projektarbeitsmethoden integrieren. Dadurch werden nicht nur vorhandene Relevanzen aufgenommen, sondern auch neue entwickelt.

Individuen leben in ständigem Austausch mit anderen. Kommunikation gelingt, wenn Individuen an Vernetzungen interessiert sind, d. h., wenn sie beobachten und sich irritieren lassen. „Lernintensive Kommunikation entstehen durch „dosierte Diskrepanzen", durch das Spannungsverhältnis von Konsens und Dissens" (Siebert 2003: 74), durch Differenz und Unterscheidung (vgl. Luhmann 1984). Komplementäre Kommunikationsstrukturen erhöhen die Chance wechselseitiger Anregungen und Anschlussmöglichkeiten, z. B. durch die Gegenüberstellung von „Thesen mit Antithesen, Altem mit Neuem, Alltagswissen mit theoretischem Wissen, eigene[n] Erfahrungen mit Erfahrungen anderer, Begriffe[n] mit Beispielen, Bilder[n] mit Kommentaren, Aktionen mit Reflexionen, Emotionen mit Kognitionen, Visionen mit Realitäten, Ursachen mit Wirkungen, Eigeninteressen mit Gruppeninteressen, Argumenten mit Gegenargumenten" (Siebert 2003: 42). Lew Tolstoi (1968) hat in seinen pädagogischen Schriften die richtige Diskrepanz als Lernkriterium beschrieben: „Damit der Schüler gut lernt, muß er gern lernen, damit er gern lernt, 1. muß das, was der Schüler lernt, ihm verständlich und interessant sein, 2. müssen seine Geisteskräfte in der günstigen Verfassung sein. Damit der Schüler versteht, was er lernt, und damit ihn interessiert, was ihm gelehrt wird, müssen Sie zwei Extreme vermeiden, sprechen Sie zu den Schülern nicht von Dingen, die er weder verstehen noch wissen kann und sprechen Sie mit ihm von nichts, was er ebenso gut und manchmal sogar besser weiß als der Lehrer." (Tolstoi 1968: 42)

5   Schlussbemerkungen

Mit diesem Beitrag sind wir zwei Fragen nachgegangen. Zum einen der Motivation und Sinngebung in Lernprozessen und zum anderen der Aufgabe der Sozialen Arbeit in der Erwachsenenalphabetisierung. Dazu wurde die soziale Praxis von Lernprozessen beleuchtet und als ein „Herstellen einer spezifischen Kommunikationsstruktur" definiert und diskutiert. Für viele ‚normal' Lernende ist diese Kommunikationsstruktur selbstverständlicher impliziter Anteil von Bildungsprozessen, da die Themen- und Sozialbezüge für sie hinreichend sinnvoll erscheinen und sie diese selbst mit zur Sprache bringen. Sozialpädagogische Kommunikation ist hier nicht nötig. In der Erwachsenenalphabetisierung können wir jedoch meistens nicht davon ausgehen und die Kommunikationsstruktur verdient grundlegende Beachtung. Mit dem Modell des kommunikativen Handelns von Jürgen Habermas haben wir in Zusammenhang mit einem advokatorischen Handlungsverständnis eine

Orientierung erfahren. Sozialintegration geschieht in geteilter, gemeinsamer Sinngebung, wenn Lernbegleitende den verständigungsorientierten Diskurs zu den subjektiven, sozialen und objektiven Weltbezügen immer wieder anbieten, im Kurs, in der Beratung und in der Begegnung, so wie er für die Lernenden zum jeweiligen Augenblick möglich ist, die mit zunehmender Bewusstheit über eigenes Vermögen und Können Handlungsoptionen hinzugewinnen. Darin sehen wir die Basis von Motivation und Teilhabe.

Schon mit der Lebenserzählung von Nina wird erahnbar, dass dem Phänomen der unzureichenden Schriftsprachkompetenz mit sozialpädagogischer und sozialarbeiterischer Kommunikation begegnet wird. Erwachsenenalphabetisierung wird längst als sozialpädagogische Kommunikation realisiert, jedoch wird den sozialen Prozessen bisher zu wenig Reflexionswissen zur Verfügung gestellt und sie werden von der Profession der Sozialen Arbeit (noch) nicht ernst genommen. Hier steht eine fachliche Auseinandersetzung um den Bildungsauftrag angesichts gewandelter Inklusionsvoraussetzungen genauso an wie das lebensweltliche Gespräch mit den Adressaten, das die Relevanz von Grundbildungsthemen in den Weltbezügen wahrnimmt.

6   Literatur

Beck, Ulrich (1986): Risikogesellschaft. Auf dem Wege in eine andere Moderne. Frankfurt am Main: Suhrkamp.

Beck, Ulrich (1993): Die Erfindung des Politischen. Zu einer Theorie reflexiver Modernisierung. Frankfurt am Main: Suhrkamp.

Bohle, Hans Hartwig/Heitmeyer, Wilhelm/Kühnel, Wolfgang/Sander, Uwe (1997): Anomie in der modernen Gesellschaft: Bestandsaufnahme und Kritik eines klassischen Ansatzes soziologischer Analyse. In: Heitmeyer, Wilhelm (Hg.): Was treibt die Gesellschaft auseinander? Bundesrepublik Deutschland: Auf dem Weg von der Konsensgesellschaft zur Konfliktgesellschaft, Bd. 1. 4. Auflage. Frankfurt am Main: Suhrkamp, S. 29–65.

Brügelmann, Hans (1992): Laßt hundert Blumen blühen. Methodische Tips für die Arbeit nach dem Spracherfahrungsansatz. In: Brügelmann, Hans: Kinder auf dem Wege zur Schrift. Eine Fibel für Lehrer und Laien. Bottighofen: Libelle Verlag, S. 174–182.

Brumlik, Michael (1993): Advokatorische Ethik. Zur Legitimation pädagogischer Eingriffe. Berlin, Wien: Philo.

Budde, Wolfgang/Früchtel, Frank (2009): Ego-Maps und Genogramme als Netzwerkperspektive. Verfügbar unter: http://www.sozialraum.de/eco-maps-und-genogramme-als-netzwerkperspektive.php (01.08.2011).

Cohn, Ruth C. (1975): Von der Psychoanalyse zur Themenzentrierten Interaktion. Stuttgart: Klett-Cotta.

Cohn, Ruth C./Terfurth, Christina (Hg.) (1993): Lebendiges Lehren und Lernen. TZI macht Schule. Stuttgart: Klett-Cotta.

Deinet, Ulrich (2004): „Spacing", Verknüpfung, Bewegung, Aneignung von Räumen – als Bildungskonzept sozialräumlicher Jugendarbeit. In: Deinet, Ulrich/Reutlinger, Christian (Hg.): „Aneignung" als Bildungskonzept der Sozialpädagogik. Wiesbaden: VS Verlag für Sozialwissenschaften, S. 175–189.

Egloff, Birte (2006): Biografisches Arbeiten in der Grundbildung als Herausforderung für professionelles pädagogisches Handeln. In: Knabe, Ferdinande im Auftrag des Bundesverbandes Alphabetisierung und Grundbildung e. V. (Hg.): Bewährte und neue Medien in der Alphabetisierung und Grundbildung. Münster, New York, München, Berlin: Waxmann, S. 135–146.

Fischer, Wolfram/Goblirsch, Martina (2004): Fallrekonstruktion und Intervention in der Sozialen Arbeit. Narrativ-biografische Diagnostik im professionellen Handeln. In: Psychosozial 27. Jg., Heft II, S. 71–90.

Fuhse, Jan (2008): Netzwerke und soziale Ungleichheit. In: Stegbauer, Christian (Hg.): Netzwerkanalyse und Netzwerktheorie. Wiesbaden: VS Verlag für Sozialwissenschaften, S. 79–90.

Giddens, Anthony (1995): Die Konstitution der Gesellschaft. Grundzüge einer Theorie der Strukturierung. Frankfurt am Main, New York: Campus.

Hafeneger, Benno/Henkenborg, Peter/Scherr, Albert (Hg.) (2002): Pädagogik der Anerkennung. Grundlagen, Konzepte, Praxisfelder. Schwalbach/Ts.: Wochenschau-Verlag.

Habermas, Jürgen (1973): Legitimationsprobleme im Spätkapitalismus. Frankfurt am Main: Suhrkamp.

Habermas, Jürgen (1981): Theorie des kommunikativen Handelns. Band 1: Handlungsrationalität und gesellschaftliche Rationalisierung; Band 2: Zur Kritik der funktionalistischen Vernunft. Frankfurt am Main: Suhrkamp.

Heitmeyer, Wilhelm (Hg.) (1997a): Was treibt die Gesellschaft auseinander? Bundesrepublik Deutschland: Auf dem Wege von der Konsens- zur Konfliktgesellschaft, Band 1. Frankfurt am Main: Suhrkamp.

Heitmeyer, Wilhelm (Hg.) (1997b): Was hält die Gesellschaft zusammen? Bundesrepublik Deutschland: Auf dem Weg von der Konsens- zur Konfliktgesellschaft, Band 2. Frankfurt am Main: Suhrkamp.

Herriger, Norbert (2001): Empowerment in der Sozialen Arbeit. Eine Einführung, Stuttgart, Berlin, Köln: Kohlhammer.

Honneth, Axel (2003): Unsichtbarkeit. Stationen einer Theorie der Intersubjektivität. Frankfurt am Main: Suhrkamp.

Honneth, Axel (2011): Verwilderungen. Kampf um Anerkennung im frühen 21. Jahrhundert. In: APuZ 1-2, S. 37–45.

Jansen, Dorothea (2003): Einführung in die Netzwerkanalyse. Grundlagen, Methoden, Forschungsbeispiele. Wiesbaden: VS Verlag für Sozialwissenschaften.

Jakob, Gisela/von Wensierski, Hans-Jürgen (Hg.) (1997): Rekonstruktive Sozialpädagogik. Konzepte und Methoden sozialpädagogischen Verstehens in Forschung und Praxis. Weinheim: Juventa.

Löw, Martina (2001): Raumsoziologie. Frankfurt am Main: Suhrkamp.

Luhmann, Niklas (1984): Soziale Systeme. Grundriß einer allgemeinen Theorie. Frankfurt am Main: Suhrkamp.

Luhmann, Niklas (1985): Die Autopoiesis des Bewußtseins. In: Soziale Welt 36, S. 402–446.

Pallasch, Waldemar/Hameyer, Uwe (2007): Lerncoaching. Theoretische Grundlagen und Praxisbeispiele zu einer didaktischen Herausforderung. Weinheim, München: Juventa.

Pfaff, Gisela/Dölle, Andreas (2011): Aufsuchende Alphabetisierung zur Initiierung von Bildungsprozessen. In: Schneider, Karsten/Ernst, Annegret/Schneider, Johanna (Hg.): Ein Grund für Bildung?! Konzepte, Forschungsergebnisse, Praxisbeispiele. Bielefeld: Bertelsmann Verlag, S. 209–216.

Rygulla, Ingrid/Schumann, Silke (2011): Lust am Lesen vermitteln. Zusammenarbeit zwischen Volkshochschule und Bibliotheken bei der Alphabetisierungsarbeit. In: Schneider, Karsten/Ernst, Annegret/Schneider, Johanna (Hg.): Ein Grund für Bildung?! Konzepte, Forschungsergebnisse, Praxisbeispiele. Bielefeld: Bertelsmann Verlag, S. 197–202.

Scherr, Albert (2002): Subjektbildung in Anerkennungsverhältnissen. Über ‚soziale Subjektivität' und ‚gegenseitige Anerkennung' als pädagogische Grundbegriffe. In: Hafeneger, Benno/Henkenborg, Peter/Scherr, Albert (Hg.): Pädagogik der Anerkennung. Schwalbach/Ts.: Wochenschau-Verlag, S. 26–44.

Schneider-Landolf/Spielmann, Jochen/Zitterbarth, Walter (2009): Handbuch Themenzentrierte Interaktion (TZI). Göttingen: Vandenhoeck & Ruprecht.

Schütz, Alfred/Luckmann, Thomas (1979, 1984): Strukturen der Lebenswelt, 2 Bde. Frankfurt am Main: Suhrkamp.

Schütze, Fritz (1993): Die Fallanalyse. Zur wissenschaftlichen Fundierung einer klassischen Methode der Sozialen Arbeit. In: Rauschenbach, Thomas/Ortmann, Friedrich/Karsten, Maria-E. (Hg.): Der sozialpädagogische Blick. Lebensweltorientierte Methoden in der Sozialen Arbeit. Weinheim: Juventa, S. 191–221.

Siebert, Horst (2003): Vernetztes Lernen. Systemisch-konstruktivistische Methoden der Bildungsarbeit. München, Unterschleißheim: Luchterhand.

Siebert, Horst (2006): Lernmotivation und Bildungsbeteiligung. In: Studientexte für Erwachsenenbildung. Bielefeld: Bertelsmann.

Völter, Bettina (2008): Verstehende Soziale Arbeit. Zum Nutzen qualitativer Methoden für professionelle Praxis, Reflexion und Forschung. In: FQS 9 (1), Art. 56.

Wagner, Harald (2011a): Heterogenität und Motivationsdilemmata in der Alphabetisierungspraxis – eine kritische Stellungnahme. In: Schneider, Karsten/Ernst, Annegret/Schneider, Johanna (Hg.): Ein Grund für Bildung?! Konzepte, Forschungsergebnisse, Praxisbeispiele. Bielefeld: Bertelsmann, S. 87–110.

Wagner, Harald (2011b): Dysfunktional oder maladaptiv? – Anmerkungen zur Legitimation der Erwachsenenalphabetisierung. In: Schneider, Karsten/Ernst, Annegret/Schneider, Johanna (Hg.): Ein Grund für Bildung?! Konzepte, Forschungsergebnisse, Praxisbeispiele. Bielefeld: Bertelsmann, S. 111–128.

Wagner, Harald/Stenzel, Magdalena (2011): Soziale Einbindung und Lernen. In: Schneider, Karsten/Ernst, Annegret/Schneider, Johanna (Hg.): Ein Grund für Bildung?! Konzepte, Forschungsergebnisse, Praxisbeispiele. Bielefeld: Bertelsmann, S. 57–86.

Wagner, Harald/Schneider, Johanna (2011): Advokatorische Bildungs- und Netzwerk-
arbeit. In: Schneider, Karsten/Ernst, Annegret/Schneider, Johanna (Hg.): Ein
Grund für Bildung?! Konzepte, Forschungsergebnisse, Praxisbeispiele. Bielefeld:
Bertelsmann, S. 231–240.

Tolstoi, Lew (1968): Das Neue Alphabet & Russische Lesebücher. Bd. 8. Berlin: Rüt-
ten & Loening.

III Zur Gestaltung und Vernetzung ,neuer' Lernorte und -kontexte: Praxiserfahrungen

Lesend lernen: Lernort Stadtbibliothek

Silke Schumann

Bibliotheken sind nicht nur Orte des Lesens und der Nutzung verschiedenster Medien, sondern auch des Lesenlernens. Während es für den primären Schriftsprachenerwerb vielfältige gemeinsame Aktivitäten insbesondere von Grundschulen und Bibliotheken gibt (vgl. z. B. Keller-Loibl 2009), bieten erst relativ wenige Bibliotheken systematische Unterstützung für (funktionale) AnalphabetInnen an, die als Jugendliche oder Erwachsene das Lesen und Schreiben erlernen. Der folgende Bericht schildert die Erfahrungen der Stadtteilbibliothek Gallus der Stadtbücherei Frankfurt am Main, die in Zusammenarbeit mit Erwachsenenbildungsinstitutionen Erwachsene beim Lesenlernen unterstützt. Er verdeutlicht die Bedeutung der Bibliothek als Lernort, der zum Selbstlernen ermutigt und an dem das Lesenlernen mit dem Erwerb weiterer Schlüsselfertigkeiten und Kompetenzen verbunden wird.

1 Die Entwicklung der Angebote für lesen lernende Erwachsene in der Stadtbücherei Frankfurt am Main

Die Stadtbücherei Frankfurt am Main ist ein großstädtisches Bibliothekssystem, das neben der Zentralen Erwachsenenbibliothek mit Musikbibliothek und der Zentralen Kinder- und Jugendbibliothek über ein dezentrales Netz von vier Bibliothekszentren, 13 Stadtteilbibliotheken und einer Fahrbibliothek mit zwei Bücherbussen sowie einen Verbund mit zurzeit 85 Schulbibliotheken verfügt.

Ausgangspunkt des in der Stadtbücherei entwickelten Programms für erwachsene LesenlernerInnen waren Angebote für erwachsene MigrantInnen, die Deutsch lernen. Kernstück ist eine speziell für die Zielgruppe gestaltete Bibliothekseinführung, die in Zusammenarbeit mit einer Pädagogin des Amtes für multikulturelle Angelegenheiten der Stadt Frankfurt (AmkA) entwickelt wurde (vgl. Lotz 2002). Als die Volkshochschule Frankfurt am Main (VHS) im Jahr 2003 einen Nebenraum der Stadtteilbibliothek Gallus nutzte, um dort Alphabetisierungskurse für erwachsene MigrantInnen abzuhalten, ergab sich die Möglichkeit zu einer engeren inhaltlichen Zusammenarbeit auf dem Feld der Alphabetisierung.

Gemeinsam mit DozentInnen der Volkshochschule modifizierte die Stadtteilbibliothek Gallus die auf Deutschlernende zugeschnittene Bibliothekseinführung entsprechend und entwickelte zudem einen zweiten Führungstyp für fortgeschrittene LesenlernerInnen. In Rücksprache mit den in der Stadtteilbibliothek Gallus lehrenden VolkshochschuldozentInnen beschaffte die Bibliothek einen einschlägigen Medienbestand, der Alphabetisierungslehrwerke und andere Lernmaterialien wie Bildwörterbücher oder Lernspiele sowie einfache Titel zum Deutschlernen enthält. Dieser konnte im Jahr 2005 unter Verwendung von Mitteln des Landes Hessen erheblich ausgebaut werden.

Aus den Landesmitteln und dem Gewinn eines Preises im USable-Wettbewerb der Körber-Stiftung (vgl. Körber-Stiftung o.J.) finanzierte die Stadtbücherei im Jahr 2005 überdies die Anschaffung von sechs Computern mit Software zur Alphabetisierung sowie mit Schreibprogrammen. Das PC-Lernstudio kann sowohl von Lerngruppen als auch von Einzelpersonen genutzt werden. Die Bibliothek bietet außerdem Gruppeneinführungen in die PC-Nutzung sowie in die einschlägigen Softwareprogramme an (vgl. Koglin 2005; Lotz 2007).

Bis zum Ende des Jahres 2010 haben mehr als 70 Lerngruppen und Kurse mit rund 800 erwachsenen TeilnehmerInnen eine Bibliothekseinführung erhalten; in die Nutzung des PC-Lernstudios wurden mehr als 50 Gruppen eingeführt, von denen viele bei nachfolgenden Bibliotheksterminen die Computer zum selbstständigen Lernen nutzten.

Die gewonnenen Erfahrungen konnte die Stadtbücherei in der Zusammenarbeit mit der VHS Frankfurt am Main im Rahmen des vom BMBF geförderten Projekts EQUALS[1] nutzen: Das 2008 entstandene Frankfurter Alpha-Bündnis ist ein Multiplikatoren-Netzwerk mit dem Ziel der verbesserten Ansprache, Förderung und Bildung deutschsprachiger Personen mit unzureichenden Schriftkenntnissen. Dabei sollen die Betroffenen in ihrer Persönlichkeitsentwicklung gefördert und ihnen soll die Teilhabe an gesellschaftlichen Aktivitäten ermöglicht werden. Zwei Zweigstellen der Stadtbücherei arbeiten eng mit dem Bereich Allgemeine Bildung der Volkshochschule zusammen: die Stadtteilbibliothek Gallus und das Bi-

---

1   Das Projekt wurde gemeinsam durchgeführt vom Deutschen Volkshochschul-Verband e.V. und der Arbeitsstelle Praxisberatung, Forschung und Entwicklung an der Evangelischen Hochschule Dresden (vgl. zu USable Deutscher Volkshochschulverband e.V. o.J.).

bliothekszentrum Sachsenhausen. Auf der Grundlage der Erfahrungen in der Stadtteilbibliothek Gallus entwickelten VHS und Stadtbücherei Kursmodelle für deutschsprachige funktionale AnalphabetInnen (vgl. Rygulla/Schumann 2011).

2 Die Bibliothek als Lernort – ein Praxisbericht

In Frankfurt am Main geschieht die erste Begegnung mit der Bibliothek für erwachsene Lesenlernende in der Regel über die Bibliothekseinführung. Die Kursleitung meldet sich mit ihrer Gruppe in der Bibliothek an und begleitet sie. Über speziell für diese Zielgruppe entwickelte didaktische Mittel werden die Lernenden mit der Bibliothek vertraut gemacht. Ein bunter, mit Bildern bestückter Würfel, den sich die Teilnehmenden gegenseitig zuwerfen, macht Erklärungen anschaulich und lockert zudem die Stimmung auf. So erläutert beispielsweise eine Serie mit Bildern, auf denen die Zentralbibliothek, ein Bücherbus der Fahrbibliothek sowie ein Stadtplan mit allen Zweigstellen abgebildet sind, den Charakter der Stadtbücherei Frankfurt als großstädtisches System. Eine weitere Bilderserie zeigt, was man alles in der Bibliothek tun kann (lernen, lesen, im Internet surfen etc.). Diesen „Zauberwürfel", einen aufblasbaren Plastikwürfel mit durchsichtigen Taschen auf jeder Seite, kann jede Bibliothek individuell mit Bildern bestücken, die mittels einer Digitalkamera und eines Fotodruckers ohne viel Aufwand selbst hergestellt werden können.[2]

Bei dem nachfolgenden Rundgang durch die Bibliothek erfahren die Teilnehmenden die Medien mit allen Sinnen: Sie nehmen die Bücher in die Hand, diskutieren miteinander oder hören in eine CD hinein. Im Mittelpunkt steht dabei der speziell angeschaffte Bestand zum Lesenlernen. Jede Bibliothek besitzt außerdem weitere Medien wie Zeitschriften, Kinder- und Jugendsachbücher, Hörbücher und Computersoftware, die – entsprechende pädagogische und bibliothekarische Anleitung und Beratung vorausgesetzt – zum Lesenlernen genutzt werden können. Von großer Bedeutung sind darüber hinaus Angebote wie DVDs oder Musik-CDs, die die Bibliothek auch als Ort der Freizeitgestaltung attraktiv machen. Die Teilnehmenden erhalten in der Einführung abschließend die Möglichkeit, sich einen

---

2 Vgl. http://www.ekz.de/shop-bibliotheksausstattung/material.php?no_cache=1&L=%271&tx_pxekzshop[group]=1010848&tx_pxekzshop[prod]=1014085&cHash=f285ca91fd63da48c3f22041f7b34ee6 (30.08.2011).

Bibliotheksausweis ausstellen zu lassen, und erlernen, gegebenenfalls auch über ein Rollenspiel, wie Ausleihe und Verlängerung funktionieren (vgl. Lotz/Schumann 2004: 14–19).

Eine Variante für Fortgeschrittene motiviert die Teilnehmenden dazu, sich anhand der Regalüberschriften in der Bibliothek zurechtzufinden. Während des Rundgangs stellt die Bibliothekarin verschiedene für die Zielgruppe relevante Bestände vor und macht auf die Regalüberschriften aufmerksam. Wieder zum Ausgangspunkt zurückgekehrt, nimmt sich jede/r TeilnehmerIn eine Karte, auf der der Text einer Regalüberschrift geschrieben steht. Die Teilnehmenden suchen dazu passende Medien heraus und stellen sie der Gruppe vor. Anschließend werden die Anmelde- und Ausleihbedingungen besprochen bzw. im Falle einer Aufbauführung kurz wiederholt.

Viele der Gruppen erhalten bei einem weiteren Termin eine Einführung in die Nutzung der Computer im PC-Lernstudio. Nicht selten werden die Lernenden bei der Bibliothekseinführung neugierig und bitten ihre KursleiterInnen, noch einmal wiederzukommen, um die Arbeit am Computer kennenzulernen. Gerade bei den Gruppen mit Migrationserfahrung gibt es viele Teilnehmende, die noch nie vorher an einem Computer gesessen haben. Anhand speziell für ihre Kenntnisse entwickelter Programme werden sie systematisch an die Computernutzung herangeführt. Damit trägt die Zusammenarbeit zwischen Bibliothek und Erwachsenenbildungsinstitutionen auch dazu bei, den „digital Divide" zu überwinden und Lernende auf den Umgang mit elektronischen Medien und später auch mit dem Internet vorzubereiten.

Für die Arbeit im Frankfurter Alpha-Bündnis wurden in Zusammenarbeit mit der Volkshochschule die einzelnen Bibliotheks- bzw. PC-Einführungstypen leicht modifiziert und zu einem aufeinander aufbauenden Programm von sechs Terminen in der Stadtteilbibliothek Gallus zusammengefügt. Es enthält die Bibliothekseinführung, die Mediensuche anhand der Regalüberschriften, eine Einführung in die PC-Programme sowie drei Termine mit jeweils in Absprache mit der Kursleitung individuell vereinbarten Themen. Bei letzteren werden verschiedene Strategien der Mediensuche sowie insbesondere der Umgang mit dem über das Internet zugänglichen Bibliothekskatalog (OPAC) geübt. Im Bibliothekszentrum Sachsenhausen finden die Kurse in einem Nebenraum der Bibliothek statt, sodass Bibliotheksnutzung und Lernen im Kurs noch enger verknüpft werden können (vgl. Rygulla/Schumann 2011).

Sowohl die Bibliothekseinführungen als auch die Einführungen in die Computernutzung werden sehr gut bewertet, wie Evaluierungen bei lesen lernenden MigrantInnen ergaben. Sie hätten wichtige Informationen bekommen und würden gerne wiederkommen, lauteten etwa Aussagen von Teilnehmenden. Mit der aktiven Bibliotheksnutzung eröffnet sich ihnen eine ganz neue Welt. Über die praktische Nutzung der Bibliothek wird einsichtig, warum sich die Mühe des Lesenlernens lohnt (vgl. auch Koglin 2005: 86 f.). Die Arbeit am Computer wird von vielen als anstrengend, aber sehr wichtig und nützlich eingestuft.

3 Schlussfolgerungen

Mit ihren Angeboten unterstützt die Bibliothek nachholendes Lesenlernen im Jugendlichen- und Erwachsenenalter. Die Zusammenarbeit zwischen pädagogischen Institutionen und Bibliotheken ermöglicht den Lernenden,

- sich die Bibliothek als Lernort zu erschließen,
- Schwellenängste vor dem Buch und anderen schriftbasierten Medien zu verlieren,
- die praktische Mediennutzung zu üben und
- das Lesenlernen mit dem Erwerb von Medienkompetenz, also der Fähigkeit zur Orientierung in der Medienvielfalt, zu verknüpfen.

Ein mehrfacher Besuch im Kursverlauf, wie für die Arbeit im Rahmen des Alphabündnisses skizziert, intensiviert die Effekte und sorgt somit für Nachhaltigkeit. Die gemeinsame Betreuung der Lernenden durch KursleiterIn und BibliothekarIn ist dabei von großer Bedeutung. Beide begleiten die Lernprozesse mit ihren jeweiligen Kompetenzen und führen die Lernenden zu immer größerer Selbstständigkeit. Damit werden die Lernenden ermutigt und befähigt, ihre Lesekompetenz auch außerhalb und nach dem Ende des lehrergestützten Kurses einzusetzen. Im Idealfall haben sie gelernt, die Bibliothek selbstständig weiter zu nutzen – vielleicht sogar ein Leben lang.

4 Literatur

Deutscher Volkshochschulverband e.V. o.J.: EQUALS: Ziele. Verfügbar unter: http://www.dvv-vhs.de/der-dvv/projekte/equals (21.04.2011).
Keller-Loibl, Kerstin (2009): Handbuch Kinder- und Jugendbibliotheksarbeit. Bad Honnef: Bock und Herchen.

Koglin, Christine (2005): Kundenorientiert & Multikulturell. Die Internationale Bibliothek im Frankfurter Gallusviertel. In: Süssmuth, Rita (Hg.): Streetsoccer & Co.
Wie Integration gelingen kann. Hamburg: Edition Körberstiftung, S. 83–88.

Körber-Stiftung o.J.: Transatlantischer Ideenwettbewerb USable. Verfügbar unter:
http://www.koerber-stiftung.de/gesellschaft/transatlantischer-ideenwettbewerb-
usable.html (15.06.2011).

Lotz, Birgit (2002): Die internationale Bibliothek. Von New York nach Frankfurt. Gütersloh: Bertelsmann Stiftung. Verfügbar unter: http://www.bertelsmann-stiftung.
de/cps/rde/xbcr/SID-04E3CD82-700FEC09/bst/Lotz_Internationale_Biblio-
thek.pdf (28.07.2011).

Lotz, Birgit/Schumann, Silke (2004): Multikulturelle Bibliotheksarbeit: „Die Internationale Bibliothek" in der Stadtteilbibliothek Gallus der Stadtbücherei Frankfurt am Main. In: Handbuch KulturManagement, B 4.15. Berlin: Raabe, S. 1–29.

Lotz, Birgit (2007): Die Bibliothek als Lernort für Migrantinnen und Migranten – das_
PC-Lernstudio zur Alphabetisierung im Rahmen der Internationalen Bibliothek.
Vortrag beim 3. Leipziger Kongress für Information und Bildung. Verfügbar un-
ter: http://www.opus-bayern.de/bib-info/volltexte/2007/361 (21.04.2011).

Rygulla, Ingrid/Schumann, Silke, 2011: Lust am Lesen vermitteln. Zusammenarbeit
zwischen Volkshochschule und Bibliotheken bei der Alphabetisierungsarbeit. In:
Schneider, Karsten/Ernst, Annegret/Schneider, Johanna (2011): Ein Grund für
Bildung?!: Konzepte, Forschungsergebnisse. Praxisbeispiele. Bielefeld: Bertelsmann (im Erscheinen).

Zum Schreiben anregen: Biografiearbeit in einer Jugendwerkstatt

Marion Kynast

1 Vorbemerkung

„Bei euch hat damals alles begonnen", sagt die junge Frau und erzählt, was sie in den letzten vier Jahren erlebt hat: „Ich habe mein Kind bekommen, bin dann später ‚aufgewacht' und habe mich von meinem Freund getrennt, habe zurzeit einen Ein-Euro-Job und werde nun endlich ab Herbst eine berufsvorbereitende Maßnahme anfangen". Die junge Frau war 2006 Teilnehmerin in der Jugendwerkstatt „Leg los!" und hat sich am Buchprojekt *geprägt* beteiligt. Gemeinsam mit fünf anderen jungen Frauen, darunter auch zwei Frauen mit erheblichen Schriftsprachproblemen, hatte sie Schlüsselerlebnisse ihres Lebens aufgeschrieben, die in einem Buch zusammengefasst wurden.

Dieses Buchprojekt, seine Entstehung und seine Weiterentwicklung soll im Folgenden vorgestellt werden. Dazu wird zunächst die Jugendwerkstatt, in der dieses Projekt entstand, beschrieben. Außerdem wird dargestellt, wie in der Jugendwerkstatt mit Schriftsprachproblemen von Teilnehmerinnen umgegangen wird.

2 Die Jugendwerkstatt PROJEKT VIER

Die Dresdner Jugendwerkstatt *Leg los!*, 2007 in *PROJEKT VIER – Lebenswerkstatt* umbenannt, ist ein Qualifizierungsprojekt der arbeitsweltbezogenen Jugendsozialarbeit/Jugendberufshilfe, das geschlechtsspezifisch und geschlechtergerecht arbeitet. Träger des Projektes ist das Frauenförderwerk Dresden e. V. Es richtet sich an Frauen im Alter von 18 bis 27 Jahren, die keine abgeschlossene Berufsausbildung haben und ohne Erwerbsarbeit sind. Ziel ist es, zusammen mit den jungen Frauen eine schulische oder berufliche Perspektive zu entwickeln und entsprechende Übergänge zu gestalten. Die dafür notwendige soziale Stabilisierung ist ein Teilziel der Maßnahme.

Die Jugendwerkstatt bietet einen niedrigschwelligen Zugang zum beruflichen Einstieg und ist den berufsvorbereitenden Bildungsmaßnahmen der Agentur für Arbeit und Beschäftigungsmaßnahmen der ARGE vorgelagert. Damit steht das Projekt an der Schwelle zwischen Schule, Ausbildung und Erwerbstätigkeit. Die Jugendwerkstatt wird von der Landeshauptstadt Dresden (Jugendamt), dem Freistaat Sachsen und dem Europäischen Sozialfonds gefördert.

Zum Profil von PROJEKT VIER gehört zum einen die Werkstattarbeit selbst („Textil/Dienstleistungen im hauswirtschaftlichen Bereich", „Holz/Dekoration/Raumgestaltung" und die „Kompetenzwerkstatt PC/Büro und Medien"), zum anderen der Stadtteilbezug der Werkstattarbeit, indem Aufträge gemeinnütziger Einrichtungen erledigt werden – auch als Arbeitseinsätze in Dresdner Stadtteilen.

Alle 24 Teilnehmerinnen durchlaufen alle Werkstätten. Zusätzlich können sie werkstattorientierten Stützunterricht sowie verschiedene Trainings zur Förderung von arbeitsmarktrelevanten sozialen Kompetenzen nutzen. Darüber hinaus dienen Betriebsbesichtigungen, ein Berufsorientierungstest, ein Bewerbungstraining und ein Praktikum auf dem ersten Arbeitsmarkt der beruflichen Orientierung. Die tägliche Arbeitszeit beträgt acht Stunden.

Allen Teilnehmerinnen steht eine Sozialpädagogin zur Beratung und Begleitung zur Seite. Ein Schwerpunkt der sozialpädagogischen Arbeit ist die Förderung der Reflexionsfähigkeit der eigenen Lebenslage unter dem Gesichtspunkt der Achtung vor der eigenen Biografie und vor dem eigenen Tun und Schaffen (z.B. in den Werkstätten).

PROJEKT VIER bietet den jungen Frauen einen zeitlich begrenzten Schutzraum (maximale Dauer: ein Jahr), der ihnen ein geschlechterkonkurrenzfreies und frauengerechtes Arbeiten, Lernen und Leben ermöglichen kann. Eine erfolgreiche Teilnahme am Projekt ist gegeben, wenn die einzelne Teilnehmerin das Wissen und das Gefühl hat, ihr Leben (wieder) in die eigene Hand genommen zu haben, wenn sie die Ausbildungsreife erlangt und/oder einen beruflich ausführbaren Plan oder einen Konzept zur weiteren sozialen Stabilisierung entwickelt hat. Ein Aufbruch der Teilnehmerin zu neuen Sichtweisen und Handlungsansätzen ist ein Indikator für einen gelungenen Prozess.

Das Projekt richtet sich an junge Dresdnerinnen, welche „sozial benachteiligt oder zur Überwindung individueller Beeinträchtigung in erhöhtem Maße auf Unterstützung angewiesen sind" (§ 13 SGB VIII). Die Zielgruppe der Jugendwerkstatt kann als ‚lernfern' und ‚nicht ausbildungs- oder berufsreif' beschrieben werden. Die Teilnehmerinnen sind Empfängerinnen von

Leistungen zur Sicherung des Lebensunterhalts nach dem SGB II/ARGE
oder sind durch die Übernahme der Kosten für den Unterhalt nach dem
SGB VIII (Jugendamt) abgesichert.

Alle Frauen sind mit multiplen Problemlagen belastet wie

*   fehlendem, niedrigem oder schlechtem Schulabschluss,
*   Abbruch bzw. Mehrfachabbruch von Maßnahmen (z. B. berufsvorberei-
    tende Maßnahmen, Ausbildungen),
*   Lernschwäche oder -behinderung,
*   fehlender oder eingeschränkter Schriftsprachkompetenz,
*   Schwierigkeiten beim Rechnen,
*   gesundheitlichen/körperlichen Einschränkungen,
*   gesundheitlichen/psychischen Problemen,
*   Gewalterfahrungen,
*   Suchtverhalten (vorrangig Alkohol),
*   Delinquenzverhalten,
*   Schulden,
*   (drohender) Wohnungslosigkeit,
*   Mehrfachbelastung durch die Erziehung eines Kindes/von Kindern, teils
    alleinerziehend,
*   Integrationshindernissen durch Migrationshintergrund.

Zum Teil nehmen die jungen Frauen professionelle Hilfe (z. B. Familienhil-
fe, Betreutes Wohnen oder gerichtlich angeordnete Betreuung) in Anspruch.

Dieser defizitorientierten Beschreibung der Teilnehmerinnen wird im
Projektalltag die wertschätzende Grundeinstellung der Mitarbeiterinnen der
Jugendwerkstatt entgegengesetzt. Der Handlungsansatz ‚Empowerment‘[1]
setzt voraus, jede junge Frau als ‚Expertin des eigenen Lebens‘ wahrzuneh-
men – auch und gerade in Zeiten von persönlichen Krisen und Problemen.
Der Blick der Mitarbeiterinnen auf die Stärken und Ressourcen jeder Teilnehmerin und die Förderung solidarischer Beziehungen unter den jungen
Frauen sollen ein Klima schaffen, in dem es ihnen (besser, wieder oder überhaupt) gelingen kann, in ein selbstbestimmtes und selbstgestaltetes Leben
aufzubrechen.

---

1   Zum Empowerment-Ansatz siehe Herriger 2006, siehe auch www.empowerment.de.

3   Zum Umgang mit Schriftsprachproblemen von Teilnehmerinnen

Im PROJEKT VIER wurden in den letzten Jahren keine systematischen Erhebungen zur Verbreitung und zum Ausmaß von Schriftsprachproblemen unter den Teilnehmerinnen vorgenommen. Da auch die jungen Frauen selbst bei ihrem Projekteinstieg in den seltensten Fällen Schwierigkeiten beim Lesen und Schreiben anzeigen, sind die Mitarbeiterinnen der Werkstätten und die Stützlehrerin auf ihre eigenen Beobachtungen angewiesen. Angenommen wird, dass etwa die Hälfte aller Teilnehmerinnen Schriftsprachprobleme hat.

Das Konzept des PROJEKT VIER sieht (derzeit) keine Alphabetisierung vor. Unter den gegebenen Förderbedingungen kann eine Jugendwerkstatt keine Alphabetisierungsanteile in die Konzeption aufnehmen. Wohl aber kann im Projekt zur Alphabetisierung angestiftet, dazu ermutigt und zu entsprechenden Angeboten vermittelt werden. Die Gestaltung von Übergängen in weiterführende Maßnahmen, die der jeweiligen Teilnehmerin gerecht werden und angemessen sind, stellt daher eine wichtige Aufgabe der Jugendwerkstatt dar. Je nach Situation der Teilnehmerin können dies ggf. auch Alphabetisierungsmaßnahmen sein.

Wie im PROJEKT VIER mit fehlender oder eingeschränkter Schriftsprachkompetenz von Teilnehmerinnen umgegangen wird, zeigen folgende Beispiele:

• In der „Kompetenzwerkstatt PC/Büro und Medien" nahm eine junge Frau, die nicht lesen und schreiben konnte, acht Wochen lang am Unterricht teil. Sie absolvierte täglich als morgendliches Ritual mit den anderen Teilnehmerinnen das Lernprogramm zum Zehn-Finger-Schreiben – ohne zu wissen, wie der auf der Taste stehende Buchstabe heißt. Ansonsten erledigte sie Aufträge zur Fotoerstellung und -bearbeitung und war aktives Mitglied in einer Filmgruppe. Dabei bediente sie sich der Symbole an den technischen Geräten bzw. auf dem Desktop des PC. Während die Mitarbeiterinnen über den Analphabetismus der Teilnehmerin Bescheid wussten, war dies den anderen Teilnehmerinnen nicht bekannt. Um ihre Integration in die Gruppe während der Startphase nicht zu gefährden, wurde sie erst nach einiger Zeit aus der PC-Kompetenzwerkstatt herausgenommen und nahm dann ausschließlich im Holz- und Textilbereich am Werkstattunterricht teil. Außerdem erhielt sie auf eigenen Wunsch von einer projektexternen (ehrenamtlich tätigen) Lehrerin Einzelunterricht im Lesen und Schreiben. Dieser Unterricht fand in den Räumen und in der Arbeitszeit von PROJEKT VIER statt.

Einen wichtigen Impuls, das Lernangebot in Anspruch zu nehmen, gaben die neu gewonnenen Freundinnen aus der Kompetenzwerkstatt. Die Bedeutung emotionaler Bindung und sozialer Beziehungen für das Interesse am Lesen- und Schreibenlernen kam im Fall dieser 25-jährigen Analphabetin gut sichtbar zum Tragen: Sie hatte erstmalig in ihrem Leben Freundinnen gewonnen, und dies war für sie von enormer Bedeutung. Sie wollte ihre Beziehungen gesellschaftlich anerkannt – ‚normal' – gestalten. Selbstgestecktes Ziel des Lernens war, SMS-Nachrichten schreiben und lesen zu können. Die junge Frau brach zum Ende des Projektes und mit der Aufnahme einer neuen Maßnahme den Lernkurs ab.

- Das Projekt besucht jährlich die Jugendbibliothek.[2] Dort gibt es Vorlesezeiten. Freude am Lesen soll vorhandene Lesekompetenzen mobilisieren. So soll das Lesen von Geschichten (z.B. aus der eigenen Lebenswelt) als eine hilfreiche Möglichkeit für die Auseinandersetzung mit Lebensthemen erkannt werden.
- Eine Teilnehmerin wünschte sich – innerhalb des Stützunterrichtes –, lesen zu üben. Während der Umsetzung dieses Anliegens kam das Bedürfnis dazu, auch vorgelesen zu bekommen. So lesen sich nun die junge Frau und die Stützlehrerin gegenseitig vor. Die Teilnehmerin profitiert offensichtlich nicht nur vom lauten Lesen, sondern auch vom (mitlesenden) Hören.

Neben diesen Ansätzen, mit denen Teilnehmerinnen Zugänge zum Lesen und Schreiben eröffnet werden sollen, geht es jedoch auch darum, den Projektalltag so zu gestalten, dass junge Frauen mit Schriftsprachproblemen nicht ausgeschlossen sind und sich gleichermaßen beteiligen können.

- In der Materialwerkstatt „Textil/Dienstleistungen im hauswirtschaftlichen Bereich" war es auffällig, dass die Teilnehmerinnen häufig nicht nach schriftlicher Anleitung arbeiteten (z.B. Nähen nach einfacher Schnittbogenanweisung, Kochen nach Rezept). Erst im Laufe der Maßnahme wurde den Anleiterinnen bewusst, dass die Teilnehmerinnen die

---

2 Von den 230 jungen Frauen, die bisher das Projekt besuchten, lesen max. fünf regelmäßig in ihrer Freizeit Bücher, nur eine ist in einer Bibliothek angemeldet. Schreiben und Lesen im Alltag ist zum großen Teil auf SMS-Nachrichten und Behördenpost beschränkt.

Anleitung zwar lesen konnten, aber einzelne Worte oder ganze Textzusammenhänge nicht verstanden. Dies herauszufinden, bedurfte Zeit und Sensibilisierung der Mitarbeiterinnen für das Thema ‚Funktionaler Analphabetismus‘. Mittlerweile erarbeitet die Fachanleiterin zusammen mit den jungen Frauen Arbeitsanweisungen, welche Text, Bilder und Piktogramme enthalten, damit sie von allen Teilnehmerinnen verstanden werden können.

• Das Lesen und Erfassen von Arbeitsschutzanweisungen stellt für viele Teilnehmerinnen eine große Herausforderung dar. Für die jungen Frauen selbst und das Projekt ist es ein Risiko, wenn Anweisungen nicht verstanden werden. Arbeitsschutzbelehrungen werden deshalb immer mündlich *und* schriftlich vorgenommen. Gefährliche Stellen oder Situationen werden per Piktogramm angezeigt.

• Im Schriftverkehr mit Behörden haben die Teilnehmerinnen oftmals Schwierigkeiten. So werden beispielsweise Bescheide der ARGE oder Mahnungen und Schreiben von Anwälten häufig nicht verstanden oder nur unvollständig erfasst. Das Frauenförderwerk hat daher eine Beratungsstelle für den Umgang mit Hartz-IV-Anträgen und -Bescheiden eingerichtet.

Die Fachkräfte und Sozialpädagoginnen sind somit auch mit der Aufgabe konfrontiert, für die Unterweisung und sozialpädagogische Begleitung schriftsprachlich einfach gestaltete oder auch schriftferne Medien zu entwickeln[3] und sie zu nutzen, um eine Teilnahme und Teilhabe am Projekt überhaupt zu ermöglichen und um Lernfrust bei den Teilnehmerinnen zu vermeiden.

4   Das Buchprojekt *geprägt* und seine Weiterentwicklung

Die Idee zu dem Buchprojekt *geprägt* entstand mit einer doppelten Zielsetzung: Zum einen ging es darum, eine Möglichkeit zu entwickeln, mit der MitarbeiterInnen verschiedener Ämter für die Lebensrealität von Teilnehmerinnen aus der Jugendwerkstatt sensibilisiert werden können. So waren

---

3   Das betrifft z. B. die Durchführung des Berufsorientierungstests, das Erstellen eines Arbeitskonzepts als Bestandteil des Teilnahmevertrags, anonyme Meinungsbefragungen (Evaluationsbogen oder Meckerkasten) und die Selbsteinschätzung des Entwicklungsstandes der Teilnehmerinnen.

und sind die Lebenswelten der jungen Frauen vielen MitarbeiterInnen der Ämter ARGE und Agentur für Arbeit nicht bekannt. Das fehlende Verständnis für die spezifische Situation der Teilnehmerinnen und mangelnde Empathie führte immer wieder zu dramatischen Situationen und Fehlentscheidungen in Beratungen. Auch fühlten sich die Teilnehmerinnen in den Beratungsgesprächen bei den Ämtern ARGE und in der Berufsberatung häufig unverstanden bzw. unangemessen behandelt.

Zum anderen stellte dieses Buchprojekt auch eine Methode der Biografiearbeit dar, die in der Sozialpädagogik zur Reflexion der eigenen Geschichte genutzt[4] wird. In Hinblick auf die Teilnehmerinnen sollte das Projekt der persönlichen Aufarbeitung dienen und einen Abschied von biografischen Belastungen anregen – mit der Option, damit ‚Frieden‘ zu schließen und sich letztlich für die Idee eines selbstbestimmten Lebens zu öffnen.

4.1 Das Buch

Die Teilnehmerinnen wurden von den Projektmitarbeiterinnen gebeten, in Form von kurzen Tagebucheinträgen Erlebnisse aufzuschreiben, die sie ‚vorangebracht‘ oder die sie ‚einfach nur fertiggemacht‘ haben, also ihr Leben prägten. Das Schreiben solcher biografischen Texte stellte für alle Teilnehmerinnen etwas Neues dar. Bei diesen Fragestellungen war damit zu rechnen, dass sich während des Schreibprozesses bei den Teilnehmerinnen ein „Ventil" öffnet, Erlebtes wieder präsent wird. Um diese Dynamik aufzufangen, gab es das Angebot für die teilnehmenden jungen Frauen: Sollte es während oder nach dem Schreiben Gesprächsbedarf geben, würden die Mitarbeiterinnen des Projektes selbstverständlich zur Verfügung stehen.

Der Schreibprozess wurde intensiv vorbereitet und es wurden gemeinsam Regeln dafür vereinbart. Die Teilnehmerinnen wollten keine Gruppenarbeit am Gemeinschaftswerk ‚Buch‘. Sie verfassten ihre Texte anonym und für sich allein. Die Niederschriften wurden auf einer Diskette gespeichert und die Datenträger an einem neutralen Ort gesammelt. Die Texte wurden nicht verändert, lediglich die Lesbarkeit (korrigiert wurden nur solche Passagen, die möglicherweise wegen der fehlerhaften Schreibweise nicht ohne weiteres verständlich waren) wurde hergestellt. Jedes Schlüsselerlebnis erhielt eine eigene Seite. Die Blätter wurden ausgedruckt und mit einem schlichten Muster geprägt, wobei alle Seiten, die zu einer Schreiberin gehörten, durch

---

4   Vgl. beispielsweise Gudjons/Pieper/Wagener 1996; Völzke 1993 und 2005.

dieselbe Prägung kenntlich gemacht wurden. Anschließend wurde das Buch von Hand gebunden.

Die Teilnehmerinnen äußerten darüber hinaus den Wunsch, dass das Buch nur von ‚Suchenden und Fragenden' und lediglich im geschützten Raum gelesen werden sollte. Das schloss eine Veröffentlichung aus. Texte, von denen die Autorinnen annehmen mussten, dass sie sie ‚verraten' könnten, sollten wieder aus dem Buch entfernt werden.[5]

Gesichert durch diese Rahmenbedingungen begann der Schreibprozess jeder jungen Frau für sich allein. Zwei der sechs jungen Frauen verfügten z.T. über sehr eingeschränkte Schriftsprachfähigkeiten (Beispiel: „Mein Poße tittes Erlebnis"). Sie schrieben zwar weniger als die anderen Frauen, jedoch schien die Beteiligung am Projekt für sie nicht problematisch zu sein. In das Buch wurden alle Texte aufgenommen, unabhängig davon, wie viele Schreibfehler darin enthalten waren. Die unterschiedliche schriftsprachliche Qualität der Beiträge spielte erfahrungsgemäß beim Lesen des Buches wegen der eindrücklichen Inhalte nur eine untergeordnete Rolle.

Das Buch mit den gesammelten und gestalteten Texten wurde schließlich mit einer Widmung der Mitarbeiterinnen versehen: *„geprägt – Schlüsselerlebnisse von jungen Frauen ... von ihnen selbst aufgeschrieben, unkommentiert – in Hochachtung vor ihrem Leben – Dresden, am 17. Juni 2006".*[6]

Zwei der Teilnehmerinnen entwickelten das Medium „Text" expressiv weiter, indem sie ein Tuch mit „Botschaften an die Welt" beschrifteten. Das Tuch zeigte Spuren von Selbstverletzungen der jungen Frauen – möglicherweise als weitere Form, sich auszudrücken.

Als Ergebnis der Schreibarbeit entstand eine berührende Textsammlung mit sensiblem und „hochexplosivem" Inhalt. Das Geschriebene offenbarte gravierende biografische Belastungen, aber auch Glücksmomente und Ressourcen wurden deutlich sichtbar.[7]

Während des Schreibens und auch nach Fertigstellung des Buches nahm keine der Teilnehmerinnen das Beratungsangebot der Projektmitarbeiterinnen wahr. Dennoch war das, was die Frauen bewegte und was bei ihnen an Auseinandersetzung ausgelöst wurde, Thema im PROJEKT VIER. Scheinbar beiläufig, während der Arbeit in der Werkstatt, sprachen sie untereinander oder auch mit Mitarbeiterinnen darüber. Insgesamt wurde der Prozess

---

5   Lediglich ein Text wurde aus Gründen der möglichen Identifizierbarkeit der Autorin nicht veröffentlicht.
6   Text auf dem Deckblatt.
7   Auf die Wiedergabe dieser Texte wird an dieser Stelle verzichtet, um den vereinbarten Schutzraum zu wahren. Kurze autorisierte Zitate finden sich weiter unten im Text.

der Frauen sehr engmaschig begleitet und gesichert. Bei täglichen Fallberatungen informierten sich die Projektmitarbeiterinnen gegenseitig über jede einzelne Teilnehmerin. Darüber hinaus wurden von den Mitarbeiterinnen Einzel- und Gruppensupervision genutzt.

Damit war der Teil der *Produktion* des Buches beendet und es ging nun darum, das Buch „erzählen" zu lassen, zum *Botschafter* zu machen.

Bei einem „Tag der offenen Tür" des Projektes wurden die MitarbeiterInnen der Ämter eingeladen, im Buch (im geschützten Raum und in Gegenwart einer aussagefähigen Sozialpädagogin) zu blättern und zu lesen. Dieses Angebot wurde an jenem Tag nicht in Anspruch genommen. Damit schien das Anliegen der Aktion zunächst verfehlt zu sein.

Es war den Projektmitarbeiterinnen klar, dass sie diese Reaktion des Fachpublikums aus den Behörden in Hinblick auf die Schreiberinnen nicht so stehen lassen wollten. Die jungen Frauen hatten Mut aufbringen müssen für das Wagnis, mit dem ungewohnten Medium Text ihre persönlichen Geschichten zu offenbaren.

4.2 Das Spiel

Die entstandene Situation in Verbindung mit den Intentionen der jungen Frauen und der Projektmitarbeiterinnen führte zu einem schöpferischen Prozess im Umgang mit den Texten. Deshalb entwickelten die Teilnehmerinnen gemeinsam mit den Sozialpädagoginnen ein überdimensionales Würfelspiel mit dem Titel „Hürdenlauf – das Spiel für mutige Leute". Ziel war es, die MitarbeiterInnen von Institutionen schließlich auf diesem Wege anzuregen, sich aktiv mit den Problemlagen ihrer Adressatinnen auseinanderzusetzen.

Es wurden Spielregeln erdacht und Preise in Form von „Ausbildungsplätzchen" ausgelobt. Beim Spielen sollten die Personen selbst als Spielfiguren agieren können. Dazu wurden einzelne Sätze aus den Texten des Buches sowie Zitate aus Gesprächen auf große Schrittfelder übertragen und analog zu einem Spielbrett auf den Boden eines Raumes gelegt. Die 30 Spielfelder spiegelten entweder positive Schlüsselerlebnisse wider und ermöglichten dadurch das Vorankommen im Spiel („Vorwärtstreiber") oder sie schilderten negative Schlüsselerlebnisse und warfen den/die SpielerIn zurück („Hürden"). Der Würfel entschied, auf welchem Feld man landete.

Die Texte für die „Hürden" lauteten beispielsweise: „Meine Mutter hat heute meinen Bruder aus dem Heim abgeholt und ich bin dort alleine zurückgeblieben. – Zwei Felder zurück", „Ich komme mit meiner Familienhelferin

nicht klar. – Ein Feld zurück", „Die Ämter sind wie eine Labyrinth. – Noch
mal würfeln, aber nicht weitersetzen", „Ich muss heute meinen ALG-II-An-
trag abgeben. – 15 sec. Luft anhalten", „Mein Fallmanager sagt mir, ich solle
lieber keine Kinder bekommen; ich wäre ein schlechtes Vorbild – so ganz
ohne Arbeit. – 5 Felder zurück".

Die „Vorwärtstreiber" zeigten Sätze wie: „Meine Geschwister halten zu
mir. – Ein Feld vor", „Meine Mutter ist seit einem Jahr trocken. – Zwei Felder vor", „Ich habe heute eine Bewerbung geschrieben. – Ein Feld vor", „Ich
habe nach 6 Monaten Obdachlosigkeit eine Wohnung bekommen. – Drei
Felder vor", „Ich habe heute richtig gut mit meinen Freunden gequatscht. –
Ein Feld vor", „Ich bekomme ein Kind. – Zwei Felder vor".

Die Spielanweisungen wurden ebenso sinnbildlich entworfen: „Würfle
mutig drauflos – abwechselnd mit den anderen Personen. Der Kampf um
das Ausbildungsplätzchen wird so richtig spannend", „Sollten zwei Personen
auf demselben Spielfeld zum Stehen kommen, dann fangen beide nicht von
vorn an, sondern begegnen sich freundlich", „Wer zuerst über die Ziellinie
hinausschießt, hat ein Ausbildungsplätzchen gewonnen und muss es annehmen", „Offene Spielregeln, die hier nicht erstellt wurden, können im gegenseitigen Wortgefecht, also untereinander ausgetragen werden". Als „Preise"
winkten symbolisch „Ausbildungsplätzchen", die – in die Realität gedacht –
keine Perspektive für die jungen Frauen darstellten, z. B. „ein Ausbildungs-
platz als Chemielaborantin in Dortmund an einer Privatschule".

Dieses Spiel wurde schließlich erfolgreich als Aktion beim nächsten Tag
der offenen Tür im Projekt sowie beim Stadtfest vor dem Rathaus eingesetzt.
Die anwesenden MitarbeiterInnen von ARGE und Berufsberatung sowie
der Stadtverwaltung aus der Gleichstellungsstelle für Mann und Frau und
aus der Fachberatung Jugendberufshilfe ließen sich darauf ein; bei einigen
war deutlich erkennbar, dass sie persönlich davon berührt waren. Die Teilnehmerinnen von PROJEKT VIER waren beim Spiel dabei – für sie war es
wichtig zu sehen, dass es bei den MitarbeiterInnen zu einer „Horizonterweiterung" und einer persönlichen Auseinandersetzung mit der Lebenssituation
der jungen Frauen gekommen war. So hatte das Spiel ihnen einerseits die
Möglichkeit geboten, sich verständlich zu machen und andererseits einen
Schutzraum gewährt. Sie konnten sich anonym offenbaren und eine direkte
Gesprächssituation vermeiden, bei der sie sich – ihren Erfahrungen gemäß –
schwächer gefühlt hätten.

Das Würfelspiel war ebenso wie das Buch im Projekt entwickelt und hergestellt worden. So gelang letztlich auf Basis des Buchinhaltes eine kreative
Auseinandersetzung mit Grenzen – an der Schnittstelle zwischen Behör-

denmitarbeiterInnen und deren Adressatinnen – und ermöglichte auf diese Weise eine Verständigung, die auf anderem Wege nicht möglich war.

5 Fazit: Das Buchprojekt *geprägt* als Methode der Biografiearbeit

Das Buchprojekt zielte nicht auf die Förderung von Lese- und Schreibfähigkeiten ab und sollte daher nicht als Projekt zur Alphabetisierung gewertet werden – auch wenn es „zum Schreiben anstiftete" und Schriftsprache in diesem Zusammenhang das entscheidende Medium darstellte. Dass die Texte gedruckt und gebunden wurden, verdeutlicht den hohen Wert des Materials – sowohl für die Schreiberinnen als auch für alle, die das Buch in der Hand halten.

Über den unmittelbaren Anlass hinaus, eine Form finden zu müssen, um MitarbeiterInnen verschiedener Ämter für die Lebenswirklichkeit der jungen Frauen zu sensibilisieren, wurde das Buchprojekt als Methode der Biografiearbeit genutzt und stellte sich dabei als ein sinnvolles Instrument heraus.

So erwies sich für die jungen Frauen das Schreiben ihres Textes als Möglichkeit,

- prägende Erfahrungen das erste Mal zu äußern, zu erzählen,
- so etwas wie eine Art ‚Tagebucheintrag' zu schreiben,
- mit Erlebnissen und Erinnerungen bewusst und aktiv umzugehen, sie nicht zur Seite zu schieben, sie als etwas für ihr Leben Bedeutendes einzuordnen und/oder etwas zu schreiben, das niemand kontrolliert, anzweifelt, kommentiert und (weg-)diskutiert.

Betont werden muss jedoch auch: Ein solches Projekt kann nicht ohne Weiteres von PädagogInnen initiiert werden und ist in dieser Form nicht wiederholbar. Vielmehr konnte das Buch nur zu dieser Zeit und nur an diesem Ort mit dieser Prozesstiefe entstehen. Alle Teilnehmerinnen, die sich an der Erstellung des Buches beteiligten, standen zu diesem Zeitpunkt durch ihre Erfahrungen mit den Ämtern unter demselben Leidensdruck. Diese gemeinsame Erfahrung war ausschlaggebend dafür, dass dieses Gemeinschaftsprojekt, bei dem jedoch jede junge Frau letztendlich ganz bei sich bleiben durfte und musste, überhaupt entstehen konnte. Der geschützte Raum der Jugendwerkstatt, die zur Verfügung gestellte Zeit, das zu den Mitarbeiterinnen aufgebaute Vertrauensverhältnis und ein in der Gruppe gewachsenes solidarisches Gefühl waren für die jungen Frauen Grundvoraussetzungen für das Schreiben und ‚Veröffentlichen‘ der Texte.

Ob und inwieweit diese Erfahrungen bei den Teilnehmerinnen auch zu einem veränderten Verhältnis zum Schreiben beitrugen, indem Schreiben als Möglichkeit des Ordnens und Loslassens von Problemen auch später noch genutzt wurde, kann nicht beurteilt werden. Zu wünschen wäre es.

6   Literatur

Gudjons, Herbert/Pieper, Marianne/Wagener, Birgit (1996): Auf meinen Spuren. Hamburg: Bergmann + Helbig.

Herriger, Norbert (2006): Empowerment in der Sozialen Arbeit. Eine Einführung. Stuttgart: Kohlhammer.

Nittel, Dieter/Völzke, Reinhard (1993): Professionell angeleitete biographische Kommunikation. Ein Konzept pädagogischen Fremdverstehens. In: Derichs-Kunstmann, Karin/Schiersmann, Christiane/Tippelt, Rudolf (Hg.): Die Fremde – das Fremde – der Fremde. Dokumentation der Jahrestagung 1992 der Kommission Erwachsenenbildung der Deutschen Gesellschaft für Erziehungswissenschaft. Beiheft zum Report. Frankfurt/M.: Pädagogische Arbeitsstelle des DVV, S. 123–135.

Völzke, Reinhard (2005): Erzählen – Brückenschlag zwischen Leben und Lernen. In: Sozial Extra, November, S. 14.

Übergänge gemeinsam verantworten[1]
Die Programme *ponte* und *TANDEM* zur Vernetzung von Kindergarten[2] und Grundschule

Annette Hohn & Jens Hoffsommer

1 Problemaufriss

Gute Bildung beweist sich nicht allein in der erfolgreichen Gestaltung des pädagogischen Alltagsgeschäfts und im „Mittelfeld", sondern vor allem auch darin, wie sie den Herausforderungen an ihren Rändern und Schnittstellen begegnet. Besonders die Übergänge zwischen unterschiedlichen Bildungsabschnitten, die in Deutschland zumeist mit einem Wechsel von einer Institution zu einer anderen verbunden sind, verdienen vermehrte Aufmerksamkeit. Zu häufig ist die Praxis noch institutions- und aufgabenspezifischem Denken und Handeln verhaftet und „übersieht" die biografischen und lebensweltlichen Belange junger Menschen. Wenn aber zwischen dem Selbstverständnis, den Angeboten und Erwartungen der vorhergehenden und der nachfolgenden Bildungseinrichtung Gräben klaffen, besteht die Gefahr, dass Kindern der Sprung hinüber nicht gelingt.

Der vorliegende Beitrag beschäftigt sich auf der Basis von Erfahrungen aus den Projekten *ponte* und *TANDEM* mit dem sogenannten ersten Übergang von der Kindertagesstätte in die Schule.

Vor allem aus folgenden Gründen ist dieser Übergang besonders prekär:

- Während im Kindergarten informelles Lernen im Vordergrund steht, orientiert sich die Grundschule vorwiegend an formellen methodischen Settings.
- Während Lerninhalte im Kindergarten eher situativ und kontextual betrachtet werden, geben in der Schule Lehrpläne und Curricula die Leitlinien vor.

---

1 Die AutorInnen danken Dr. Sabine Knauer, KiWiF Berlin, für die Anregungen und die Unterstützung bei der Erstellung des Beitrags.
2 Die Begriffe „Kindergarten", „Kindertagesstätte" und „Kita" werden im vorliegenden Beitrag synonym verwendet und stehen für alle Einrichtungen der Elementarbildung.

- Aufgrund ihres jungen Alters sind Vor- und Grundschulkinder zum einen noch sehr stark an ihre jeweiligen Bedürfnisse und Interessen gebunden und zum anderen noch kaum in der Lage, eine Metaperspektive auf ihre Lernentwicklung einzunehmen und sich auftuende Lücken beizeiten zu artikulieren. Beide Faktoren begünstigen das Risiko des Versagens und Scheiterns an Leistungsanforderungen.
- Kinder dieser Altersstufe handeln und verhalten sich noch sehr stark personengebunden. Ein Wechsel der Bezugspersonen und die Verschiebung des pädagogischen Verhältnisses von der Beziehungs- zugunsten der Sachebene kann eine schwerwiegende motivationale Irritation und eine Verunsicherung des Selbstwertgefühls zur Folge haben und bedarf daher sensibler Beobachtung und Begleitung.

Damit Bildungs- und Lernprozesse von Kindern kontinuierlich aufeinander aufbauen können und ohne Brüche verlaufen, ist daher ein kontinuierlicher Austausch, eine intensive wechselseitige Kommunikation zur Überbrückung unterschiedlicher Sichtweisen und zur Schaffung eines gemeinsamen pädagogischen Grundverständnisses zwischen den Einrichtungen der Elementar- und der Primarbildung unter Einbeziehung der Kinder selbst und ihrer Eltern erforderlich.

Vor diesem Hintergrund hat der Freistaat Sachsen in der „Gemeinsamen Vereinbarung des Sächsischen Staatsministeriums für Soziales und des Sächsischen Staatsministeriums für Kultus"[3] im Jahr 2003 die rechtliche Grundlage für die Kooperation von Kindergarten und Grundschule geschaffen.

Hier setzte das Programm *TANDEM. Unterschiede managen*[4] (im Folgenden: *TANDEM*) an. Es war dem Ziel verpflichtet, eine gemeinsame Verantwortungsübernahme von Kindergärten und Schulen für die Bildungswege von Kindern zu fördern und zu unterstützen.

Das Programm basierte auf den Ergebnissen und Erfahrungen aus dem gemeinsamen Forschungs- und Entwicklungsprogramm *ponte. Kindergärten und Grundschulen auf neuen Wegen*[5] (im Folgenden: *ponte*) der DKJS und der

---

3 Vgl. http://www.sachsen-macht-schule.de/schule/download/download_smk/kooperationsvereinbarung.pdf; 18.01.2011.
4 *TANDEM. Unterschiede managen* – ein Programm der Deutschen Kinder- und Jugendstiftung (im Folgenden: DKJS) zur partnerschaftlichen Arbeit von Kindertageseinrichtungen und Grundschulen in Sachsen, gefördert vom Sächsischen Staatsministerium für Kultus und Sport in Zusammenarbeit mit dem Kommunalen Sozialverband Sachsen.
5 *ponte* wurde von 2004 bis 2008 in den Bundesländern Brandenburg, Berlin, Sachsen und der Region Trier in Rheinland-Pfalz durchgeführt. Insgesamt beteiligten sich etwa 200 Pädagoginnen und Pädagogen aus 74 Einrichtungen an *ponte*.

Internationalen Akademie für innovative Pädagogik, Psychologie und Ökonomie (INA) an der Freien Universität Berlin.

Im Programm *ponte* (ital. „Brücke") hatten sich Grundschulen und Kindergärten zu „Lerntandems" zusammengeschlossen, die sich in monatlichen Teamsitzungen trafen und ein gemeinsames Bildungsverständnis formulierten, um den Übergang vom Kindergarten in die Grundschule für alle Kinder gelingend zu gestalten. Externe ModeratorInnen begleiteten die Tandems und initiierten den Dialog zwischen ErzieherInnen und LehrerInnen. Die Einrichtungen entschieden eigenständig, wer das Team im Programm vertrat. Während der gesamten Programmlaufzeit bildeten sich die Tandems in gemeinsamen Workshops weiter. Dort konnten die PädagogInnen fachliche Themen zum Übergang mit Unterstützung von WissenschaftlerInnen der INA vertiefen. Sie erhielten Gelegenheiten mit und von anderen kooperierenden Einrichtungen und deren Erfahrungen zu lernen.

Das Programm *TANDEM* trug die positiven *ponte*-Erfahrungen in einer zweijährigen Transferphase 2009 und 2010 an interessierte PädagogInnen weiter. Das Grundverständnis beider Programme ist eine partizipative Grundhaltung in der Begleitung von Kooperationsprozessen. Diese beinhaltet eine dialogische Kommunikation mit einer fragenden und erkundenden Haltung und einer konsequenten Orientierung an den Themen der PädagogInnen. So schaffte das Programmteam Bedingungen, die es den TeilnehmerInnen ermöglichten, ihre eigenen positiven Erfahrungen von Beteiligung und Anerkennung auf die Gestaltung von Übergängen für Kinder und deren Familien zu übertragen.

Wie es in *ponte* und *TANDEM* gelang, tragfähige Partnerschaften zwischen Grundschulen und Kindergärten zu etablieren, soll im Folgenden erläutert werden.

2 Die Programmarchitektur von *ponte* und *Tandem*

Erster Schwerpunkt: Moderation von Tandems –
strukturelle Unterstützung von außen

Über die Träger von Kindertageseinrichtungen, die kommunale Bildungsverwaltung und das Landesjugendamt informierte die DKJS vor Programmbeginn sächsische Grundschulen und Kitas über die mögliche Unterstützung ihrer Kooperation durch die Programme.

Interessierte Kooperationstandems, bestehend aus einer Grundschule und einer Kita, bewarben sich um die Begleitung durch eine erfahrene Moderatorin oder einen erfahrenen Moderator. Zu verabredeten Themenschwerpunkten fanden im weiteren Verlauf monatliche Tandemtreffen statt.

Die Erläuterung von zwei ausgewählten Grundstrategien soll verdeutlichen, welche konkrete Unterstützung die Einrichtungen erhielten:

a. Ein gemeinsames Grundverständnis entwickeln und gemeinsame Ziele ableiten

Nachdem die Moderatorin in einem ersten Schritt die Erwartungen aller Pädagoginnen und Pädagogen an die Moderation und den Prozess abgefragt hatte, wurde deutlich, dass sich die ErzieherInnen und LehrerInnen vor allem eine Annäherung im pädagogischen Denken und Handeln wünschten, um ihre Unkenntnis der jeweilig anderen Einrichtung abzubauen und ein gemeinsames pädagogisches Grundverständnis zu entwickeln. Die Moderatorin schuf einerseits den zeitlichen und strukturellen Rahmen für die Treffen und unterstützte anderseits die Teams in der Erarbeitung konkreter Kooperationsstrukturen. In einem nächsten Schritt wurden klare Ziele der Kooperation als Richtschnur für ein gemeinsames Handeln vereinbart und in einem Kooperationskalender festgelegt. Das Tandem vereinbarte die gemeinsame Vorbereitung, Durchführung, Nachbereitung und Reflexion des ersten Elternabends vor dem Schuleintritt. Es legte den Ort fest und wählte die verantwortlichen PädagogInnen aus beiden Institutionen. Auch wünschten und planten ErzieherInnen und LehrerInnen gemeinsame Fortbildungen zu den Themen Schulfähigkeit und Schulvorbereitung sowie Spiel und Lernen, jeweils bezogen auf Fragen des Übergangs von der Kita in die Grundschule.

b. Netzwerke unterstützen

In Ballungsräumen kommen Kinder aus vielen verschiedenen Kitas in eine Grundschule: eine besondere Herausforderung für die gute Gestaltung von Übergängen. Denn es ist keinesfalls selbstverständlich und mitunter auch schwer machbar, dass Kitas allen ihren Kindern ermöglichen, ihre künftige Grundschule für sich zu entdecken, ebenso wenig wie Grundschulen alle Kitas ihrer zukünftigen Erstklässler kennen können.

In Leipzig stellte sich eine Grundschule dem Anspruch, mit allen Kitas, die ihre künftigen Schulanfänger besuchen, zu kooperieren. Die Grundschule bildete ein Netzwerk mit sechs Kindertageseinrichtungen, zugehörigem Hort sowie den zuständigen beiden Fachberaterinnen der jeweiligen Kitaträger. Ein Moderator aus dem Programm *TANDEM* unterstützte die Netzwerktreffen beratend und strukturierend über ein Jahr. Die Basis für gemeinsames Handeln war auch hier ein abgestimmtes Grundverständnis von Bildung. Dazu stellten sich die Einrichtungen gegenseitig ihre pädagogische Arbeit im Netzwerk vor. In einem weiteren Schritt wurden die rechtlichen Grundlagen der Bildungsarbeit in Kita und Grundschule wie der Sächsische Bildungsplan für Kitas, der Sächsische Lehrplan und die flexible Schuleingangsphase vorgestellt, Gemeinsamkeiten und Unterschiede benannt und Übereinstimmungen im Bildungsverständnis am Übergang reflektiert.

In dem Leipziger Bündnis nahm der Moderator eine inhaltliche Trennung zwischen dem „gemeinsamen Verständnis von Bildung" und der „Organisation des Übergangs" vor.

Organisatorische Themen waren beispielsweise Fragen der Informationsweitergabe zwischen Kita und Grundschule, Elterninformation und Entwicklungsgespräche, die Schulauswahl und -anmeldung u. a.

Mit dieser Entkoppelung formaler und inhaltlicher Aspekte wurde für die Pädagoginnen und Pädagogen der Blick frei auf Fragen der Kooperation, auf das gemeinsame Verständnis von Bildung und die unterschiedlichen Konzepte der Arbeit.

Das Netzwerk suchte so nach Möglichkeiten, die Gestaltung des Übergangs im Interesse aller Kinder und deren Familien trotz großstädtischer „Widrigkeiten" zu ermöglichen.

Zweiter Schwerpunkt: Gemeinsam bilden –
Gestaltung gemeinsamer Fortbildungen

Als zweite Säule von *TANDEM* entwickelte und erprobte die DKJS in enger Abstimmung mit den zuständigen Vertretern des Freistaates Sachsen ein Fortbildungsprogramm zur gemeinsamen Qualifizierung von PädagogInnen aus Kitas und Grundschulen, deren Leitungen sowie FachberaterInnen. Ziel war neben der fachlichen und methodischen Qualifizierung zu Übergangs- und Kooperationsthemen ein Erfahrungs- und Wissenstransfer zwischen den unterschiedlichen Berufsgruppen. Dabei sollte auch das unterschiedliche Selbst-, Rollen- und Aufgabenverständnis der jeweiligen Akteure beleuchtet werden. Das überarbeitete Curriculum hat Eingang in die Fortbildungsprogramme des Freistaats Sachsen gefunden.

Eine erste Fortbildungsgruppe setzte sich aus ErzieherInnen, LehrerInnen und LeiterInnen beider Institutionen zusammen; eine zweite Fortbildungsgruppe richtete sich an die FachberaterInnen beider Bereiche. Die Gruppe „FachberaterInnen für Kita und Grundschule" erhielt spezielle Fortbildungen zu Organisationsentwicklung und Beratung. Auf dieser Ebene förderte die Qualifizierung Einblick und Verständnis in die Aufgaben der Fachberatung der anderen Institution und ermöglichte so die Verortung im Bildungssystem des Landes.

Die Qualifizierung für die Gruppe der ErzieherInnen, LehrerInnen und LeiterInnen aus Kita und Grundschule erstreckte sich über ein halbes Jahr und war gekennzeichnet von einem Wechsel zwischen drei ein- bis zweitägigen Fortbildungsblöcken und sechs dreistündigen regionalen Gruppentreffen zwischen den Fortbildungsblöcken. Die *Fortbildungsblöcke* griffen alle institutionsübergreifenden Themen zum Übergang auf. Neben theoretischen Inputs erhielten die TeilnehmerInnen Aufgaben, die der Reflexion der eigenen Kooperation in der Übergangsgestaltung dienten. Das konnten beispielsweise Hospitationen bei der Kooperationseinrichtung im Rahmen der Fortbildung, Interviews mit Kindern und Eltern zur eigenen Übergangssituation oder Beobachtungssequenzen zu Bildungsprozessen mit den in der jeweiligen Einrichtung üblichen Beobachtungsverfahren sein. Die TeilnehmerInnen lernten so „ganz nebenbei" verschiedene Verfahren kennen und tauschten sich darüber aus. In den *regionalen Gruppentreffen* werteten die TeilnehmerInnen die Praxisaufgaben aus den Fortbildungsblöcken gemeinsam aus und nutzten die Gruppe zur Reflexion und Beratung einrichtungsspezifischer Übergangsthemen. Erfahrene ModeratorInnen begleiteten sie, boten Unterstützung im Reflexionsprozess und förderten den fachlichen Austausch. Die regionalen Treffen fanden je nach Absprache in den Einrichtungen der TeilnehmerInnen statt.

Der Wechsel von ganztägigen Fortbildungsblöcken und den Beratungen in den Institutionen ermöglichte den TeilnehmerInnen, ihre Fragen direkt vor Ort in der konkreten Praxis zu stellen. Manche TeilnehmerInnen, deren Kooperation schon auf stabilen Grundlagen fußte, griffen diese Möglichkeit sofort auf, andere standen noch ganz am Anfang und nutzten die Treffen, um von anderen zu lernen.

3 Erfahrungen und Erkenntnisse aus den Programmen[6]

Die langjährige Erfahrung der DKJS in der Arbeit am Übergang Kindertageseinrichtung – Grundschule zeigt, dass sich vielerorts Kitas und Grundschulen „auf den Weg" gemacht haben, indem sie erstmals überhaupt Kontakt miteinander aufnahmen. Die Programmarbeit offenbarte aber auch, dass der Übergang „entrümpelt" werden muss von tradierten Verständnissen. Zusammenarbeit zwischen Grundschule und Kindertageseinrichtung wird oft nach wie vor „von oben nach unten", also von der Grundschule her definiert. Die Schule formuliert ihre Erwartungen an Kindertageseinrichtungen, die Kinder gut „vorzubereiten". Damit wird der Eigenwert der Elementarerziehung infrage gestellt. Grundlage aller gewinnbringenden Kooperation ist aber eine hierarchiefreie Begegnung auf Augenhöhe, in die sich alle Beteiligten gleichwertig und gleichberechtigt einbringen können. Dabei gilt es, das unterschiedliche Selbst- und Aufgabenverständnis sowie die organisationsstrukturellen Verschiedenheiten der Institutionen zu respektieren, Gemeinsamkeiten herauszuarbeiten und auf dieser Basis den Übergang im Interesse der Kinder Hand in Hand zu gestalten. Ein Verabschieden von „Hierarchiegefügen" ist umso dringlicher angesichts der Tatsache, dass sich der Übergang vom Kind aus betrachtet immer von der Kita in die Grundschule, also von „unten nach oben" vollzieht. Programmerfahrungen zeigen, dass Kinder nur bei einem partnerschaftlichen Zusammenwirken beider Institutionen erfolgreich auf die neue Herausforderung Schule vorbereitet werden können. Es braucht eine Kita, die Kinder über Jahre auf ihrem Bildungsweg fördert und fordert und damit bis zur Grundschule begleitet. Und es braucht eine Grundschule, die an den lebensweltlichen Erfahrungen der Kinder, also an den Leistungen der Kita, auch hinsichtlich elementarer Bildungsprozesse, anknüpft. Dies erreichen LehrerInnen dadurch, dass sie die Bildungsanstrengungen der Kita kennen und wissen, welchen bisherigen Entwicklungs- und Bildungsweg die SchulanfängerInnen zurückgelegt haben. Das heißt letztendlich: Lernangebote können aufgenommen und verarbeitet werden, wenn sie sich am jeweiligen *Entwicklungsstand* und den lebensweltlichen *Erfahrungen* orientieren. Gute Lernangebote zeichnen sich inhaltlich durch *Passung* (Viabilität, vgl. Glasersfeld 1985) und in ihrem An-

---

6   Orientiert an einem gemeinsamen Vortrag von Jörg Ramseger und Jens Hoffsommer „Bildungsübergänge = Bildungsbrüche?" Erfahrungen und Erkenntnisse aus dem Programm *ponte. Kindergärten und Grundschulen auf neuen Wegen,* gehalten an der Evangelischen Hochschule Dresden, November 2009 (unveröffentlicht).

forderungsgrad durch *Anschlussfähigkeit* aus. Beide Institutionen stehen also vor der Herausforderung, sich an den individuellen Bedürfnissen der Kinder zu orientieren. Was so oft lapidar als „das Kind in den Mittelpunkt stellen" bezeichnet wird, kann auch deutlicher benannt werden: Bildungsinstitutionen werden „kindfähig", nicht die Kinder z.B. „schul-" oder gar „bildungsfähig" – eine unumgängliche Schlussfolgerung aus allen Überlegungen zu individueller Förderung.

Um den Übergang zwischen Kindergarten und Grundschule gut zu gestalten, braucht es „einladende Zwischenräume", in denen sich Kinder, Eltern sowie Pädagoginnen und Pädagogen aus beiden Institutionen begegnen können und Gemeinsames und damit Verbindendes erleben und unternehmen können. In den Programmen der DKJS waren dies gemeinsame Bildungsprojekte für Kita- und Schulkinder, wie Lernwerkstätten und Lesepatenschaften sowie gemeinsame Elternabende, um Eltern abgestimmt zu informieren und so deren Fragen und Befürchtungen sichtbar ernst zu nehmen. Grundlage und Kernstück aber war die zwischenmenschliche Begegnung von Pädagoginnen und Pädagogen in gemeinsamen Dienstberatungen, Fortbildungen, auf Betriebsausflügen und bei gegenseitigen Hospitationen. Gerade die Hospitationen führten immer wieder zu „Aha-Erlebnissen" bei den Pädagoginnen und Pädagogen, erfuhren sie doch fachliche Rückmeldungen und interessierte Fragen zur eigenen Praxis. Die Einblicke in die Arbeit der anderen Bildungseinrichtung schufen Verständnis für die Handlungsnöte und Herausforderungen, aber auch Chancen und spezifischen Zugänge. So erlebten viele PädagogInnen aus der Kita beispielsweise die Fachdidaktik und den systematischen Aufbau des Unterrichts als neue, bereichernde Erfahrung. Umgekehrt profitierten Lehrkräfte von den individualisierten und situativen Handlungsansätzen in der Kita. Einander wertschätzend zu begegnen und die Perspektive des anderen zu achten, das sind die Schlüssel zu einer gelingenden Gestaltung des Übergangs zwischen Kita und Grundschule.

Was sich in den Projekten bewährt hat – Evaluationsergebnisse zu den Programmen

Die Befunde der formativ angelegten, mit qualitativen Forschungsmethoden arbeitenden Evaluation des Programms *ponte* durch die Alice-Salomon-Fachhochschule Berlin und die interne Evaluation des Programms *TANDEM* durch die Programmleitung (DKJS, Regionalstelle Sachsen 2010) zeigen zentrale Elemente einer gelungenen Gestaltung des Übergangs auf (vgl. Blaschke/Nentwig-Gesemann 2008):

Organisatorischer Rahmen

Das Arbeiten in institutionsübergreifenden Tandems als gemeinsamer Raum von Kindertageseinrichtung und Grundschule war ein wichtiger *organisatorischer Rahmen* und bot Gelegenheit zu einer „Begegnung auf Augenhöhe". Sie ermöglichte den beteiligten PädagogInnen, die jeweils andere Institution in ihren Rahmenbedingungen sowie ihren spezifischen Arbeits- und Funktionsweisen kennenzulernen und die Kompetenzen der unterschiedlichen Professionen zu entdecken. In der Vergangenheit waren sich Kita und Grundschule oft nur punktuell begegnet. Die fest gefügten Tandems dagegen schufen die Grundlage für eine kontinuierliche Zusammenarbeit und Verbindlichkeit. Kooperationsinstrumente wie die Erstellung von Ziel- und Kooperationsvereinbarungen unterstützten und stärkten Kontinuität, Verbindlichkeit, Verlässlichkeit und Zielgenauigkeit.

Begleitung durch ModeratorInnen

Die *Begleitung der PädagogInnen* durch eine Moderatorin oder einen Moderator erwies sich, zumindest in der Anfangsphase, als Schlüssel zu einer hohen Kooperationsintensität. Alle Programmanalysen wiesen eine externe, systemunabhängige Begleitung als eine wichtige Gelingensbedingung nach. Gerade weil es gilt, die Kooperation neu zu gestalten und alte Erfahrungen über Bord zu werfen, ist die Unterstützung in der Startphase oder in Konfliktfällen nötig, um den fachlichen Diskurs zwischen Kindergarten und Grundschule zu befördern.

Wechselseitige Verständigung

Die *wechselseitige Verständigung von Kita und Grundschule über pädagogische Grundvorstellungen und das jeweilige Bildungsverständnis* schufen eine Voraussetzung für tragfähige Kooperationsstrukturen. Diese wiederum bildeten die Basis gemeinsamer Bildungsprojekte für Kinder aus Kita und Grundschule. Oft neigten die Tandems dazu, sich sofort in die gemeinsame Projektarbeit zu stürzen und eine notwendige Klärung von Grundfragen aus den Augen zu verlieren und zu vernachlässigen. Dann konnten die ModeratorInnen diesen fachlichen Diskurs über das Kennenlernen der pädagogischen Praxis der jeweils anderen Institution durch gegenseitige Hospitationen und die gemeinsame Reflexion der Beobachtungen initiieren. Hospitationen stellten sich als Entwicklungsmotor gelingender Kooperationen heraus. Darüber hinaus schufen die gemeinsamen Bildungsprojekte mit PädagogInnen, Kindern und Eltern beider Einrichtungen ein gemeinschaftliches Erlebnis, trugen zu einer „corporate identity" bei und stärkten so die Tragfähigkeit der Kooperation.

4 Handlungsempfehlungen für Kooperationspartner

Die ModeratorInnen im Programm *ponte* konnten trotz aller Unterschiedlichkeit der Kooperationsbeziehungen Gemeinsamkeiten feststellen, die zum Gelingen solcher Prozesse beitragen und die eine Orientierung für andere Kooperationsprozesse geben können. Die wesentliche Arbeit besteht in der Entwicklung und Artikulierung einer gemeinsamen pädagogischen Grundhaltung. Im Folgenden werden die wichtigsten Aspekte als Anregung und Hilfestellung für vergleichbare Vorhaben aufgeführt, wobei sie keinen normativen Anspruch erheben. Jede Kooperation verläuft aufgrund unterschiedlicher Rahmenbedingungen, situativer Gegebenheiten und individueller Erfahrungen und Eigenschaften anders.

Zehn Schritte gelingender Kooperation[7]

1. *Kennenlernen:* Die Basis gelingender Kooperation ist der Aufbau einer stabilen Kommunikation und Beziehung. Das gelingt durch persönliches Kennenlernen, der Klärung von Erwartungen (die bei Kita und Schule unterschiedlich sein können) sowie einen wertschätzenden Umgang miteinander.

---

7 Vgl. Klewe (2008). Klewe hat im Programm *ponte* drei Tandems in Sachsen von 2006 bis 2008 begleitet.

2. *Auftragsklärung:* Bei allen Treffen muss geklärt sein, welche Rolle jeder Einzelne ausfüllt. Welche Zuständigkeit hat beispielsweise die Einrichtungsleitung, wer ist für die Moderation, Dokumentation, Ergebnissicherung usw. verantwortlich?

3. *Verbindliche Arbeitsstrukturen schaffen:* Die PädagogInnen beider Institutionen legen Arbeitsstrukturen (Ort, Zeit, Personen, Aufgaben) und Themenschwerpunkte fest.

4. *Gegenseitige Vorstellung der Arbeitsweisen:* Die Vorstellung der jeweiligen Arbeitsstrukturen, Materialien des Bildungs- und Lehrplans sowie die pädagogische Umsetzung dient der gemeinsamen Zielformulierung im Kooperationsprozess. Das können gegenseitige Hospitationen, Workshops, moderierte Gesprächsrunden u. a. sein.

5. *Gemeinsamkeiten und Unterschiede herausarbeiten:* Im praktischen Alltag von Kita und Schule gibt es unterschiedliche Vorstellungen zur pädagogischen Arbeit. Um eine gemeinsame Sprache zu finden, werden scheinbar selbstverständliche Gemeinsamkeiten und Unterschiede überprüft. Dieser Austausch trägt wesentlich zum gegenseitigen Verständnis bei.

6. *Begriffsklärung/Reflexion pädagogischer Handlungsweisen:* Es erfolgt eine Auseinandersetzung über Begriffe und Handlungsweisen (beispielsweise „Schulfähigkeit"), um im Dialog ein gemeinsames Bildungsverständnis zu erarbeiten.

7. *Zielfindung/Zielvereinbarung:* Gemeinsame Ziele müssen nach der SMART-Regel:
   • Spezifisch-konkret (präzise und eindeutig formuliert)
   • Messbar (quantitativ oder qualitativ)
   • Aktiv (personenbezogen formuliert)
   • Realistisch (das Ziel muss für mich erreichbar sein)
   • Terminiert (bis wann?)
   formuliert werden, um sie verbindlich und überprüfbar zu machen.

8. *Reflexion:* Nach der Zielerreichung erfolgt die Reflexion: Was ist gelungen, was kann wie verbessert werden? Was ist warum missglückt? Die Ergebnisse fließen in die neue Zielformulierung ein.

9. *Dokumentation:* Die Dokumentation der Ziele und Ergebnisse des Prozesses macht den zurückgelegten Weg für alle Beteiligten (Eltern, Kinder, KollegInnen, Träger, Leitung) sichtbar und nachvollziehbar.

10. *Störungen haben Vorrang:* Irritationen und Konflikte zwischen den Kooperationspartnern haben immer Vorrang, weil sie – unbeachtet –

den weiteren Kommunikationsfluss behindern. Um Schwierigkeiten zu überwinden und Lösungsmöglichkeiten zu finden, kann auch professionelle Hilfe erforderlich sein.

5   Mit Kooperationen Übergänge gestalten – ein Fazit

Die Programme *ponte* und *TANDEM* zeigen: Die Gestaltung von Bildungsübergängen hängt von vielerlei Faktoren ab. Dabei spielen die PädagogInnen und deren Bereitschaft zum Perspektivwechsel eine zentrale Rolle. Sie müssen bereit sein, sich auf die Perspektiven und Verständnisse der anderen Institution einzulassen. Die Basis einer erfolgreichen Kooperation ist aber eine pädagogische Grundhaltung der Fachkräfte, die die Kinder und ihre Bildungswege in den Mittelpunkt allen pädagogischen Handelns stellt. Wer Kinder ernst nimmt, verlässt leichter die prägende und beschränkende Institutionslogik, wagt den Brückenschlag. Dazu müssen Pädagoginnen und Pädagogen in Kindertageseinrichtungen und Grundschulen allerdings förderliche Rahmenbedingungen vorfinden, die es nahelegen, das Kind in den Fokus zu nehmen.

Im Kooperationsprozess kommt auch den Leitungen von Kindertageseinrichtungen und Grundschulen eine zentrale Funktion zu. Sie tragen viel Verantwortung für gelingende, aber auch für schlecht funktionierende Kooperationsarbeit. Es ist ihre Aufgabe, die Qualitätsentwicklung in ihrer Einrichtung anzuregen und zu fördern. Die Erfahrungen zeigen freilich, dass insbesondere Kita-Leitungen oft ein unklares Selbstverständnis haben und dass ihre Aufgaben und Funktionen nicht eindeutig formuliert sind. Hier können Kitas durchaus von der Grundschule lernen, weil diese meist klarere Strukturen zeigt und Funktionen und Aufgaben deutlicher benennt. Neben der strukturellen Verankerung von Leitung in der Einrichtung stehen auch die Frage nach Leitungskompetenz und die damit verbundene Verantwortung für die Kooperation im Raum. Die Programme erwiesen, dass ohne eine aktive Beteiligung der Leitungsebene Vereinbarungen zur Übergangsgestaltung oft ohne institutionelle Wirkung bleiben und damit sehr von den individuellen Anstrengungen einzelner PädagogInnen abhängig sind. Die Zusammenarbeit mit und die Einbindung von Leitungen sowie deren aktive Verantwortungsübernahme sind hingegen unerlässlich, um Veränderungsprozesse in der gesamten Organisation strukturell zu verankern.

Die Programmerfahrungen zeigen, dass der externen Unterstützung durch Moderation und der Prozessbegleitung entscheidende Bedeutung zu-fällt. Dabei sind Neutralität und Unabhängigkeit der BegleiterInnen wichtige Erfolgsfaktoren.

Letztlich gilt für alle beteiligten Fachkräfte, das Ziel ihres Wirkens nicht aus dem Auge zu verlieren: Kinder beim Übergang von der Kita in die Grundschule gut zu begleiten. Es hilft, sich dies immer wieder bewusst zu machen. Nicht die erwachsenen BegleiterInnen haben den größten Schritt vor sich, es sind die Kinder, die die Herausforderung oft mit Bravour meistern. Sie dabei zu unterstützen, zu stärken und ihnen ihre Leistung als Erfolg zu spiegeln, ist Aufgabe der Erwachsenen.

6 Literatur

Blaschke, Gerald / Nentwig-Gesemann, Iris (2008): Wissenschaftliche Begleitung und Evaluation des Projekts „ponte. Kindergärten und Grundschulen auf neuen Wegen". Der lange Weg zu einem gemeinsamen Bildungsverständnis – die Kooperation zwischen Kindergärten und Grundschulen. Abschlussbericht Herbst 2008. Salomon-Hochschule Berlin, Freie Universität Berlin.

Glasersfeld, Ernst von (1985): Einführung in den Konstruktivismus. München: Oldenbourg.

Klewe, Silke (2008): Schritte einer gelingenden Kooperation. In: Deutsche Kinder- und Jugendstiftung, Regionalstelle Sachsen (Hg.): Bildung gemeinsam verantworten Kooperation von Kindergarten und Grundschule erfolgreich gestalten. Weimar/Berlin: verlag das netz, S. 9-17.

Internetquelle

http://www.sachsen-macht-schule.de/schule/download/download_smk/kooperations-vereinbarung.pdf (18.01.2011).

Autorinnen und Autoren

Holger Brandes, Dr. phil., Dipl.-Psychologe und Dipl.-Pädagoge, Professor für Psychologie an der Evangelischen Hochschule Dresden (ehs). Arbeitsschwerpunkte: Bildungsforschung mit Schwerpunkt auf Aspekten frühkindlicher Bildung; Entwicklungspsychologie; Forschungen zu Kindergruppen, Bildungsbenachteiligung und geschlechtsspezifische Unterschiede in der Frühpädagogik. Repräsentative Erhebung zu Bildungsbenachteiligung und Kompensationsmöglichkeiten in sächsischen Kindergärten (zusammen mit Sandra Friedel und Wenke Röseler).

Mechthild Dehn, Dr., bis 2004 Professorin für Erziehungswissenschaft/Didaktik der deutschen Sprache und Literatur an der Universität Hamburg. Arbeitsschwerpunkte: Schriftspracherwerb, Lernschwierigkeiten, Textschreiben und Rechtschreiben, ästhetische Aspekte sprachlichen Lernens und der Zusammenhang von Lehren und Lernen – so in den beiden Modellversuchen der Bund-Länder-Kommission für Bildungsplanung: „Elementare Schriftkultur als Prävention von Lese-Rechtschreibschwierigkeiten und funktionalem Analphabetismus in der Grundschule" und „Schwimmenlernen im Netz. Neue Medien als Zugänge zu Schrift und (Schul-)Kultur". 2006 wurde ihr für ihre wissenschaftliche Arbeit der Erhard-Friedrich-Preis für Deutschdidaktik verliehen.

Lilo Dorschky, Dipl.-Soziologin, wissenschaftliche Mitarbeiterin an der Evangelischen Hochschule Dresden (ehs); Lehrtätigkeit in den Bereichen Soziale Arbeit und Soziologie. Verantwortlich für das Dresdner Projekt im Forschungsverbund PROFESS (www.profess-projekt.de) mit den Schwerpunkten Forschung (neue Lernorte), Fortbildung und Studiengangsentwicklung (im Kontext des Masterstudiengangs „Alphabetisierung und Grundbildung", PH Weingarten). Weitere Arbeitsschwerpunkte: Bildung in der Sozialen Arbeit; Praxisforschung; methodisches Handeln in der Sozialen Arbeit.

Stephan Hein, Dr., ist Soziologe. Bis heute andauernde Beschäftigung mit Theorie und (Sozial-)Geschichte der US-amerikanischen Soziologie

(Schwerpunkt: Talcott Parsons). Gegenwärtige Arbeitsschwerpunkte: Soziologie pädagogischer Einrichtungen (zuletzt im Rahmen des PROFESS-Projektes in Dresden), Strukturlogiken und Formen der Artikulation kollektiver Erfahrungen (z.B. in sozialen Bewegungen). Gegenwärtig ist er wissenschaftlicher Mitarbeiter am Institut für Soziologie an der TU Dresden.

Jens Hoffsommer, Studium der Sozialpädagogik an der Evangelischen Hochschule für Soziale Arbeit Dresden (FH). Berufseinstieg in der Heimerziehung, dann mehrere Jahre als Bildungsreferent für landesweite Jugendverbände tätig. Entdeckt dort das Thema Beteiligung von Kindern, baut in Dresden die Kindertraumzauberstadt KITRAZZA mit auf. Seit 2006 bei der Deutschen Kinder- und Jugendstiftung (DKJS) tätig. Hier verantwortete er die Programme „ponte. Kindergärten und Grundschulen auf neuen Wegen, TANDEM. Unterschiede managen und Demokratie von Anfang an" in der DKJS Regionalstelle Sachsen.

Annette Hohn, Studium der Erziehungswissenschaft, Psychologie und Rechtswissenschaft an der TU Dresden. Von 2008 bis 2011 Programmmitarbeiterin bei der Deutschen Kinder- und Jugendstiftung (DKJS) in den Programmen „ponte. Kindergärten und Grundschulen auf neuen Wegen, TANDEM. Unterschiede managen und Demokratie von Anfang an". Seit 2011 Lehrerin für die berufsbegleitende Ausbildung zu ErzieherInnen in Dresden an der Freien Fachschule für Sozialwesen der Thüringer Sozialakademie.

Christian Kurzke, Dipl.-Erziehungswissenschaftler für Erwachsenenbildung & Interkulturelle Bildung; Studienleiter, Evangelische Akademie Meißen. Arbeitsschwerpunkte (Auswahl): Grundsätzliche Fragen der Kinder- und Jugendhilfe sowie -politik bzw. der gesellschaftspolitischen Bildungsarbeit; Plädoyers für Lokale Bildungslandschaften & Corporate Citizenship; Jungen- & Genderarbeit; präventive Bildungsarbeit gegen Rechtsextremismus für eine Demokratiestärkung; Diversity & Transkulturelles Lernen.

Marion Kynast, Bankkauffrau, Diplomsozialpädagogin/-sozialarbeiterin (FH). Seit 2004 freiberuflich „Sozialpädagogische Angebote – das LEBEN leben"; seit 2004 Sozialpädagogin im Qualifizierungsprojekt „PROJEKT VIER – Lebenswerkstatt" des Frauenförderwerkes Dresden e.V.; seit 2007 Leiterin dieses Projektes. Weiterbildungsschwerpunkte: Lernortgestaltung, Übergangsmanagement.

Christina Noack, wissenschaftliche Mitarbeiterin im BMBF-Forschungs-projekt „AlphaFamilie", Dozentin im Fortbildungsbereich für Lehrende im „Leipziger Lehrgang für DaZ-Lehrkräfte in Alphabetisierungskursen", Kursleitertätigkeit in Integrationskursen mit Alphabetisierung und in Al-phabetisierungskursen für funktionale AnalphabetInnen mit psychischer und geistiger Behinderung

Jörg Ramseger, Dr., Professor für Schulpädagogik und Leiter der Arbeits-stelle Bildungsforschung Primarstufe an der Freien Universität Berlin. Arbeitsschwerpunkte: Schulentwicklungsforschung, Schulentwicklungsbe-ratung und Evaluation, vor allem im Bereich der Primarschule; Alphabeti-sierung, Grundschuldidaktik. Zahlreiche Monografien und Aufsätze sowie gutachterliche Tätigkeit für die Bundesregierung, diverse Landesregierungen und Organisationen der Entwicklungshilfe.

Roland Schleiffer, Facharzt für Kinder- und Jugendpsychiatrie sowie für Psychotherapeutische Medizin; psychoanalytische Zusatzausbildung. Nach langjähriger Tätigkeit in der stationären Kinder- und Jugendpsychiatrie seit 1995 Professor für Psychiatrie und Psychotherapie in der Heilpädagogik an der Humanwissenschaftlichen Fakultät der Universität zu Köln. Forschungs-schwerpunkte: Systemtheoretische Entwicklungspsychopathologie, Bin-dungstheorie, Fremdunterbringung.

Johanna Schneider, Dipl. Sozialpädagogin/Sozialarbeiterin, wissenschaft-liche Mitarbeiterin im Zentrum für Forschung, Weiterbildung und Beratung an der Evangelischen Hochschule Dresden. Tätigkeits- und Forschungs-schwerpunkte sind Alphabetisierungs- und Netzwerkforschung, Praxisbera-tung und Evaluation.

Silke Schumann, Diplom-Bibliothekarin, M.A., studierte Bibliothekswesen, Geschichte und Europäische Ethnologie in Stuttgart, München und Berlin. Seit 2001 Leiterin der Stadtteilbibliothek Gallus der Stadtbücherei Frank-furt am Main. Arbeitsschwerpunkte: Interkulturelle Bibliotheksarbeit; Bi-bliotheksangebote für Erwachsene, die Lesen und Schreiben lernen.

Galina Stölting, wissenschaftliche Mitarbeiterin im BMBF-Forschungspro-jekt „AlphaFamilie", Studium Deutsch als Fremdsprache und Interkulturelle Pädagogik, langjährige Kursleitertätigkeit im Bereich Deutsch als Fremd- und Zweitsprache und Alphabetisierung.

Harald Wagner, Dr. theol., Professor für Soziologie an der Evangelischen Hochschule Dresden (ehs) und Institutsleiter des Forschungsinstitutes apfe am Zentrum für Forschung, Weiterbildung und Beratung an der ehs Dresden. Forschungsschwerpunkte: Biografieforschung in Bildung und Migration. Im Rahmen der Lehrtätigkeit insbesondere Schwerpunkt im interkulturellen Bereich.

Aline Wendscheck, wissenschaftliche Mitarbeiterin und Projektkoordinatorin im BMBF-Forschungsprojekt „AlphaFamilie", Studium der romanischen Literatur- und Sprachwissenschaft, Zertifikat für „Zusatzqualifizierung von Lehrkräften im Bereich Deutsch als Zweitsprache", Kursleitertätigkeit in Integrationskursen mit Alphabetisierung.